转轨时期中国电信行业垄断问题研究

杨秀玉 著

Zhuangui Shiqi
Zhongguo Dianxin Hangye
Longduan
Wenti Yanjiu

中国社会科学出版社

图书在版编目(CIP)数据

转轨时期中国电信行业垄断问题研究/杨秀玉著.—北京：中国社会科学出版社，2019.5
ISBN 978-7-5203-4259-9

Ⅰ.①转… Ⅱ.①杨… Ⅲ.①电信企业—垄断经营—研究—中国 Ⅳ.①F632.4

中国版本图书馆 CIP 数据核字（2019）第 061597 号

出 版 人	赵剑英
责任编辑	刘 艳
责任校对	陈 晨
责任印制	戴 宽

出　　版	中国社会科学出版社
社　　址	北京鼓楼西大街甲 158 号
邮　　编	100720
网　　址	http://www.csspw.cn
发 行 部	010-84083685
门 市 部	010-84029450
经　　销	新华书店及其他书店

印　　刷	北京明恒达印务有限公司
装　　订	廊坊市广阳区广增装订厂
版　　次	2019 年 5 月第 1 版
印　　次	2019 年 5 月第 1 次印刷

开　　本	710×1000　1/16
印　　张	16.25
插　　页	2
字　　数	235 千字
定　　价	69.00 元

凡购买中国社会科学出版社图书，如有质量问题请与本社营销中心联系调换
电话：010-84083683
版权所有　侵权必究

前　言

在我国社会主义市场经济建立和完善过程中，行政垄断问题引起了社会各界的普遍关注，成为我国当代经济学的研究前沿领域之一，也成为我国政治体制改革和经济体制改革的焦点。行业性行政垄断是计划经济的产物，大多发生在关系国计民生的基础设施性行业，带来的后果是效率低、服务差、缺乏竞争性，甚至限制了新技术的开发和应用。

电信行业是一个国家国民经济的重要组成部分，覆盖全国的电信网络是保证其他行业顺利发展的主要基础设施之一。因此，电信行业的发展状况对其他行业乃至整体经济产生的影响不可小视。长期以来，人们一直把电信行业视为自然垄断行业，认为电信服务的基础性、网络的完整性、固定资产的沉没性，以及电信运营的规模经济决定了电信行业的自然垄断特性。但是在我国，电信行业一直是在政府的严格控制之下发展的，带有明显的行政垄断色彩。电信行业的行政垄断造成了很多不利影响，制约着电信行业的健康发展。所以，对电信行业行政垄断问题的深入研究和探讨具有较强的理论价值和现实意义。

本书运用理论与实践相结合、抽象与具体相结合和比较分析的方法，以电信行业行政垄断为研究对象，以产业组织理论、西方规制理论和有效竞争理论为基础，结合我国电信行业发展改革历程，对电信行业行政垄断问题进行了全面深入的分析，提出了电信行业行政垄断程度的测算指标体系，并对行政垄断给电信行业造成的影响进行了实证分析，通过博弈模型分析了电信行业价格竞争和非价格竞争情况，最后提出打破电信行业行政垄断、促进竞争格局形成的政策建议，以期推动我国电信行业的健康、快速发展。

本书主要分为九章，第三、第四、第五和第七章是本书的主要部分。

第一章主要介绍本书的研究背景和意义，国内外学术界对行政垄断问题和行政垄断对资源配置效率的影响的研究现状及其存在的主要问题，在此基础上，说明了本书的学术价值。接着论述了本书的研究思路和方法，最后提出了本书各章节的逻辑体系与主要内容。

第二章介绍了与本书有关的理论：产业组织理论及 SCP 研究范式的内容、电信管制理论和有效竞争理论，为后面的分析做好理论铺垫。

第三章为中国行业性行政垄断形成原因及作用机理分析。从体制成因和经济主体原因两方面分析了我国行政垄断形成的原因，通过对市场失灵、政府规制和规制失灵相关理论的回顾，提出行业性行政垄断的形成机理。并在新产业组织理论的基础上，将政府因素内生到整个系统中来，构成对行政垄断分析的 G-SCP 研究框架。其中：G 表示政府的有关政策和行为；S 表示由一系列参数指标构成的产业特征矩阵；C 表示在位垄断厂商的行为；P 表示绩效。

第四章主要介绍我国电信行业的发展历程，说明我国电信行业的历史发展轨迹，论述当前各种业务的发展情况、各运营商的发展前景，分析我国电信行业发展面临的机遇与挑战，并运用统计方法预测未来几十年的电信业务量，以此来预测我国电信行业的未来发展情况。

第五章为中国电信行业行政垄断问题研究。首先针对我国电信行业的发展实情，对我国电信行业存在的垄断类型进行了判断，并分析了其形成的原因和造成的后果。接着回顾了国内外学者在垄断程度测度方面的研究现状，运用提出的 G-SCP 分析框架，设置政府、结构、行为和绩效四大类指标，并在四大类指标下分设 12 个二级指标和 33 个三级指标，建立了测量电信行业行政垄断程度的指标体系。

第六章为中国电信行业行政垄断程度测度。本章在 G-SCP 分析框架的基础上,结合电信行业的自有特点,测量出1990—2016年我国电信行业行政垄断程度。结果显示,我国电信行业的行政垄断程度经历了逐渐下降的趋势,从1990年的95.20%下降到2016年的80.99%,下降幅度较大,但始终保持了较高的行政垄断水平。

第七章为中国电信行业行政垄断造成的影响分析。分别从电信企业的经营绩效、电信行业技术进步、电信行业经济效率和社会福利四方面分析行政垄断对电信行业资源配置效率造成的影响。电信企业经营绩效方面,我国电信行业的网络技术水平、设备先进性已经超过了不少发达国家,但运行效率、运行质量和经济效益则相差太远,我国电信运营商在高利润的背后是高成本、高浪费,并且缺乏国际竞争力。电信行业技术进步方面,电信行业行政垄断程度对全要素生产率贡献率的贡献系数为-1.327,负面影响较大。电信行业经济效率方面,电信行业行政垄断程度的降低会促进全要素生产率的增长、前沿技术的进步、相对前沿技术效率的变化、资源配置效率的变化和规模总报酬的提高与改善,但会造成规模经济性改善的下降和恶化。社会福利方面,从电信行业的垄断福利、管制机构非正式开支、电信企业的寻租成本,以及行政垄断造成的社会净福利损失四方面考察了电信行业行政垄断造成的社会福利影响。

第八章为中国电信行业竞争政策研究。本书结合我国电信行业的竞争现状,运用价格博弈模型和非价格博弈模型进行分析,认为价格竞争带来的结果是恶性的价格战,长期而言对大家都是不利的,只有紧跟技术进步,不断推陈出新,通过服务和产品的升级换代来满足消费者的新需要,从长期动态发展的角度寻找各自不同竞争优势的竞争战略,才能促进整个电信行业有效竞争格局的形成和整个行业竞争力的提升。最后通过对国外电信行业在促进竞争方面的经验的介绍,得出对我国电信市场竞争格局形成的启示。

第九章为结论、政策建议及研究展望。对本书的主要观点和结论进行了总结,根据前文研究提出了几点打破电信行业行政垄断、促进竞争格局形成的政策建议。最后,在此基础上明确了下一步研究的方向。

目　录

第一章　绪论 …………………………………………………… （1）
　第一节　研究背景与问题 ………………………………………… （1）
　第二节　文献综述 ………………………………………………… （5）
　　一　国内理论界关于行政垄断的研究成果及主要观点 ……… （5）
　　二　有关我国电信行业的研究情况 …………………………… （14）
　第三节　研究思路和方法 ………………………………………… （18）
　第四节　本书基本框架和主要内容 ……………………………… （20）
　　一　本书研究框架 ……………………………………………… （20）
　　二　本书主要内容 ……………………………………………… （21）

第二章　理论基础 ……………………………………………… （25）
　第一节　产业组织理论的 SCP 范式 …………………………… （25）
　　一　产业组织理论的理论渊源 ………………………………… （25）
　　二　产业组织理论的发展 ……………………………………… （27）
　　三　产业组织理论 SCP 范式的具体内容 …………………… （32）
　第二节　电信管制理论 …………………………………………… （39）
　　一　产业进入管制 ……………………………………………… （39）
　　二　电信价格管制 ……………………………………………… （41）
　　三　互联互通管制 ……………………………………………… （48）
　　四　普遍服务管制 ……………………………………………… （49）
　第三节　有效竞争理论 …………………………………………… （51）
　　一　马歇尔困境 ………………………………………………… （51）

二　有效竞争理论及其特征 …………………………………（51）

第三章　中国行业性行政垄断形成原因及作用机理分析 ………（55）
第一节　中国行业性行政垄断形成的成因分析 …………………（55）
　　一　体制成因 ………………………………………………（56）
　　二　经济主体原因 …………………………………………（57）
第二节　中国行业性行政垄断形成的机理分析 …………………（59）
　　一　市场失灵 ………………………………………………（60）
　　二　政府规制 ………………………………………………（62）
　　三　规制失灵 ………………………………………………（65）
　　四　行业性行政垄断的形成 ………………………………（71）
第三节　中国行业性行政垄断的 G-SCP 分析框架 ……………（71）
第四节　本章小结 …………………………………………………（74）

第四章　中国电信行业发展情况分析 ………………………………（75）
第一节　中国电信行业改革的历史过程 …………………………（76）
　　一　改革开放以前计划经济下的政府直接控制阶段 ………（76）
　　二　电信业完全垄断时期(1980—1992年) ………………（77）
　　三　打破垄断,引入竞争时期(1993—1998年) …………（79）
　　四　竞争性市场结构构建时期(1999年至今) ……………（82）
第二节　中国电信行业发展现状及国际比较 ……………………（86）
　　一　我国电信行业发展现状 ………………………………（86）
　　二　我国电信行业发展的国际比较 ………………………（92）
第三节　中国电信行业未来发展趋势的预测 ……………………（94）
　　一　单项预测模型 …………………………………………（95）
　　二　单项预测模型结果比较 ………………………………（99）
　　三　组合模型的建立 ………………………………………（100）
第四节　本章小结 …………………………………………………（104）

第五章　中国电信行业行政垄断问题研究 （106）

第一节　中国电信行业垄断类型的判断 （106）
一　自然垄断 （106）
二　经济垄断 （108）
三　行政垄断 （110）

第二节　中国电信行业行政垄断形成原因及造成的后果 （112）
一　我国电信行业行政垄断形成原因 （112）
二　我国电信行业行政垄断造成的后果 （114）

第三节　中国电信行业行政垄断测度方法研究 （116）
一　国内外学者对行政垄断程度测度的研究成果 （116）
二　本书对电信行业行政垄断程度测度的方法 （117）

第四节　中国电信行业行政垄断程度测量指标体系 （119）
一　指标体系的建立 （119）
二　权重的确定 （121）

第五节　本章小结 （123）

第六章　中国电信行业行政垄断程度测度 （125）

第一节　政府指标 （125）
一　行业主管部门 （126）
二　限制与排斥竞争的法律法规及数量 （127）
三　进入壁垒 （128）
四　价格规制 （130）
五　旋转门现象 （132）

第二节　结构指标 （133）
一　产权结构 （133）
二　市场结构 （136）

第三节　行为指标 （139）
一　企业利用行政垄断的牟利行为 （139）
二　企业经营活动的自主权 （142）

第四节　绩效指标 （145）

一　配置效率 …………………………………………………… (145)
　　二　生产效率 …………………………………………………… (147)
　　三　服务质量 …………………………………………………… (149)
　第五节　最终的汇总结果及分析 ………………………………… (151)
　第六节　本章小结 ………………………………………………… (153)

第七章　中国电信行业行政垄断造成的影响分析 …………… (154)
　第一节　行政垄断对中国电信企业经营绩效的影响 ………… (155)
　　一　电信企业整体经营绩效分析 ……………………………… (155)
　　二　三大电信运营商的动态效率 ……………………………… (162)
　第二节　行政垄断对中国电信行业技术进步的影响 ………… (168)
　　一　全要素生产率及贡献率的测算 …………………………… (169)
　　二　考虑到行政垄断影响的全要素生产率贡献率 …………… (173)
　第三节　行政垄断对中国电信行业经济效率的影响 ………… (176)
　　一　方法介绍 …………………………………………………… (176)
　　二　对数形式时变技术效率随机前沿生产函数模型与
　　　　数据选择 …………………………………………………… (178)
　　三　全要素生产率增长及其分解的结果与分析 ……………… (180)
　　四　行政垄断对我国电信行业经济效率影响的实证
　　　　分析 ………………………………………………………… (187)
　第四节　中国电信行业行政垄断对社会福利的影响 ………… (189)
　　一　垄断福利 …………………………………………………… (189)
　　二　非正式开支 ………………………………………………… (191)
　　三　寻租成本 …………………………………………………… (195)
　　四　社会福利净损失 …………………………………………… (197)
　第五节　本章小结 ………………………………………………… (200)

第八章　中国电信行业竞争政策研究 ………………………… (204)
　第一节　中国电信行业竞争现状 ………………………………… (204)
　　一　我国电信行业竞争现状 …………………………………… (204)

二　阻碍我国电信行业竞争格局形成的主要问题 …………(207)

第二节　中国电信行业竞争的博弈分析 ………………………(209)
　一　价格竞争的博弈分析 …………………………………(209)
　二　非价格竞争的博弈分析 ………………………………(212)

第三节　国外电信行业竞争格局形成的经验借鉴 ……………(214)
　一　发达国家电信行业竞争格局形成经验 ………………(214)
　二　发展中国家电信行业竞争格局形成经验 ……………(219)
　三　各国电信行业竞争格局形成经验对我国的启示 ……(222)

第九章　结论、政策建议及研究展望 ……………………(224)

第一节　本书主要结论 …………………………………………(224)
第二节　中国电信行业打破行政垄断和促进竞争的
　　　　政策建议 ………………………………………………(228)
第三节　未来研究展望 …………………………………………(233)

参考文献 …………………………………………………………(234)

第一章 绪论

第一节 研究背景与问题

从20世纪70年代末我国实施改革开放以来，国民经济有了飞速发展，人民生活水平普遍提高，政治经济体制改革初见成效，综合国力也有了大幅度提升，在国际上的影响力逐渐加强，可以说我国这段时期实施的改革是比较成功的。但是，我国长期以来实行计划经济体制，造成了行政权力广泛干预经济，政企不分、官商不分的局面，虽然多年来一直不断地进行体制改革，但中央及地方政府管理经济的方式仍存在着计划经济的痕迹，像政府职责没有分清，未按市场最优配置资源，地区封锁、行业垄断、行政壁垒等行政垄断现象较为严重。目前，我国广泛存在的行政垄断现象在诸多方面已经严重制约着我国经济的发展，成为阻碍经济持续快速健康发展的瓶颈，危害着我国正在进行的社会主义和谐社会建设。解决行政垄断问题已经到了刻不容缓的地步，一直处于改革边缘地带的行政垄断，在新时期已经走到了改革舞台的中央。

行业性行政垄断是计划经济的产物，大多发生在关系国计民生的基础设施行业，带来的后果是效率低、服务差，缺乏竞争性，甚至限制了新技术的开发和应用。比如民航、铁路、汽车等交通运输部门，依靠其在交通运输行业的垄断，为了自身的利益，在节假日客流高峰时期票价说涨就涨，而服务质量并没有跟着票价一同变化，置乘客的感受与意见于不顾，结果民航、铁路和汽车等部门多次被乘客推上被告席，吃了不少行政官司。近年来，行政垄断问题也常伴随在医疗改革和教育改革过程中。一些地方政府为了自身利益而强迫职工到指定的药店购买非处方药品,这样就会使其他药店在竞争中处于不利的地位。在教育方面,由于近几年来国家鼓励各高校扩招办学,鼓励私人开办私立学校,导致学生学费一路飙升,九年义务教育面临危机。各高校搭车巧立名目收费,大搞教育产业化而不顾各地贫富差距,致使许多学生要么无法读书,要么负债累累。

另一种形式的行政垄断就是地方性行政垄断,其主要表现形式就是地方政府禁止外地产品进入本地市场,或者阻止本地原材料销往外地,由此便使全国本应统一的市场分割成一个个狭小的市场。比如从1997年到2000年,陕西省、湖北省、吉林省、沈阳市等有关主管部门先后以通知、决定、规定等形式限制外地生产的汽车进入本地市场,并互相封杀。在全国范围内有近30座城市对经济型的轿车有各种限制。加入世贸组织以来,这种状况改观较大,但仍不是很到位。这种地方封锁的现象不仅表现在汽车领域,其他领域的类似情况也不胜枚举。比如:1994年黑龙江省鸡西地区的啤酒遭到周边地区的封杀,8个月被没收1.3万箱;1997年初河南省固始县政府为了防止外地化肥流入本地,专门发布地方封锁的文件,明令禁止从外地购买化肥;等等。

行政垄断造成的损失是巨大的。南京大学商学院的刘志彪和姜付秀搜集了保险业、邮电业、交通运输业等部分数据,并对这些行业行政垄断造成的净社会福利损失进行了估算。结果显示,近几年间,这些行业的行政垄断造成的净社会福利损失(既没有被垄断部门得到,也没有被消费者得到)估计至少为91816亿元,占GNP的11.5%。垄断租金则达到2930亿元之多,占GNP的3.68%左右,而这些留在垄断部门内的租金大部分被消耗、浪费掉了。[①]

不仅如此,行政垄断还极易成为滋生腐败的温床。据《法制早报》报道,华中电力原总经理林孔兴,与其家人非法牟利高达8286

[①] 刘志彪、姜付秀:《我国产业行政垄断的制度成本分析》,《江海学刊》2003年第1期。

万元。一个并非掌握"政治权力"的电力公司总经理,却可以非法敛财几千万,令人深思。通常,腐败的高发区多为掌握行政权力的"政界",而现在,越来越多的案件表明,中国的"商界"也存在着严重的腐败,这些都源于垄断。其"元凶"正是因政府行政权力干预所造成的行政垄断,长期的计划经济体制,政府被赋予了强大的经济调控职能。而如今,本应该依靠市场就可以调节的领域,如电力、石油、电信、煤炭等行业,政府相关主管部门并不情愿退出。而这种依靠行政干预制造的垄断,是与市场经济背道而驰的。

2008年7月初,中国青年报调查中心对3232人进行了一次关于"不合理收费"的调查,调查结果显示:公众认为不合理收费的项目有手机和固定电话月租费(30.5%)、电信商擅自开通服务收费(30.4%)、手机漫游费(29.9%)、手机双向接听费(28.9%)、银联卡跨行取款费(27.2%)、择校费(27.1%)、火车退票费(25.4%)、电话初装费(25.3%)、公路收费(21.9%)、车牌架安装费(21.9%)、学生补课费(19.4%)、卡证押金费(17.3%)、养路费(17.0%)、办证工本费(15.7%)、铁路客票代售点收取手续费(14.1%)、出租车风险抵押金(9.7%)。其中,有五项是在电信运营范围内,并且有四项是排在前四位的。而在"你认为哪个领域的乱收费现象最为严重?"的调查中,有30.8%的公众认为是电信、电力、石化等垄断部门。对造成乱收费现象的原因的调查中,34.5%的公众认为"利用行业垄断地位有恃无恐"是乱收费存在的最主要原因。调查使人们的目光再一次聚焦在电信行业的垄断问题上面。

2011年11月,国家信息化专家委员会发布的一份报告可以说令我国亿万网民大跌眼镜,这份名为《信息化蓝皮书:中国信息化形势分析与预测2011》的报告显示,截止到2010年,我国宽带上网平均速率排在全球第71位,不及美国、英国、日本等30多个经济合作组织国家的平均水平的1/10,但是平均一兆每秒网速的接入费用却是发达国家平均水平的三到四倍。为此,发改委价格监督检查与反垄断局接到举报后,就立刻启动了对中国电信、中国联通涉嫌价格垄断案的调查。2017年3月，中国联通两家分公司以及吉化集团信息网络技术有限公司、长春一汽通信科技有限公司因实施垄断行为被处罚。

回顾中国电信行业改革的历程，不管是拆分还是重组，结果是达到了，但目的却远远没有实现。现在看来，还只能说在打破表层的市场垄断上已经有所成效，但谈到幕后的行政垄断，恐怕还是力犹未及。而行政垄断不打破，市场垄断随时都可以卷土重来。我国市场运行中的垄断特别是行政垄断问题，主要是由旧体制中国家行政权力的高度集中和国家所有制改革不彻底所造成的，即企业的垄断地位是通过国家法律、政府所有权，以及各种行政法规甚至产业政策事先规定的，而西方国家市场中的垄断则主要是通过市场竞争自然形成的，这就造成了两者在垄断管制和治理方面的不同。

电信行业是国民经济发展的重要组成部分，覆盖全国的电信网络是保证其他行业顺利发展的主要基础设施之一。因此，电信行业的发展状况对其他行业乃至整个经济产生的影响不可小视。根据国际电信联盟（ITU，1992）和我国《电信条例》的定义，从事电信活动的电信行业有广义概念和狭义概念之分。前者包括电信运营业和电信制造业，后者只包括电信运营业。本书中所指的电信行业是狭义概念，即电信运营业。

众所周知，电信行业是通过有机连接的电信终端、交换节点和传输线路构成的电信网络来提供服务的。电信服务中，交换和中继特征、横向的全程特征、纵向的技术关联特性、异质替代特性等技术特征，决定了其有别于其他行业的经济特征，即规模经济性和范围经济性、网络的外部性和内部协调性、投资的专用性和沉淀性等。由于具有资源稀缺性（如频率资源有限）、规模经济、范围经济、高固定成本的沉淀性，以及存在技术障碍等，长期以来人们一直把电信行业视为自然垄断行业，认为电信服务的基础性、网络的完整性、固定资产的沉没性，以及电信运营的规模经济决定了对电信行业采取垄断经营模式的必要性，许多国家通过国有制、法律、制度等形式确立了电信行业垄断经营体制，并维持了相当长的一段时间。但是在我国，电信行业一直是在政府的严格控制之下发展的，带有明显的行政垄断色彩。在市场准入方面采取的是行政命令和行政审批制。如中国联通、原中国吉通、原中国网通、中国铁通的成立、对中国电信的两次拆分和最近的电信重组都是国务院以行政命令的方式进行的。对各种电信资费的管理，如1998年、2000年两次大的电信资费调整，以及一些小的资费调整，采取的都是国务院直接下文或信息产业部和国家计委联合下文的形式。电信网络建设标准、入网设备标准、电信服务质量标准等行业管理规章，一般是由信息产业部制定，并由信息产业部以部门文件的方式下发，实际上也是行政命令的方法。从某种角度看，我国电信行业存在的垄断大部分都是行政垄断。造成的后果是，电信行业的行政垄断使得中国普通居民的长途电话费和计算机上网费比美国高出许多，《信息化蓝皮书：中国信息化形势分析与预测2011》显示，截止到2010年，我国宽带上网平均速率排在全球第71位，不及美国、英国、日本等30多个经济合作组织国家平均水平的1/10，但是平均一兆每秒的接入费用却是发达国家平均水平的三到四倍。由于行政垄断的保护，整个电信市场缺乏有效竞争，使得电信企业缺乏开发新技术的动力。与其他国家电信行业相比，打破我国电信行业垄断，尤其是行政垄断已经是刻不容缓的事情了。

我国电信行业的行政垄断程度到底有多大？电信行业存在的行政垄断对电信行业的发展造成了怎样的影响？今后该如何解决电信行业的有效竞争问题？这是本书力求回答的问题。

第二节 文献综述

一 国内理论界关于行政垄断的研究成果及主要观点

随着行政垄断现象的日益突出，学者们对该问题的研究也日益增多。然而，目前学术界对行政垄断的概念、产生的原因、与其他垄断概念的关系、对行政垄断如何进行规制、行政垄断程度的测量，以及产生后果的分析等问题仍存在很大分歧。下面就学者们在这几个方面的研究情况进行梳理和比较。

1. 行政垄断的概念

在我国,"行政垄断"概念的提出始于20世纪80年代末,用来区别一般性的市场垄断——所谓的"经济垄断"[1]。根据全国报刊索引,在1980—1992年,有关社会主义垄断的文章有40多篇。

对行政垄断的定义在不同的学科领域及不同的学者那里并非是完全一致的。张晓阳是较早提出并界定"行政垄断"概念的学者。张晓阳在1987年提出:"我国一直运用行政力量和行政手段对社会经济生活进行强有力的控制和导向,形成一种带有浓厚行政色彩的经济垄断。"[2] 同年,张松柏提出,行政垄断是社会主义国家垄断的一种模式,"国家领导机关运用政权力量,以指令性计划、政策、方针和法律等行政手段,对全社会的商品生产和商品市场实行严格控制",并从行政垄断的特征、范围、层次和对象等方面分析了行政垄断的概念[3]。而肖建华认为:"行政垄断,从小的方面看,企业的人、财、物等都由领导者控制,特别是党委说了算,企业经营的好坏往往由领导者的主观意志决定;从大的方面看,各企业、各部门、各行业、各地区的经济都是行政权力机关的附属物,纯行政的隶属关系决定了企业的行为、命运和经济发展的状况;极端的状况是,经济的运行服从于政治生活,整个经济的发展服从于政治运动的需要。"[4] 陈家彦则认为:"行政垄断是凭借政权的力量形成的,如我国封建政权对盐、铁的垄断和新中国成立后国营企业对某些商品(如烟酒、盐等)的垄断。"[5] 胡汝银对"行政垄断"的界定是这样:"在传统的集权体制下,中央通常以无所不包的计划指令,既控制着宏观经济变量,又控制着微观经济活动范围。特别是在微观层次上,国家对企业实行财政统收统支,产品统购统销,劳动力和物质技术统一分配等方法,直接

---

[1] 胡汝银:《竞争与垄断:社会主义微观经济分析》,上海三联书店1988年版,第48页。
[2] 张晓阳:《社会主义经济垄断初探》,《贵州财经学院学报》1987年第4期。
[3] 张松柏:《论社会主义商品经济的垄断模式》,《北方论丛》1987年第5期。
[4] 肖建华:《论社会主义经济中的垄断》,《中青年经济论坛》1987年第6期。
[5] 陈家彦:《关于社会主义竞争和垄断的断想》,《经济问题》1987年第12期。

统治企业的投入和产出，从而统治着整个社会的生产和流通，形成了一种绝对垄断的局面。这种垄断基本上是通过行政手段和具有严格等级制的行政组织来维持的，为了便于同一般的市场垄断相区别，我们把它称为行政垄断。"① 陆德明在《改造产业组织建立垄断竞争市场》中认为："传统的行政性的产业组织具有垄断性。这种垄断既不是一般的市场垄断，也不是自然垄断，而是一种非规范的行政垄断或超经济垄断，表现为中央高度集权，国家通过包罗万象的计划，依靠行政命令对宏观、微观经济活动进行全面的控制和管理，尤其是对企业，财政上统收统支，产品统购包销，生产要素或资源统一调配，通过各地区、各部门、各级各类、条块分割、纵横交叉的行政组织，实行国家所有国家经营式的完全垄断或独占。"②

自 20 世纪 80 年代末期提出行政垄断的范畴以后，各学科领域学术界开始对行政垄断的概念进行广泛的研究。其中，著名法学家王保树教授列举出五种不同的行政垄断概念并进行了分析[③]。石淑华在对前人行政垄断概念进行认真梳理和分析的基础上，提出行政垄断是由企业行为与政府行为共同形成的，缺少其中任何一个要素，行政垄断都不可能形成，从而将行政垄断界定为："行政垄断是指中国在经济市场化进程中，企业与行政机构以某种形式联合起来利用行政权力构筑政治壁垒而形成的一种排他性控制。"[④]

综上所述，学术界从不同角度、不同层次对转轨经济中的行政垄断概念进行了界定，然而各种概念之间存在一定分歧，并不完全一致。笔者认为其分歧大致可归纳为三点：（1）行政垄断的实施主体；（2）行政垄断是否合法；（3）行政垄断的形成原因。虽然学者们对行政垄断的看法存在诸多差异，但同时也存在以下几方面的共

---

① 胡汝银：《竞争与垄断：社会主义微观经济分析》，上海三联书店 1988 年版，第 48 页。
② 陆德明：《改造产业组织建立垄断竞争市场》，《经济研究》1988 年第 10 期。
③ 王保树：《论反垄断法对行政垄断的规制》，《中国社会科学院研究生院学报》1998 年第 5 期。
④ 石淑华：《行政垄断的经济学分析》，社会科学文献出版社 2006 年版，第 66 页。

识：(1) 行政垄断的实施主体是行政权力的拥有者；(2) 行政垄断的实施过程具体体现为对行政权力的利用或滥用；(3) 行政垄断是一种限制竞争的行为；(4) 行政垄断危害社会经济发展，应当受到规制。

在本书中将行政垄断界定为：政府机构运用公共权力对市场竞争的限制或排斥。只要政府机构运用公共权力限制或排斥了市场竞争，不管其是否滥用了行政职权，不管是否合理合法，就构成了行政垄断。而按照行政权力作用的范围和方向可将行政垄断分为行业性行政垄断和地区性行政垄断，在法理学分析中常将后者视为违法。在现实的经济生活中，这两类行政垄断并不是单独存在的，往往是交叉作用于某些经济领域。本书在合法性前提下主要研究行业性行政垄断，对地区性行政垄断也做仅限于经济学的适当分析，并将研究的重点放在电信行业的行政垄断问题上。

2. 行政垄断产生的原因

对于行政垄断产生的原因，张淑芳认为，我国出现行政垄断的原因在于：政府干预主义的行政意识基础、利益配置不合理的社会经济基础、执法分散主义的法制基础和权利义务不对等的法权基础[①]。徐士英从文化根源、制度根源和社会根源方面进行分析，认为历史上遗留下来的官商不分的历史传统是其产生的文化根源，新旧体制的相互冲突是其制度根源，政治国家不断侵蚀市民社会是其产生的社会根源[②]。吴宏伟把行政垄断产生的根本原因归结为三方面：一是行政机关受经济利益的驱使；二是行政机关公务员受"政绩"的驱动；三是行政机关及其公务员不合法地行使行政职权[③]。杨兰品认为计划经济的影响、利益因素和历史原因是造成行政垄断的原因[④]。郑鹏程认为，应该承认学界对行政垄断的成因的分析是比较全面的。行政垄断

---

① 张淑芳：《行政垄断的成因分析及法律对策》，《法学研究》1999 年第 4 期。
② 徐士英：《论行政垄断与反垄断法》，载季晓南主编《中国反垄断法研究》，人民法院出版社 2001 年版，第 431—434 页。
③ 吴宏伟：《试论我国行政性垄断及其消除对策》，《法学家》2000 年第 6 期。
④ 杨兰品：《中国行政垄断问题研究》，经济科学出版社 2006 年版，第 29—30 页。

的成因是极其复杂的:既有历史原因,也有现实原因;既有经济原因,也有政治原因;既有观念原因,也有制度原因;既有直接原因,也有间接原因。控制行政垄断必须抓住主要矛盾,当前学界对行政垄断成因的分析并没有分清主次。他认为,行政垄断主要成因分三个层面:行政性分利集团的产生;利益分配制度不合理;控制行政垄断的有效法律制度的缺失①。

总结以上研究成果,笔者认为行政垄断在当代中国社会的成因主要有以下三个方面:法律规制欠缺原因;转型社会背景原因;社会改革异化原因。

3. 行政垄断与其他垄断概念的关系

行政垄断与其他垄断的关系主要是从行政垄断与经济垄断、国家垄断和自然垄断的关系展开梳理。

(1) 行政垄断与经济垄断。行政垄断和经济垄断是两种重要的垄断现象,二者既有联系又有区别。行政垄断是市场主体以某种方式联合起来运用行政权力构筑政治壁垒所形成的一种排他性控制;经济垄断是经济主体利用市场(经济)壁垒对市场形成的一种排他性控制。石淑华从形成垄断的成因、垄断的动机与目的、垄断依靠的力量和垄断的经济性质分析了行政垄断与经济垄断的不同②。

(2) 行政垄断与国家垄断。对于行政垄断和国家垄断的关系,目前学术界存在三种观点:第一种观点认为,行政垄断≠国家垄断,即行政垄断和国家垄断是两个不同的概念③。第二种观点认为,行政垄断＞国家垄断,即行政垄断和国家垄断在本质上没有什么差别,只是两者的范围有所不同,国家垄断是行政垄断的一种形式,从而使国家垄断与地方垄断和行业垄断相并列④。第三种观点认为,行政垄断=

---

① 郑鹏程:《行政垄断的法律控制研究》,北京大学出版社2002年版,第30—33页。
② 石淑华:《行政垄断的经济学分析》,社会科学文献出版社2006年版,第75—76页。
③ 文海兴、王艳林:《市场秩序的守护神——公平竞争法研究》,贵州人民出版社1995年版,第128页。
④ 封丽萍:《行政垄断与我国反垄断立法》,《浙江大学学报》(人文社会科学版)1999年第5期。

国家垄断,持这种观点的学者又分为两派:一派是在不承认行政垄断这一范畴的前提下把行政垄断等同于国家垄断[①];另一派是在承认行政垄断的前提下把行政垄断等同于国家垄断[②]。目前,持第三种观点的人越来越少,主要是在前两种观点之间进行争论。石淑华认为,在以市场改革为导向的计划经济体制下,行政垄断不是国家垄断,但有些国家垄断属于行政垄断;在市场经济体制下,行政垄断与国家垄断是完全不同的垄断形式,并从垄断产生的根源、垄断的法律性质和垄断的主体不同进行了分析[③]。尽管二者都是行政机关运用行政权力来干预经济的运行,但因行政机关的层次和级别不同,垄断的目的、意义、范围也是不同的[④]。

(3) 行政垄断与自然垄断。石淑华认为,尽管从概念上看自然垄断完全不同于行政垄断,但在现实中,行政权力渗透、介入自然垄断行业,使自然垄断行业具有浓厚的行政垄断色彩,并论述了两者的区别与联系[⑤]。

4. 对行政垄断如何进行规制问题

对行政垄断如何进行规制,多数学者认为,结合行政垄断的成因,反行政垄断应从经济管理体制和反垄断立法两方面入手。一方面,加快适应市场经济的经济管理体制改革,尽可能缓解地区和行业间的发展不平衡、结构不合理等问题,同时限制地方政府过度的经济权力;另一方面,应当加强相关的立法,以行政法制约行政权力的过度使用,以经济法特别是制定反垄断法来明确政府和市场的各自范

[①] 史际春:《遵从竞争的客观规律——中国反垄断法概念和对象的两个基本问题》,《国际贸易》1998年第4期。

[②] 胡汝银:《竞争与垄断:社会主义微观经济分析》,上海三联书店1988年版,第48页。

[③] 石淑华:《行政垄断的经济学分析》,社会科学文献出版社2006年版,第77—78页。

[④] 郑鹏程:《行政垄断的法律控制研究》,北京大学出版社2002年版,第33—36页。

[⑤] 石淑华:《行政垄断的经济学分析》,社会科学文献出版社2006年版,第81—84页。

围，缩减政府不合理干预经济的空间[1]。

就反垄断法在规制行政垄断方面所起的作用而言，学者们的观点分为两种：一部分学者认为，反垄断法应当能够发挥重要的作用。在他们看来，行政垄断将会长期存在于具有行政权力偏好而非市场偏好的中国经济运行中，尤其是在当前转型时期。要克服这一问题，在目前的立法起草中特意将其列入规制对象或许更具有对策性。由于经济法不仅是干预社会经济也是干预政府之法，反垄断法被公认为是经济法的核心，那么作为市场经济基本法之一的反垄断法当然有资格判断行政权力在经济生活中的合法性。被动地寄希望于改革是不可取的，改革固然可以解决问题于表面、于一时，但深层问题的解决必须寄希望于法律公正普遍的适用[2]。另有部分学者认为反垄断法不可能有效地规制与消除行政垄断。因为竞争行为与行政行为属于不同的法律调整的范畴。规制和制止行政垄断不是反垄断法所能独立完成的，甚至主要不是靠反垄断法来完成的[3]。

5. 行政垄断程度的测度

在行政垄断程度测度方面进行研究的学者较少，仅有的几位学者对此问题的研究也只是停留在定性的描述和简单的定量分析上。像石淑华从地方性行政垄断和行业性行政垄断两方面考虑了行政垄断程度的测度[4]，地方性行政垄断的测度是从地方政府行为方式的市场化、地区间经济合作的方式、地区间市场的进入壁垒程度（边界效应）三个方面来进行测量，基本上是文字性的描述；而行业性行政垄断的测度只选取了国有化程度来衡量，指标选取较为简单。于良春等人构

---

[1] 邓保同：《论行政性垄断》，《法学评论》1998 年第 4 期；徐士英：《论行政垄断与反垄断法》，载季晓南主编《中国反垄断法研究》，人民法院出版社 2001 年版，第 434—435 页。

[2] 王艳林：《垄断：中国立法的确立及其方法》，载季晓南主编《中国反垄断法研究》，人民法院出版社 2001 年版，第 173 页。

[3] 张瑞萍：《关于行政垄断的若干思考》，载王晓晔主编《反垄断法与市场经济》，法律出版社 1998 年版，第 171—173 页。

[4] 石淑华：《行政垄断的经济学分析》，社会科学文献出版社 2006 年版，第 84—89 页。

建了测算地区性行政垄断的指标体系，该指标体系包括4个一级指标、19个二级指标和49个三级指标，从制度、结构、行为、绩效等方面反映了行政力量对于市场竞争的影响[①]。胡德宝以SCP范式为基础，对垄断势力的测度方法进行扩展，结合相关的产业数据，利用实证分析的方法得到各行业的垄断势力的大小，并进行行业间比较，在此基础上为产生行业差距的原因提供了经济学解释[②]。陈林等人采用现代自然垄断理论中基于"成本次可加性"的自然垄断测度法，以超越对数成本函数模型估计了中国重化工业的成本函数，进而对其自然垄断属性进行了测度[③]。

6. 行业性行政垄断对资源配置效率的影响

对于经济垄断与资源配置效率之间的关系，学术界基本上认为经济垄断具有双重作用，即垄断结构促进资源配置效率的提高，垄断行为导致资源配置效率的降低。而对于行政垄断与资源配置效率之间的关系，由于行政垄断的存在破坏了统一、开放、竞争、有序的市场秩序，降低了企业的生产效率，损害了公众合法权益，加剧了社会贫富差距，导致了政府腐败和寻租行为，学术界基本上一致认为行政垄断导致资源配置的低效率。对此问题进行论述的学者较多，但一般将行政垄断会造成低效率的分析作为提出政策建议的依据，所以大多数学者只是泛泛而谈，并没有深入分析，也没有对行政垄断会造成多大程度的低效率进行测算。由于本书侧重于行业性行政垄断问题研究，所以下面的文献评述就着重于行业性行政垄断对资源配置的影响。

社会福利方面的研究。我国对行业性行政垄断造成的福利损失进行定量研究的学者很少[④]。较早对此问题进行较为详细研究的有清华

[①] 于良春、余东华：《中国地区性行政垄断程度的测度研究》，《经济研究》2009年第2期。

[②] 胡德宝：《我国垄断产业垄断势力的测度及比较——基于传统SCP范式的扩展研究》，《价格理论与实践》2010年第8期。

[③] 陈林、刘小玄：《自然垄断的测度模型及其应用——以中国重化工业为例》，《中国工业经济》2014年第8期。

[④] 胡德宝、陈甬军：《垄断势力及其福利损失测度：一个综述》，《山东大学学报》（哲学社会科学版）2014年第1期。

大学国情研究中心的过勇、胡鞍钢和南京大学商学院的刘志彪、姜付秀。前者认为行业性垄断造成的福利损失包括两类：一是消费者损失，即"塔洛克四边形"；二是社会净福利损失，即"哈伯格三角形"。并计算出 1995—1998 年我国电力行业、交通运输业、邮电通信业、民航业、医疗机构这五个主要垄断行业的垄断租金及占 GNP 比重[1]。尽管他们的估算结果并没有完全反映出我国行业性行政垄断导致的福利损失，却为估算行业性行政垄断造成的福利损失开了先河。后者选择了在深沪两地上市的行政垄断性行业（这些行业包括金融保险业、邮电通信业、交通运输业、电力及设备制造业、生物制药业、石油化工业）的 30 家上市公司 1997—2000 年的数据作为代表，分别按照哈伯格、柯林和缪勒的计算方法，计算出我国行政垄断性行业的福利成本最低额和最高额[2]。石淑华在刘志彪等人研究成果的基础上进一步拓展，在增加垄断行业的追加社会成本基础上，重新计算出我国行政垄断性行业总的福利损失[3]。周末等人估计了产品差异非常大的白酒制造业市场势力溢价，并以此为依据，计算了由于市场势力溢价带来的白酒市场福利净损失[4]。樊建强等人对收费公路行业行政垄断的社会成本进行了估算[5]。李治国等人采用 DEA 方法对行政垄断下我国石油行业的经营效率进行测度，证实了行政垄断会导致行业整体经营效率降低，进而对行政垄断下石油行业的福利损失进行了估算，得出了行政垄断会导致石油行业经营效率降低以及巨大社会福利损失

---

[1] 胡鞍钢、过勇：《从垄断市场到竞争市场：深刻的社会变革》，《改革》2002 年第 1 期。
[2] 刘志彪、姜付秀：《我国产业行政垄断的制度成本分析》，《江海学刊》2003 年第 1 期。
[3] 石淑华：《行政垄断的经济学分析》，社会科学文献出版社 2006 年版，第 184—187 页。
[4] 周末、王璐：《产品异质条件下市场势力估计与垄断损失测度——运用新实证产业组织方法对白酒制造业的研究》，《中国工业经济》2012 年第 6 期。
[5] 樊建强、李丽娟：《收费公路行业行政垄断及其社会成本测度》，《经济问题》2012 年第 2 期。

的结论①。

社会收入分配方面。在这方面研究的学者较多,大多数学者都是列举了垄断行业与竞争行业的工资水平,比较两者之间的差距,来说明垄断行业特别是行政垄断强的行业工资水平较高,且与其他行业的工资差距逐渐拉大。虽然研究的学者比较多,但直接研究行业性行政垄断如何造成不同行业收入差距,度量差距到底有多大的学者还是比较少的。林峰将全部97个行业按照经济属性分为4个行业组,运用泰尔指数法测算行政垄断行业对全国收入分配差距的贡献度并予以对比验证②。

也有学者就行业性行政垄断对社会就业、民营经济、政府腐败等方面的影响进行过分析,但也仅限于文字性的描述,并没有进行定量分析。

二 有关我国电信行业的研究情况

改革开放以来,我国电信行业已经走过了30年——由80年代的完全垄断时期到逐步引入竞争至今初步形成竞争格局的态势。对于80年代我国电信行业的垄断性,学术界普遍持一致的观点,认为电信垄断体制的形成来源于其成长初期和发展阶段的政治、经济和技术等特点的综合作用。王红梅从理论和实践相结合的角度,对电信行业在垄断阶段的情况进行了分析和研究,指出电信行业的生产经营活动中,具有服务贸易性、外部经济性、普遍服务性和自然垄断性③。徐世伟认为电信行业的垄断性符合微观经济的观点,自然垄断和市场特权是中国电信垄断存在的基础④。魏祥建认为我国改革开放初期电信垄断性与国民经济发展相符合,并分析了电信垄断的现状及弊端,即

---

① 李治国、孙志远:《行政垄断下我国石油行业效率及福利损失测度研究》,《经济经纬》2016年第1期。
② 林峰:《行政垄断行业对全国收入分配差距贡献度的直接测度》,《华东经济管理》2013年第1期。
③ 王红梅:《电信全球竞争》,人民邮电出版社2002年版,第52—55页。
④ 徐世伟:《对电信垄断及其解决途径的理性思考》,《重庆商学院学报》1999年第3期。

高价和价格歧视政策损害了消费者的利益，服务质量低下也阻碍了技术进步等①。汪贵浦详细分析和实证研究了我国电信行业自新中国成立以来，特别是二十世纪八九十年代改革阶段的演变、管制与政策效应，指出改革开放初期，通信发展水平严重滞后于改革开放的要求，电信垄断适应了建设投资和普遍服务的需求②。

90年代中期，我国电信行业进入了打破垄断、引入竞争机制的时期，实现了持续高速发展，成功地完成了电信行业规模、技术和发展的大步跨越。对电信行业需要引入竞争的观点，学术界的意见比较一致，他们认为：随着社会经济的不断发展，我国电信垄断已存在巨大的负效应。王学庆认为，我国电信行业引入竞争机制的因素主要有三个：一是消除因垄断引起的行业腐败和服务水平、服务质量低下的需要；二是整个国民经济和电信行业本身健康发展的需要；三是迎接即将到来的国际电信市场激烈竞争的需要。他还指出，当今国际国内因素导致电信行业进入竞争的必然性③。黄海波指出我国经济飞速发展使电信现状远不能满足时代要求，成为制约经济增长和社会发展的瓶颈之一。从理论上讲，我国电信行业的垄断会造成低效率和较高的社会成本，导致电信服务供给不足、质量低劣、价格居高等问题，严重阻碍相关产业和自身行业的发展，并且引发不正当竞争和社会不公，使不合理盈利合理化。要解决垄断产生的一系列问题，解决的途径就是引入竞争④。曾剑秋认为电信行业引入竞争能给消费者带来更多选择、提供低价格高服务的产品，电信的发展势在必行，实现电信行业的开放竞争就成为我国电信改革的基本取向⑤。汪向东指出，90年代以来，电信竞争已经成为全球电信行业的大趋势，并从经济学角

---

① 魏祥建：《关于我国电信垄断的几点思考》，《重庆工业高等专科学院学报》2001年第10期。

② 汪贵浦：《改革提高了垄断行业的绩效吗?》，浙江大学出版社2005年版，第151—189页。

③ 王学庆：《电信业为什么要引入竞争机制》，《通信世界》1999年第3期。

④ 黄海波：《电信管制：从监督垄断到鼓励竞争》，经济科学出版社2002年版，第84—87页。

⑤ 曾剑秋：《电信产业改革发展概论》，北京邮电大学出版社2001年版，第366页。

度分析了动摇电信自然垄断根基的主要因素是市场规模的扩大、电信技术的快速发展、电信业务品种的多样化、成本价格结构的变化等几方面①。

我国电信发展到新世纪特别是加入 WTO 以后，已初步形成竞争的格局。我国电信究竟应该实行怎样的竞争，特别是电信网络、电信业务等方面的竞争分割问题，学术界众说纷纭。比如：在基础电信网是否应该剥离出去并放开经营的问题上，第一种观点以原体改研究所的王小强为代表，他主张将我国已经形成规模的邮电网剥离出来，并与广电网合并成为国家基础信息网，划归国家统一管理，任何电信和有线电视的服务公司都可以公平竞争地使用这个基础网。但他不主张基础信息网放开经营，指出基础网掌握在经营性公司手中，则无网的竞争者免不了被揉搓的命运。因此，基础网络的运营，在保持统一规划的前提下，可以引入相应的竞争机制，如允许参股、特许经营、招标经营等②。第二种观点以王学庆为代表，他主张将各自为政的有线电视网连为一体，允许有线电视经营电信业务，让有线电视网与邮电网两网并存，最终在广大的宽带有线电视网上发展新一代计算机因特网，实现三网合一③。第三种观点以北京大学经济研究中心的周其仁为代表，他认为"可竞争的重复建设"是没必要的，没有竞争体制，就没有任何机制可以保证基础网在政府手中的运营，可以像在竞争的市场上一样，有不断降低成本和收费的动力。因此基础网络必须开放市场竞争，基础网络不开放，电信服务的竞争就没有实际意义④。我国电信发展的竞争势头已不可逆转，从电信改革和竞争的实践来看，归根结底我们需要的是有效竞争。彭伟斌认为，从电信行业来说，凡是通过市场竞争，达到优化资源配置，提高运营效率，促进电信行业

---

① 汪向东：《深化电信改革必须彻底破除"自然垄断教条"》，《数量经济技术经济研究》1999 年第 7 期。
② 王小强：《产业重组时不我待》，中国人民大学出版社 2001 年版，第 97 页。
③ 王学庆、银温泉：《我国电信业改革的目的、目标、对象及对策》，《改革》2002 年第 3 期。
④ 周其仁：《论数网竞争与电信业定价策略》，《通信世界》2001 年第 3 期。

的繁荣和发展,改善服务和通信质量,使用户得到实实在在利益的,就是有效竞争;达不到这个目标的,就是无序竞争;背离这个目标的,就是有害竞争①。许多国家的电信改革也在朝着这个方向努力,我国电信行业的拆分与重组,大体上就是基于这样的理论设计的,可以看出,我国电信行业改革的方向——有效竞争,就是有限的竞争、有序的竞争、公平的竞争、合作的竞争和干净的竞争。

随着电信行业的发展,对电信行业的研究也逐渐从理论的评述转向定量的分析。像汪贵浦应用 DEA 方法(数据包络分析),对我国改革以来电信、电力、民航、铁路业的总体绩效做了全面的测算和分析,指出只有打破垄断才是提高这些行业绩效的唯一出路②。张维迎、盛洪对电信行业的拆分做了方案设计③。干春晖、李雪从电信行业的网络效应出发,认为电信行业的拆分应当谨慎,改革的关键在于替代品的引入和竞争机制④。王军、赵英才指出可以通过 DEA 方法测算电信行业总体绩效⑤。吕志勇、陈宏民和李瑞海研究了20世纪90年代以来电信行业的改革绩效后指出,纵向分割虽然导致双重加价,但却从根本上推动了电信竞争;横向分割初期的统一定价管制和网络竞争导致的用户信息不对称会阻碍本地网接入竞争,应通过移动厂商的差别定价和用户信息甄别措施来增加社会福利⑥。刘蔚认为我国电信行业引入竞争机制的改革提高了行业绩效⑦。芮明杰、余东华对比了中国和印度的电信行业绩效后指出,政府控制能力的差异使中国电信行

---

① 彭伟斌:《论电信产业的有效竞争》,《经济评论》2001年第4期。
② 汪贵浦:《改革提高了垄断行业的绩效吗?》,浙江大学出版社2005年版,第189—278页。
③ 张维迎、盛洪:《从电信业看中国的反垄断问题》,《改革》1998年第2期。
④ 干春晖、李雪:《网络效应与自然垄断产业的分拆:以电信业为例》,《上海管理科学》2003年第6期。
⑤ 王军、赵英才:《电信网络运营经济效益的分析与评价思路》,《吉林大学学报》(信息科学版)2004年第1期。
⑥ 吕志勇、陈宏民、李瑞海:《中国电信产业市场化改革绩效的动态博弈分析》,《系统工程理论方法应用》2005年第1期。
⑦ 刘蔚:《我国网络型基础产业改革的绩效分析——以电信、电力产业为例》,《工业技术经济》2006年第8期。

业改革的绩效明显高于印度电信行业改革的绩效[①]。赵会娟运用1980—2005 年的数据分析了管制的资费效应。结果表明,自 2000 年以后我国电信资费总体水平下降幅度明显增大[②],说明近年来电信行业的改革提高了行业绩效。初佳颖运用 Matlab 软件分析规制对电信行业技术效率的影响,得出结论规制改革确实提高了效率[③]。刘艳华、卢鹏利用 1978—2005 年的数据,对我国电信行业进行了跨时期的市场分析,并用计量模型检验了规制效果,结果表明,明确的规制框架、独立的规制机构和不断成熟的规制对象在统计意义上显著促进了中国电信行业总量的提高、价格水平的降低,以及效率的改进,但在控制垄断利润方面尚未发挥明显作用[④]。刘任重等人基于 NEIO（New Empirical Industrial Organization）方法并采用 2003—2014 年的全国数据,对我国电信业的市场势力进行实证研究与评价,并分析其对电信行业发展产生的影响[⑤]。

从以上的研究情况可知,对我国电信行业发展理论的认识已较为充分,但是,明确提出电信行业行政垄断问题,并对此展开定性与定量研究的学者较少,由于电信行业行政垄断问题是目前我国电信行业存在的阻碍其发展的主要问题,所以对此问题的研究具有很大的现实意义。

第三节　研究思路和方法

本书借鉴哈佛大学贝恩教授提出的产业组织理论中的 SCP 范式构

[①] 芮明杰、余东华：《制度选择、规制改革与产业绩效——中印电信业的比较分析》,《重庆大学学报》（社会科学版）2006 年第 3 期。

[②] 赵会娟：《我国电信管制绩效评价——评级指标体系及资费效应分析》,《当代财经》2007 年第 1 期。

[③] 初佳颖：《政府规制下电信产业的技术效率分析》,《经济纵横》2006 年第 4 期。

[④] 刘艳华、卢鹏：《中国电信产业规制效果的实证研究》,《东北财经大学学报》2008 年第 1 期。

[⑤] 刘任重、胡白杨、刘冬冬：《我国电信行业市场势力与效率的测度及影响因素分析》,《北华大学学报》（社会科学版）2016 年第 4 期。

建了电信行业的 G-SCP 研究框架。产业组织理论以新古典学派的价格理论为基础，在承袭了一系列理论研究成果的同时，以实证研究为主要手段将产业分解成特定的市场，按结构、行为、绩效三个方面对产业进行分析，构造了一个既能深入具体环节又有系统逻辑体系的"市场结构（Market Structure）—市场行为（Market Conduct）—市场绩效（Market Performance）"分析范式（简称 SCP 范式），通过对市场关系的各方面进行实际测量，从"市场结构—市场行为—市场绩效"角度提出产业发展途径。本书的 G-SCP 研究框架正是在传统的 SCP 范式的基础上引入政府的有关政策和行为，以考察其对某一行业的市场结构、市场行为和市场绩效的影响。

在本书提出的 G-SCP 分析框架中，G（Government）表示政府的有关政策和行为；S（Structure）表示由一系列参数指标构成的产业特征矩阵，如市场结构、产权结构、规制结构等；C（Conduct）表示在位垄断厂商的行为；P（Performance）表示绩效（见图 1.1）。G-SCP 研究框架认为，在一个产业系统内，政府因素往往发挥着重要的作用，在政府因素的影响之下，市场结构、市场行为和市场绩效相互作用。

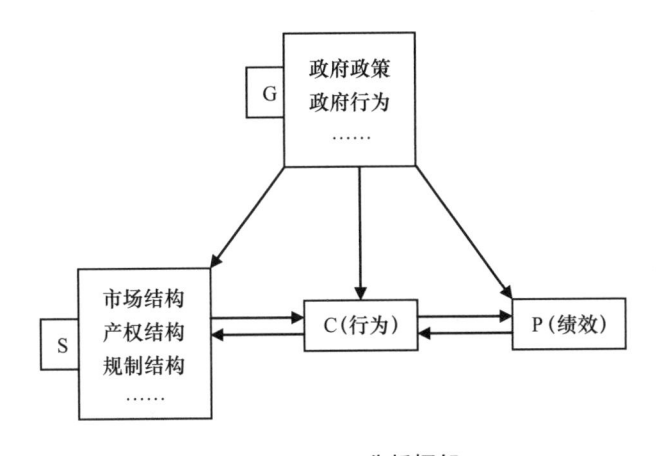

图 1.1 G-SCP 分析框架

本书遵循从理论到实践、从一般到特殊的研究思路。从行政垄断的基本理论出发，运用产业组织理论延伸出来的 G-SCP 研究框架，对我国电信行业的行政垄断程度进行测量，并分析电信行业行政垄断对资源配置的影响，最后提出具体的对策，为打破电信行业行政垄断、促进竞争格局形成提出一套较为完整的政策参考。

本书的研究主要采用以下方法：一是多学科综合的研究方法。本书研究是基于多学科的一种综合和交叉性的研究，其涉及经济学理论、管理学原理、法学、公共管理学、计量经济学及统计学等学科的理论，综合多种学科领域的知识。二是理论与实践相结合的方法。通过对该领域基本理论的研究，结合中国电信行业行政垄断的具体现状，来测量电信行业行政垄断的程度，并研究和分析电信行业行政垄断对资源配置的影响问题，具有针对性和现实意义。三是比较分析方法。在分析我国电信行业发展状况和竞争情况时，与世界其他国家电信行业进行横向比较和分析，有助于说明电信行业的发展情况。四是抽象与具体相结合。从抽象到具体的研究方法，可以更好地揭示事物的本质。本书在研究过程中，既对行政垄断的一般属性进行了分析又对电信行业行政垄断现象进行了研究，既对行政垄断的一般理论进行了论述又结合我国转轨过程中电信行业的客观现实进行了具体分析，从而得出有价值的观点和结论，提出符合我国实际情况的打破电信行业行政垄断现象的方案和策略。

第四节　本书基本框架和主要内容

一　本书研究框架

本书的研究框架反映了行文的逻辑思路，能够展现出章节间的有机联系。本书的逻辑思路是：根据研究背景提出研究问题，相关理论的介绍，行业性行政垄断成因及机理分析，电信行业发展现状及未来发展趋势，电信行业行政垄断程度测度，电信行业行政垄断造成的影响，电信行业竞争状况分析，得出结论。具体框架见图 1.2。

```
第一章 研究背景 问题提出 文献回顾
           ↓
第二章 相关理论的介绍
           ↓
第三章 行业性行政垄断成因与机理分析
       提出G-SCP分析框架
           ↓
第四章 电信行业发展演变、现状及未来发展趋势
           ↓
第五章 电信行业行政垄断问题研究
           ↓
第六章 电信行业行政垄断程度测度
           ↓
第七章 行政垄断对电信行业的影响
           ↓
第八章 电信行业竞争现状、竞争的博弈分析及国外电信行业竞争经验借鉴
           ↓
第九章 本书结论、政策建议及研究展望
```

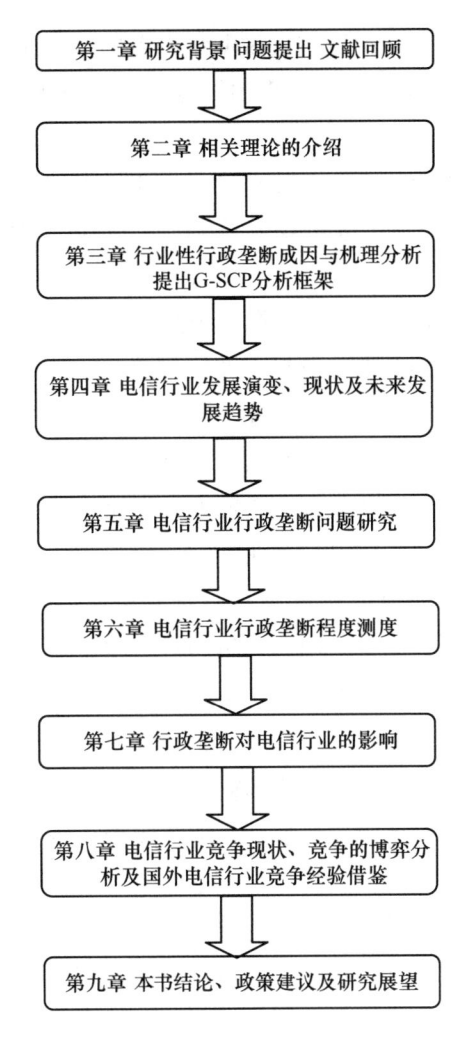

图1.2 本书研究框架图

二 本书主要内容

第一章为绪论。主要介绍本书的主题和研究意义，论述了行政垄断问题是转型期经济学领域最为活跃的研究课题之一，也是当前中国深化政治体制改革和经济体制改革的焦点，电信行业的行政垄断问题同样也是学者们关注的热点问题。然后较为详细地综述了国内外学术界对行政垄断问题和行政垄断对资源配置效率的影响的研究现状及其

存在的主要问题，在此基础上，说明了本书的学术价值。接着论述了本书的研究思路和方法，最后提出了本书各章节的逻辑体系与主要内容。

第二章介绍了与本书有关的理论：产业组织理论及SCP研究范式的内容、电信管制理论和有效竞争理论，为后面的分析做好理论铺垫。

第三章为中国行业性行政垄断形成原因及作用机理分析。从体制成因和经济主体原因两方面分析了我国行政垄断形成的原因，通过对市场失灵、政府规制和规制失灵相关理论的回顾，提出行业性行政垄断的形成机理。并在新产业组织理论的基础上，将政府因素内生到整个系统中来，构成对行政垄断分析的G-SCP研究框架。

第四章主要介绍我国电信行业的发展历程，说明我国电信行业的历史发展轨迹，论述当前各种业务的发展情况、各运营商的发展前景，分析我国电信行业发展面临的机遇与挑战，并运用统计方法预测未来几十年的电信业务量，以此来预测我国电信行业的未来发展情况。

第五章为中国电信行业行政垄断问题研究。首先针对我国电信行业的发展实情，对我国电信行业存在的垄断类型进行了判断，并分析了其形成的原因和造成的后果。接着回顾了国内外学者在垄断程度测度方面的研究现状，运用提出的G-SCP分析框架，设置政府、结构、行为和绩效四大类指标，并在四大类指标下分设12个二级指标和33个三级指标，建立了测量电信行业行政垄断程度的指标体系。

第六章为中国电信行业行政垄断程度测度。本章在G-SCP分析框架的基础上，结合电信行业的自有特点，测量出1990—2016年我国电信行业行政垄断程度。结果显示，我国电信行业的行政垄断程度经历了逐渐下降的趋势，从1990年的95.20%下降到2016年的80.99%，下降幅度较大，但始终保持了较高的行政垄断水平。

第七章为中国电信行业行政垄断造成的影响分析。分别从电信企业的经营绩效、电信行业技术进步、电信行业经济效率和社会福利四方面分析行政垄断对电信行业资源配置效率造成的影响。电信企业经营绩效方面，先分析了电信企业的整体绩效，发现我国电信行业的网络技术水平、设备先进性已经超过了不少发达国家，但运行效率、运行质量和经济效益则相差太远，我国电信运营商在高利润的背后是高成本、高浪费，并且缺乏国际竞争力。接着运用 Malmquist 指数和面板数据来分析不同时期我国电信企业的效率演化。电信行业技术进步方面，采用索洛余值测算方法，测算出 1991—2016 年的技术进步情况，并与该时间段的行政垄断程度进行了相关性分析，发现在长期，电信行业行政垄断程度对全要素生产率贡献率的贡献系数为 -1.327。电信行业经济效率方面，采用对数形式的时变技术效率随机前沿生产函数模型，对我国电信行业的全要素生产率进行了分解与实证研究，并分析了行政垄断与经济效率之间的关系，结果显示，电信行业行政垄断程度的降低会促进全要素生产率的增长、前沿技术的进步、相对前沿技术效率的变化、资源配置效率的变化和规模总报酬的提高与改善，但会造成规模经济性改善的下降和恶化。社会福利方面，本书从电信行业的垄断福利、管制机构非正式开支、电信企业的寻租成本，以及行政垄断造成的社会净福利损失四方面考察了电信行业行政垄断造成的社会福利影响。

第八章为中国电信行业竞争政策研究。截止到 2008 年 5 月重组前，我国电信行业各业务市场的竞争情况为：在移动通信市场，竞争严重不足；在固定电话市场中，固定长话市场相对于移动通信市场来说，竞争比较充分，已经形成了竞争性的市场结构，而固定本地电话市场虽然形成四家竞争主体并存的格局，貌似竞争，却因本地电话的自然垄断性特点，无法产生实质性的竞争；数据通信市场多元化竞争的格局已经形成；增值业务市场形成了有效的竞争格局。2008 年重组以来，形成三大全业务电信运营商，在移动业务、宽带业务、增值业务等领域展开了一定程度的竞争，但三者各方面的差距较大，中国电信和中国联通无法与中国移动抗衡，使得有效竞争格局作用发挥有限。但也存在着像行政垄断严重、恶性竞争、国有资产流失、互联互通不畅等问题，阻碍着电信市场竞争格局的形成。通过博弈分析可知，价格竞争带来的结果是恶性的价格战，长期而言对大家都是不利的，只有紧跟技术进步，不断推陈出新，通过服务和产品的升级换代来满足消费者的新需要，从长期动态发展的角度寻找各自不同竞争优势的竞争战略，才能促进整个电信行业有效竞争格局的形成和整个行业竞争力的提升。最后通过对国外电信行业在促进竞争方面的经验的介绍，提出对我国电信市场竞争格局形成的启示。

第九章为结论、政策建议及研究展望。对本书的主要观点和结论进行了总结，根据前文研究提出了几点打破电信行业行政垄断、促进竞争格局形成的政策建议。最后，在此基础上明确了下一步研究的方向。

总之，行政垄断现象是我国从传统的计划经济体制向市场经济体制转轨过程中的必然产物，有其深厚的体制根源和经济社会基础。随着政治体制改革和经济体制改革的深入，有一些因素可以在较短的时间内消除，有些因素可能将会长期存在。因此，作为一个处于市场化进程中的发展中国家，中国不可能在较短的时期内彻底打破行政垄断，需要一个过程。但如果我们能够抓住主要问题，尽快实现政企职能分开，转变政府职能，完善法律，建立科学规范的政绩考核制度，打破行政垄断就不再遥远。

第二章 理论基础

第一节 产业组织理论的 SCP 范式

产业组织理论（Theory of Industrial Organization）是以特定产业内部的市场结构、市场行为和市场绩效及其内在联系为主要研究对象，以揭示产业组织活动的内在规律性和分析现实产业或市场中企业之间的竞争与垄断关系，研究制约和发挥价格机制作用的现实因素和条件，为现实经济活动的参与者提供决策依据，为政府制定旨在提高市场经济运行效率的产业组织政策提供直接的依据和指导为目标的一门微观应用经济学。与产业结构理论、产业关联理论等领域已经有较长研究历史不同，产业组织理论是产业经济学各领域中定型较晚的部分。现代产业组织理论的形成是以贝恩1959年出版的《产业组织》一书为标志，迄今只有50余年的历史。然而，从其产生和形成的渊源来看，该理论最早萌芽于马歇尔的"生产要素理论"，奠基于张伯伦等人的"垄断竞争理论"，最终体系形成于贝恩等人的系统研究。

一 产业组织理论的理论渊源

1. 产业组织理论的萌芽

1890年，英国著名经济学家马歇尔在其代表作《经济学原理》一书中论及生产要素时，在萨伊的劳动、资本和土地"生产三要素"学说的基础上，第一次提出了第四生产要素，即"组织"。马歇尔的经济理论隐含了产业组织理论的萌芽，体现在他不仅最先提出了包括"组织"在内的四要素论和十分接近于"产业组织"的"工业组织"

概念，而且还体现在其经济理论第一次触及了现代产业组织理论所关注的一些基本问题。首先，马歇尔的经济理论触及了垄断问题，并发现了被后人称之为"马歇尔冲突"的规模经济和垄断的弊病之间的矛盾，即企业追求规模经济的结果是垄断的发展，垄断反过来又会阻碍价格机制，扼杀自由竞争，使经济活动失去活力，破坏资源的合理分配。"马歇尔冲突"所提出的竞争的活力和规模经济之间的关系，正是现代产业组织理论所关注的核心问题。其次，马歇尔的经济理论触及了产品差别、生产条件差异和广告费用不同等造成不完全竞争市场的垄断因素问题。尽管马歇尔所触及的产业组织问题只是散见于其庞大的经济学体系中，而且均未做出专题研究或明确的分析，但他的这些工作对后来学者从事产业组织的研究具有极富价值的启迪，因而他被西方学者称为产业组织理论的先驱。

2. 产业组织理论的奠基

20世纪初，垄断资本主义取代了自由资本主义，垄断资本对资本主义国家经济运行的影响体现得十分深刻，尤其是20世纪30年代的经济大危机，使以马歇尔为代表的正统经济理论与现实的矛盾日益突出。1933年英国剑桥大学经济学家琼·罗宾逊的《不完全竞争经济学》和美国哈佛大学教授张伯伦的《垄断竞争理论》几乎不约而同地同时问世。琼·罗宾逊探讨了垄断市场需求特征、垄断企业的成本、垄断企业的短期和长期均衡，以及多厂商垄断和双边垄断等。哈佛大学教授张伯伦在书中提出了垄断竞争的概念，分析了特定产业内的市场结构、价格、利润、广告和效率等的相互关系，提出了生产同类产品的企业集团及与之相关的厂商企业的关系问题，界定了"产品差别"的内涵及其对市场竞争的影响。罗宾逊和张伯伦为分析产业组织提供了实践模拟基础，从不完全竞争出发研究市场结构和厂商行为的变异及绩效，从而对市场结构研究具有开创性，并直接推动产业组织理论向市场结构方向发展。

3. 产业组织理论体系的形成

1940年克拉克发表了《论有效竞争的概念》一文。他认为不完全竞争存在的事实表明，长期均衡和短期均衡的实现条件是不协调的，这反映了市场竞争与实现规模经济的矛盾。而为了研究，现实条件下缩小这种背离程度的方法和手段，就有必要明确有效竞争的概念。克拉克提出的"有效竞争理论"，对产业组织理论的深入发展和延伸以及理论体系的建立产生了重大影响。

二 产业组织理论的发展

产业组织理论可以分为两大派别：主流产业组织理论和非主流产业组织理论。主流产业组织理论的发展经历了两个阶段，即传统产业组织理论和新产业组织理论；非主流产业组织理论学派可分为芝加哥学派、新制度学派和新奥地利学派。

（一）主流产业组织理论

1. 传统产业组织理论——哈佛学派的 SCP 范式

贝恩在1959年出版的《产业组织》一书中，系统地提出了产业组织理论的基本框架，即市场结构（Market Structure）—市场行为（Market Conduct）—市场绩效（Market Performance）相结合的三段式研究模式，标志着现代产业组织理论的基本形成。该理论的主要贡献表现在以下三方面：

（1）明确阐述了产业组织理论的研究目的和方法。贝恩等人认为：产业组织理论是以产业、企业在市场经济运行中经济政策的制定和评价为主要课题，具有明显的实证分析性特征，因而实证性研究方法成为产业组织理论研究的主要方法。

（2）提出了现代产业组织理论的三个基本范畴：市场结构、市场行为、市场绩效，构成了 SCP 分析框架。其中，市场结构是企业之间市场关系的表现和形式，主要包括卖方间、买方间、买卖双方之间，以及市场内已有的买卖双方与正在进入或可能进入市场的买卖双方之间在交易、利益分配等各个方面存在的竞争关系。市场结构的核心是竞争与垄断的关系问题，对竞争和垄断的分析是分析各种产业组织理论问题的基础。具体说来，产业组织理论中考察市场结构的内容主要涉及四个方面，即市场集中度、产品差别、进入与退出壁垒和规模经济等内容。由于市场集中度综合反映了市场结构，并易于进行定量实证研究，因而成为衡量市场结构状况最重要的指标。市场行为是指企业在市场上为赢得更大利润和更高的市场占有率所采取的战略性行为，一般包括制定产品价格、决定产品质量，以及遏制竞争对手的策略三个方面。这些行为具体可以分为定价行为、广告行为、研究与开发行为、兼并行为等。市场绩效是指在特定的市场结构下，通过一定的市场行为使某一产业在价格、产量成本、利润、产品质量和品种，以及在技术进步等方面所达到的现实状态。市场绩效一般用资源配置效率、生产效率、技术进步、就业，以及价格的变动情况、分配的公平等标准评价，涉及宏观经济学等诸多领域。科斯、威廉姆逊、谢勒等人在此基础上作了进一步补充完善，认为市场结构决定企业的市场行为，企业的市场行为决定市场绩效。某一市场结构又取决于特定情况下市场供求的基本环境，从而形成了 SCP 框架的产业组织理论体系。以此为理论依据制定的产业组织理论强调的是对市场结构的控制。

(3) 贝恩等人把三个基本范畴和国家在这个问题上的公共政策（产业组织政策）联系起来，规范了产业组织理论的理论体系。

哈佛学派对于创建产业组织理论做出了很大贡献，并以其 SCP 分析框架成为产业组织理论的正统学派。但必须看到，这种正统产业组织理论从理论基础到研究方式都还存在很多缺陷。

(1) 哈佛学派的微观理论基础仍是新古典主义。它假设所有企业都是以利润最大化为行为目标，而不管它是垄断企业还是完全竞争企业，也不管是经理控制的企业还是股东控制的企业。这种单一的目标假设忽视了因企业类型的差异带来的企业目标的差异，以及由此带来的企业行为的差异，忽视了实际中企业追求的其他目标，忽视了垄断或竞争程度的差异以及企业内部产权结构对企业行为的影响。

(2) 该理论分析方法是静态与单向的。这一学派认为，现实社会中企业的定价和生产等行为之所以发生了不同于自由竞争条件下的变化，只是由于市场结构发生了变化，即产业组织能够控制市场、控制价格，所以他们采取了市场机构决定市场行为进而决定产业绩效的单向研究框架（S→C→P）。在这种既定的框架中，市场行为是内生的，是市场结构的结果，认识不到市场结构也受市场行为的影响，认识不到本期的市场结构乃是上期市场行为的后果。对市场结构的过分强调，使得正统产业组织理论无法将决定市场行为的其他因素（如企业内部产权、交易费用和信息成本的存在、委托代理问题）纳入分析框架，限制了产业组织理论的发展。

（3）贝恩等人衡量市场绩效的标准主要看是否损害竞争。然而，竞争并非一定意味着高效率，事实上只有有效竞争才能促使高效率的产生。

2. 新产业组织学派

自20世纪70年代开始，许多一流经济学家加入研究产业组织理论的行列，为产业组织理论研究队伍注入了新的活力，形成了以突出理论研究为特征的所谓"新的产业组织理论"，产业组织理论进入了"理论期"。"新"理论突破了原有单向的和静态的分析范式，建立起双向和动态的分析框架，即认为市场结构、市场行为及市场绩效三者相互联系、相互作用。市场结构是决定市场行为和市场绩效的基础，市场行为既受市场结构的影响，反过来又影响市场结构，同时是市场结构和市场绩效的中介，市场绩效受市场结构和市场行为的共同制约，是市场关系或资源配置优劣的最终标志，同时市场绩效的现状和变化趋势又会影响未来的市场结构和行为。"新"理论从重视市场结构的研究开始转向重视市场初始条件和市场行为的分析，并将其视为外生变量，即由结构主义转向行为主义。在研究中引入博弈论，使得对市场行为的分析更为丰富，并用理论模型取代统计分析来研究市场行为，而且对社会福利问题的分析比较透彻、有所创新。由于他们对产业组织理论的研究较之传统的产业组织理论有许多新颖、独到之处，故被称之为新产业组织理论，代表人物有考林、沃特森、鲍莫尔等。一般认为，新产业组织理论仍是沿着SCP范式前进的，是对SCP范式的修订和补充。

（二）非主流产业组织理论学派

1. 芝加哥学派

20世纪50年代末，针对哈佛学派SCP范式的形成，美国其他大学对产业组织理论也展开研究，其中以芝加哥大学教授斯蒂格勒、德姆塞茨、布罗曾、波斯纳等为代表的学者，在与哈佛学派争论中崛起，并逐步取得主流派地位，被称为"芝加哥学派"。芝加哥学派在研究方法上，注重用严格的经济理论（价格理论）进行分析，强调对理论的经验证明。针对SCP范式的单向因果关系，提出结构、行为、绩效三者之间应为双向因果关系，信奉市场经济中竞争机制的作用，主张政府应该尽量减少对产业组织实施干预。芝加哥学派认为，市场绩效起着决定性作用，企业效率的不同导致不同的市场结构，高集中度的市场是高效率、低成本的结果，一个持续高利润率的产业完全可能是该产业中企业高效经营所致，否则会招致其他企业大量进入而降低利润率。只要市场绩效良好，即使市场是垄断或是寡占的，政府也没有必要进行干预。斯蒂格勒重新对进入壁垒加以定义，即新进入企业必须负担而老企业不需负担的成本，因而实际中几乎不存在真正的进入壁垒。斯蒂格勒等人还通过对电力、通信、交通运输等产业的实证研究，检验了政府规制的实际效果——非但没有达到预期效果，反而产生不良影响（政府管制失败）。因此，芝加哥学派提倡政府应放松规制、少干预市场，以利于市场自由竞争，通过促进资源的合理配置来提高生产活动的效率，满足消费者的需求，实现消费者福利最大化。

70年代后期，随着美国经济出现衰退，以及传统产业国际竞争减弱，芝加哥学派的反垄断在于实现经济效率性的观点对美国政府的反垄断政策的转变产生了直接影响，芝加哥学派成了美国反垄断政策的主流。尤其80年代以后，生产要素在世界范围内加速流动，企业不得不在全球范围内配置资源，扩大生产规模，展开竞争。此时美国政府基本采纳"放任自由、放松规制"的芝加哥学派的主张，采取缓和的反垄断政策。其着眼点是基于国家战略利益，让本国企业获得世界市场利润的更大份额。

2. 新制度学派

近年来崛起的以科斯的交易费用理论为基础，从制度角度研究经济问题的"新制度产业经济学"，也被称为"后SCP流派"，其代表人物有科斯、诺斯、威廉姆森、阿尔钦等人。该学派组织理论的主要特点在于它引入交易费用理论，对交易费用经济学的理论体系、基本假说、研究方法和研究范围作了系统阐述，彻底改变了只从技术角度考察企业和只从垄断竞争角度考察市场的传统观念，为市场行为研究提供了全新的理论视角，对产业组织的深化起到了直接的推动作用。

新制度学派将制度视为经济活动的内生变量，运用传统的微观经济学来分析研究制度对市场绩效的影响。一方面经济主体在交易过程中对经济组织的选择将直接影响交易成本的大小和交易的效率，另一方面交易双方产权的状况也会影响到市场绩效，清晰的产权有助于交易双方形成稳定合理的预期，减少交易中的不确定性，降低交易成本，有利于交易顺利进行。因此，不同的制度下，市场结构各不相同，产权制度不同，交易成本也是有差别的，从而市场绩效也就不同。新制度学派的核心思想就是通过建立合理、有效的制度，来降低交易费用，激励经济主体从事生产性活动，从而保障分工和合作的顺利进行，实现良好的市场绩效，促使资源的优化配置和社会福利达到最优。新制度学派通过对市场行为的研究来考察市场和政府干预的作用，用另一种理论视角推动了产业组织理论的发展。

3. 新奥地利学派

新奥地利学派在理论上的成就，是建立在门格尔、庞巴维克始创的奥地利经济学派的传统思想和方法之上的，其代表人物是米瑟斯、哈耶克、里奇、阿门塔诺、罗斯巴德等。此外，还有一些对新奥地利学派产业组织理论做出贡献的经济学家，尽管他们并不认为自己属于新奥地利学派，却赞同和发展了新奥地利学派的一些重要观点，如熊彼特、博克、布罗曾、德姆塞茨等。

奥地利学派无论是在理论基础还是在政策指向上与哈佛学派、芝加哥学派均有较大差别。在政策指向上，他们认为当今的市场基本上是竞争性的，利润是这些大企业创新程度和规模经济的报酬。由此出发，他们对哈佛学派的反垄断政策基本持批评态度。就这一点而言，与芝加哥学派有共通之处，但在理论基础上，他们否定作为新古典经济学核心的价格理论。对奥地利学派来说，"研究目的"是从个人效用和行为到价格的非线性因果传递，而不是为人所熟知的新古典主义数学函数的相互决定。在经济领域采用与自然科学相同的工具进行分析是不合适的，从这一观点出发，这一学派在拒不采用和否定作为经济分析工具的现代数学方法的同时，主张任何经济现象都应该运用人类行为科学的方法，按照"人类行为是实现预期的合理行动"这一公理通过语言的演绎来予以说明，产业组织理论中的新奥地利学派直接承袭了门格尔的观点。80年代，这一学派的代表人物是瑞克耶和理查德。

目前，产业组织理论已成为现代经济学最活跃的一支，并在现实经济生活中得到了广泛应用，成为政府进行宏观经济管理的重要理论基础，也为政府制定市场竞争与组织管理的法律规范及政策措施提供了依据。

三　产业组织理论SCP范式的具体内容

SCP范式作为产业组织理论的基本模型，建立了正统产业组织理论的三个基本范畴，即市场结构、市场行为和市场绩效。以下就对这三个基本范畴的内容及其相互关系进行具体阐述。

1. 市场结构

所谓市场结构，就是构成市场的卖者（企业）相互之间、买者相互之间，以及卖者和买者之间等诸关系的因素及其特征。市场结构是决定产业组织竞争性质的重要方面。影响市场结构的因素有：市场集中度，包括卖者的集中度和买者的集中度；新企业的进入壁垒；产品的差别化；市场需求的增长率和价格弹性；短期的固定费用和可变费用的比例；规模经济；生产的多样化；等等。一般认为，特别重要的因素是前三者。这里分别就市场集中度、进入壁垒和产品差别化这三个因素做一简要分析。

（1）市场集中度。市场集中度是表示在特定的产业或市场中，卖者或买者具有怎样的相对规模结构的指标。它反映特定市场的集中程度，与市场中垄断力量的形成密切相关。因此，市场集中度是考察市场结构即市场竞争与垄断程度的首要指标。市场集中度分为卖方集中度和买方集中度,这里主要研究卖方集中度。

市场集中度的主要计算和表达方法是行业集中度。行业集中度是指规模最大的前几位企业的有关数值 X(销售额、增加值、职工人数、资产额)占整个市场或行业的份额,其计算公式为:

$$CR_n = \frac{\sum_{i=1}^{n} X_i}{\sum_{i=1}^{N} X_i}$$

其中,n 为企业数;X_i 表示居于市场第 i 位企业的生产、销售、职工或资产等指标数值;N 为企业总数;CR_n 表示最大 n 家企业集中度(通常取最大的 3、4、5 或 8 家企业),它的值介于 0 和 1 之间,值越大表示市场越集中。

此外,用来衡量市场集中度的指标还有洛伦茨曲线(Lorenz Curve)和基尼系数(Gini Coefficient)、赫芬达尔—赫希曼指数(Herfindahl-Hirschman Index,HHI)、罗森布拉斯指数(Rosenbluth Index)等。

影响某产业卖方集中度高低的最基本因素是该产业的市场规模和规模经济的关系。具备资源条件和市场条件的企业,通常通过扩大生产规模取得规模经济效益。企业追求规模经济对集中度的影响,与企业最佳规模的大小和市场的规模有关。如果市场的规模小,同时最佳规模大,市场可以容纳的最佳规模企业数量就少,企业追求规模经济性会直接导致集中度迅速提高。

可以提高市场集中度的因素主要有:①企业趋向垄断的意向。企业总是力图减少竞争对手,提高本企业在该产业的相对地位,限制产业内的竞争行为。②企业的推销活动。企业为了获得产品差异化的好处而采取的推销政策,也会促进企业规模的巨大化。③进入壁垒。如果产业内的少数企业对现实或潜在的新对手,长期占有技术垄断、资源垄断,以及买者对本企业产品很强的偏好等方面的优势,则这种优势会成为其他企业进入该产业的壁垒。这种壁垒一般使该产业保持稳定的寡头垄断的统治状态。④金融上的原因。通过合并能够获得更高利润的企业,将推动企业的合并;或者拥有大量多余资金的企业,作为一种投资的方法收买其他企业,这些活动就是所谓金融因素的例子。再如大企业利用比中小企业较易获得贷款的便利,加速本企业规模的扩张,这都会提高市场集中度。⑤政府政策。政府授予少数企业特种产品专营权、保护性关税,或实行限制外国投资等政策也可推动企业规模的扩大和市场集中度的提高。

降低市场集中度的因素主要有:①市场的扩大。伴随着经济增长的市场扩大,抵消了由于企业合并和大企业内部膨胀而提高的集中度。②维护企业主权。抵制让渡企业经营权阻止了企业的合并。③反垄断法令。此种法令可体现国家维护竞争的政策,成为阻止集中的因素之一。

(2)进入壁垒。对于进入壁垒的含义,贝恩认为,就是从长期来看,已有厂商能将价格提高到最小平均成本之上销售而不致引起潜在进入者进入的因素。弗根森将进入壁垒定义为,是进入厂商无利可图,然而已有厂商却可以将价格定在高于边际成本并长期获得垄断利润的因素。斯蒂格勒认为,进入壁垒是一种成本,它是准备进入某一产业的新厂商必须承担,而已在该产业内的厂商无须承担的成本。形成进入壁垒的因素主要有以下四方面:

①规模经济壁垒。有些产业的企业的最小最佳规模(一个企业,单位产品成本最低时的最小生产批量)同市场规模(产业的需求量)相比能够占有很大的比重。这样的产业只能允许少数企业存在,因此新企业很难出现。

②费用壁垒。包括初始资本费用壁垒和沉没费用壁垒。初始费用是指企业进入时所需的最低限度的资本量,初始资本量越大,资本筹措越困难,新企业的进入也就越困难。沉没费用是指一旦新企业遭到失败后,资产转卖不出去或只能回收少部分投资,即对新企业来说沉没费用过大时,较大的初始资本量显然成为一个严重的壁垒。

③产品差别壁垒。原有企业通过长期的产品差别化努力,已建立起一定的产品知名度和美誉度,在保证质量的前提下,只需少量的广告投入就可以维持顾客对本企业产品的忠诚度。但是对新进入的企业而言,为寻求新顾客或争取原有企业的老顾客,通常会制定更低的价

格，或者投入更大的促销成本。尤其是当消费者对原有企业的产品已形成偏好，新企业必须在长时间内花费大量资金进行宣传推销，这就形成了一种壁垒。

④法律和制度的壁垒。如在某些产业中，企业经营许可证制度、进口许可制度、税收壁垒、资金筹措限制等制度性壁垒，尤其是在市场体系不完善的国家，普遍存在所有制壁垒、跨地区壁垒、跨行业壁垒，这些都严重影响市场结构状况。

（3）产品差别化。产品差别化是指企业在其提供给顾客的产品上，通过技术、外形等各种方法造成足以引发顾客偏好的特殊性，使顾客能够把它与其他竞争性企业提供的同类产品有效区分开来。通过产品差别化，企业可以寻找属于自己的稳定的目标市场，它所生产的产品被其他竞争性产品替代的可能性也降低了，使市场结构由竞争趋向垄断。

产品差别化主要从两方面影响市场结构：①影响市场集中度。市场上规模较大的上位企业（市场占有率领先的企业）通过扩大产品差别化，保持和提高市场占有率，从而保持和提高市场集中度；小规模的下位企业同样可以通过设计新的产品服务，形成自己的产品差别，避免与上位企业的正面冲突，提高自身市场占有率，从而降低市场集中度，改变市场结构。②形成市场进入壁垒。产品差别化可以使顾客对其形成偏好甚至一定的忠诚度，这对试图进入该市场的新企业构成一定程度的进入壁垒，新企业需要付出更大的努力。

2. 市场行为

市场行为就是企业在市场上为了赢得更大利润和更高的市场占有率而采取的竞争性行动。企业市场行为受制于市场结构，市场行为又会反作用于市场结构，影响市场结构的特征和状况，并直接影响市场绩效。市场行为主要涉及三方面的内容：一是以控制和影响价格为基本特征和目的的价格行为，包括价格竞争和价格协调等；二是以促进销售、开发产品、获得较高利润为主要内容的非价格行为；三是以产权关系为主要特征的企业组织调整行为、企业并购等。

（1）企业的价格行为。价格行为是指企业价格竞争和控制价格的策略、手段，它以控制和影响市场价格为直接目标，包括价格竞争和价格协调两个方面。

价格竞争是价格行为的主要方面，从长期的、动态的观点来看，价格竞争始终是企业最主要的价格行为。价格竞争包括两种：掠夺性定价和限制性定价。掠夺性定价（Predatory Pricing）是指一家企业为将对手排挤出市场或吓退企图进入该市场的潜在对手而采取降低价格的行为，甚至把价格降低到新进入者的生产成本之下，待竞争对手退出市场后再进行提价的行为。限制性定价（Limit Pricing）是指厂商限制它自己索要的价格，使价格低于通常的垄断价格，以阻止新厂商进入的行为。

价格协调是指企业间关于价格调整的相互协调及其共同行动，也叫价格串谋。由于企业间竞相降价会导致两败俱伤，因而价格协调、共谋利润最大化成为企业的主要价格行为之一。最常见的价格协调行为有卡特尔、价格领导制和有意识的平衡调整。

（2）企业的非价格行为。非价格行为是企业竞争的另一重要方面，它有狭义和广义之分。狭义的非价格行为主要是指创造产品差异，通过产品创新来减少产品的可替代性，从而增加收益，扩大市场份额。广义的非价格行为是指厂商利用其他手段而不是价格差别吸引消费者，扩大市场份额的一种行为。非价格行为包括很多方面，其中常见的有广告行为和有关企业产品质量、款式、成本、并购，以及企业组织结构的变更等方面的行为。具体包括：空间先占权、提高转换成本、预告产品信息、捆绑销售与搭配销售等内容。

空间先占权是指在位厂商为了阻止潜在进入者生产替代产品，可以通过在潜在进入者进入之前抢先生产新产品，来填满产品特性空间而不给潜在进入者留下任何销售空间。

转换成本是指消费者或用户从在位厂商购买产品转向从新厂商购买产品时面临的一次性成本，厂商通过提高转换成本来锁定用户的需求，限制其转换的可能，阻碍新厂商的进入。转换成本的存在降低了用户的需求弹性，限制了用户的转移，从而导致新厂商必须付出更高的成本才能吸引用户的转移。

预告产品信息是指当企业在产品的市场推广过程中慢于竞争对手，竞争对手可能首先推出产品，那么企业就通过预告产品信息的方法来推迟竞争对手的市场份额到达临界点的时间。这种方法典型地被用于网络经济中的信息市场。这种通过预告产品信息以遏制现存消费者向其他供应商转移，并鼓励他们耐心等待本公司产品出现的手段，常常会被反垄断法指责是反竞争的，不过也有一些学者认为该行为并非反竞争。

捆绑销售就是将可分离的产品或服务捆在一起向买方出售。而搭配销售是指经营者利用其经济和技术的优势地位，违背顾客的意愿，在向顾客供应一种商品或服务的同时，又要求其购买另一种商品或服务。

3. 市场绩效

市场绩效是指在一定的市场结构影响之下，通过一定的市场行为使企业在价格、产量、费用、利润、产品、质量和品种，以及在技术进步等方面所达到的现实状态。在 SCP 分析框架中，市场结构和一定市场结构下的市场行为是决定市场绩效的基础。市场绩效受市场结构和市场行为的共同制约，是市场关系或资源配置合理与否的最终成果表现，它反映了市场运行的效率。对市场绩效的分析主要包括三方面：资源配置效率、技术进步状况及规模结构效率。

（1）资源配置效率。资源配置效率是评价市场绩效最重要的标准之一，它主要强调市场的效率目标。西方微观经济学理论认为，在完全竞争市场条件下，市场的资源配置效率是最优的，即消费者获得最大效用，生产者获得最大产出，消费者的最大效用和生产者的最大产出是同时出现的；在垄断市场条件下，市场的资源配置效率最差，因为垄断者会设法通过控制价格和产量，获得垄断利润，从而使社会总剩余最小，进而使资源配置效率最低；而在垄断竞争市场条件下，市场资源配置效率介于前两者之间。显然，以资源配置效率为标准有明确的政策含义，虽然完全竞争是一种理想状态，现实中并不存在，但可以将它作为制定政策的参照物，通过限制垄断、促进竞争，从而达到提高资源配置效率的目的。

企业或产业的利润率是用来评价资源配置效率最常用和最有效的指标。在完全竞争条件下，各种资源可以在产业间、企业间自由流动，各产业利润率趋于平均化，所有的企业都只能获得正常利润。当经济利润趋向于零时，可以认为产业间的资源配置效率达到最优。由于经济利润的计算比较复杂，在实证分析时往往采用会计利润来代替。如果产业各企业间利润率趋向于平均化，一般可以看作实现了资源优化配置。而高利润率意味着存在超额利润，超额利润的来源有四个方面：①由不可预期的需求和费用变化形成的预想外的利润；②企业在风险性大的领域进行风险投资成功时所获得的风险利润；③开发和引入新技术成功时所获得的创新利润；④通过控制市场所获得的垄断利润。从整个产业看，前三种超额利润来源都是短期的，仅凭这三种利润不可能形成长期的高额利润。因此，进行利润率比较时，如果某一产业的利润率长期超过平均利润率水平，则可以认为与该产业的垄断因素有关。

（2）技术进步状况。广义的技术进步是指全部生产要素中，除了劳动力和资本投入增加使经济的产出增加外，其余的使经济增长的因素。在产业组织理论中，技术进步的含义是狭义的，主要包括发明、革新和技术转移。技术进步渗透于产业组织的市场结构和市场行为的各个方面：产品差别和产业的技术特点密切相关，经济规模和必要的资本壁垒与大容量、高效率的技术发展相关，企业的兼并和产业集群化发展都与技术进步类型、技术进步程度和条件存在密切的关系。但技术进步程度最终是通过经济增长的市场效果表现出来的，它反映的是动态的经济效率，因此也是衡量市场绩效的一个重要标准。其评价指标有：年技术进步速度，技术进步对净产值增长率的贡献，全部劳动效率，专利数量，新产品比率，利用新技术带来的成本节约或利润增加等指标。

（3）规模结构效率。由于规模经济性的存在，资源在产业内不同规模企业间的分配状况也影响着资源的利用效率，进而影响市场绩效。产业的规模结构效率就是从产业内规模经济效益实现程度的角度来考察资源的利用状态。一般来说，不同产业由于技术特点不同，实现规模经济所要求的企业规模是不同的。如果某个产业相对于其市场容量而言，有效规模很小，那么市场就可以容纳较多达到有效规模的企业，从而既能利用竞争促进资源优化配置，又能充分获得规模经济效益。但如果某个产业相对于其市场容量而言，有效规模很大，只有当这个产业中企业数量较少时，每个企业才能达到有效规模，在这种情况下，这少数企业已经成为具有垄断力量的企业。所以在许多情况下，充分发挥竞争的作用以提高资源配置效率与充分获得规模经济效益之间存在着矛盾，即所谓的"马歇尔冲突"。因此，在实际估计垄断与竞争对效率的影响时，必须对具体产业的实际情况做具体分析，对由垄断造成的资源配置效率下降和由垄断企业大规模生产经营而获得的规模经济效益进行比较。

理论上讲，企业的最优经济规模是边际成本等于平均成本时实现的产量，也是企业长期平均成本最小时的产量水平。但是企业长期平均成本的最小值难以直接测量，实证研究中通常的做法是先分析该产业内企业的规模分布状况，然后再对该产业的劳动生产率的增长率等指标加以综合考虑，最终对该产业的规模性进行判断。

第二节 电信管制理论

世界电信产业发展不过100多年的历史，但却是全球最活跃、发展最快的产业之一。尽管各国经济发展水平和技术水平各不相同，但在电信管理体制上大体都经历了相同的阶段：国家管制的垄断经营和放松管制的垄断竞争。一般来说，电信管制包括四种，即产业进入管制、电信价格管制、互联互通管制和普遍服务管制。

一 产业进入管制

产业进入管制是指在一些市场失效的产业中，为防止资源配置低效或过度竞争，确保规模经济、范围经济和提高经济效率，政府机构通过批准或认可等手段，对企业的市场进入进行限制。而电信产业的进入管制就是对进入各种通信业务市场的运营商数量加以科学地控制，其目的是防止电信行业过度竞争和无序竞争，维护电信行业的运行效率，保护消费者的合法权益。

现阶段，各国对电信业务市场准入管制的主要手段是实行许可证制度。随着我国经济体制改革的深入，特别是加入 WTO 以后，政府对通信市场也正从直接管理市场逐渐地向通过许可证间接地对市场进行调控转变。《中华人民共和国电信条例》规定，电信市场进入由国务院信息产业部和省、自治区、直辖市电信管理机构依法批准并颁发电信业务经营许可证。

监管机构通过发放电信许可证，可以授权一个企业提供电信业务或者从事设施的运营。所谓许可证，就是电信市场进入或电信资源使用的许可证。许可证管制是把管制中的权力环节和非权力环节协调起来，发挥整体效力的有效管制方式。在新的电信运营商进入电信市场之前，要对其进行技术和经济等方面能力的评估审查，明确资费和互联互通的权利和义务。若要向运营企业发放新的经营许可证，或分配新的码号、频率等电信资源，电信管制部门应对此运营企业先前的资费行为、互联互通行为进行量化考核和总体评价，以决定其是否有资格继续进入新的电信业务领域。在许可证中，通常也会对授权的条件以及电信运营商的主要权利和义务做出规定。通过向电信运营商发放许可证，政府和监督机构可以达到以下目的：

首先，发放电信业务许可证，可以控制市场中竞争者的数量。如果电信业务是由一家国有主导运营商垄断，许可证发放的必要性不大。一方面，随着电信产业的发展，产业内部要求改革和引入竞争的呼声越来越高；另一方面，由于看到了电信产业中的高利润，各类社会资本也迫切要求进入这一领域。但电信产业对规模经济的要求比较高，过多的竞争者进入会导致生产效率下降和社会资源的浪费。所以，通过发放电信业务许可证，政府可对竞争者的数量加以控制，确定最佳的竞争程度和企业规模。

其次，通过发放电信业务许可证，可以对竞争者进行资格审查。电信产业是资金密集型和技术密集型产业，对经营者的要求比较高，加之电信产业关乎一个国家的信息安全，并不是所有的企业都可以进入电信市场。通过发放许可证，管制机构可以对申请进入电信市场的企业进行甄别。大多数情况下，发放许可证可以分成两个阶段。第一阶段，管制机构会对申请进入电信市场的企业进行审核，审核一般包括资本规模、技术条件和股权结构等内容，从中排除实力不强和不合格的企业。第二阶段，由政府在合格的企业中选择最具有资格的一家或几家授予许可证。这样可以保证引入的竞争者与在位的主导运营商展开真正的竞争，从而有利于有效竞争的实现。

再次，通过发放电信业务许可证，可以有效规范竞争者的行为。在电信业务许可证里，一般都会规定持有者的相关义务。例如，持有者必须有明确的经营范围，对股权成分的限制等。同时，许可证上还规定了持有者需要履行在网络建设、普遍服务，以及与管制机构及其他政府机构合作等义务。这在一定程度上限制了持有者的不正当竞争行为，有利于管制机构对电信产业的监管，也保证了电信市场的良好运行。

又次，通过发放电信业务许可证，可以有效分配有限的电信资源。开展电信业务时，所面临的一些电信资源往往是有限的，比如无线电频率资源和号码资源，为了保证市场竞争的公平性，需要政府和管制机构将这些有限的资源在各运营商之间进行公平的分配，从而促进电信市场的有效竞争。例如，频率可以通过拍卖给出价最高的投标者，也可以低价分配给电信运营商。政府通过资源上的调整来达到均衡市场力量的目的。

最后，通过发放电信业务许可证，可以保护消费者的利益。电信业务许可证通常包括有关消费者保护的条款。这些条款通常涉及价格管制、收费方法、消费者投诉程序、争议解决办法、业务过程中违约行为的责任，以及必须向消费者提供的业务项目等内容。

二 电信价格管制

当电信市场自身不能产生竞争价格的时候，就需要对电信企业进行价格管制。电信价格管制主要包括三方面的任务：其一是管制电信价格水平，以控制消费者福利和电信企业福利之间的比例关系，达到维护消费者福利的目的；其二是管制同一种电信业务针对不同用户群的差别定价，以便追求消费者之间的公平；其三是管制不同业务之间的交叉补贴，以维护整个市场的公平竞争。下面先看一下电信价格的几种定价方法，然后看一下电信价格的几种管制模型。

1. 电信价格的基本模型

（1）最大利润定价法。在没有政府干预的前提下，电信企业会追求利润最大化。根据微观经济学理论，电信企业会根据边际成本等于边际收益来确定产量和价格，如图2.1所示。

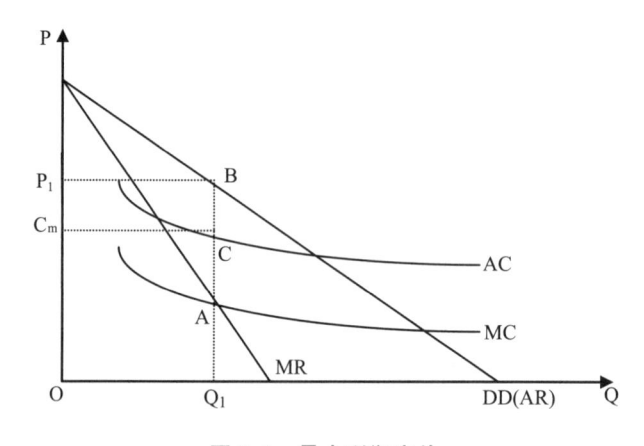

图2.1 最大利润定价

根据边际成本等于边际收益，确定的价格为 P_1，产量为 Q_1。由于这时确定的价格 P_1 高于平均成本 AC，所以企业会得到超额利润，即面积 P_1BCC_m。在这种情况下，企业得到了最大的利润，然而社会福利却没有达到最大化。P_1 的价格使部分消费者剩余转化成了生产者剩余，Q_1 的产量也低于完全竞争下的产量。因此，在没有政府价格管制的情况下，企业很轻易地就可以获得较多的超额利润，缺乏创新动力，造成资源配置效率低下。

（2）边际成本定价法。边际成本定价（Marginal Cost Pricing）是指将产品价格定为等于额外生产一单位产出所增加的成本（边际成本）。要实现社会福利最大、在资源配置中实现帕累托最优，价格就必须等于边际成本,如图 2.2 所示。当价格等于边际成本时,价格为 P_2,产量为 Q_2。这时的价格 P_2 低于平均成本 AC,所以企业存在着亏损,亏损量为四边形 $EFDP_2$ 的面积。

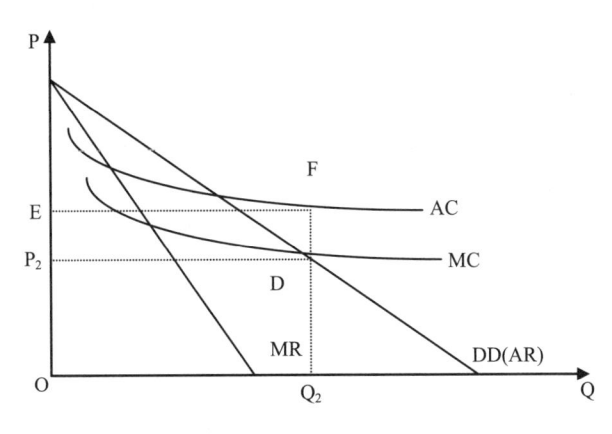

图 2.2 边际成本定价

以边际成本定价是完全竞争市场的均衡条件,它符合实现帕累托最优效率的资源配置要求,即可使社会资源达到最优配置,满足追求最大社会福利的目标。所以,从理论上讲,这是一种最优的定价方式。但是,企业却出现了亏损。这种情况下,企业不会进行生产,生产就意味着亏损。要使这种定价方式得以实施,政府必须对企业的亏损进行补贴。这就形成了"低价格+高补贴"的现象。

表面上看,边际成本定价方式是一种比较理想的定价方式,但它也存在着一些缺陷:首先,由于企业的亏损得到了政府的补贴,企业就没有动力去降低成本,创新动力不足。其次,如果政府以征收新税的方式收集补贴资金,就会加重纳税人的负担;政府如果是通过削减其他财政支出的方式来补贴企业亏损,则会造成其他社会福利的减少。这种拆东墙补西墙的做法不一定能使总的社会福利得到提高。再次,这种做法对没有消费这种产品或服务的消费者而言是不公平的。最后,补贴多少也是一个问题。由于信息不对称和寻租行为的存在,也使得管制者做出事与愿违的行为。

(3) 平均成本定价法。平均成本定价（Average Cost Pricing）是在企业自行定价和按边际成本定价之间的折中。在这种定价中，价格等于平均成本，如图 2.3 所示。平均成本与需求曲线相交于 E 点，此时的价格为 P_3，产量为 Q_3。在此价格下，企业既不存在超额利润，也不存在亏损，并且能够得到正常利润。

这种定价似乎优化了资源配置并且促进了社会分配效率的提高，但是其实施起来还存在一些不足。由于成本能被收入弥补，企业没有动力去降低成本、提高生产效率和进行创新，并且因为信息不对称，企业可能虚报成本，以提高价格、获得超额利润。

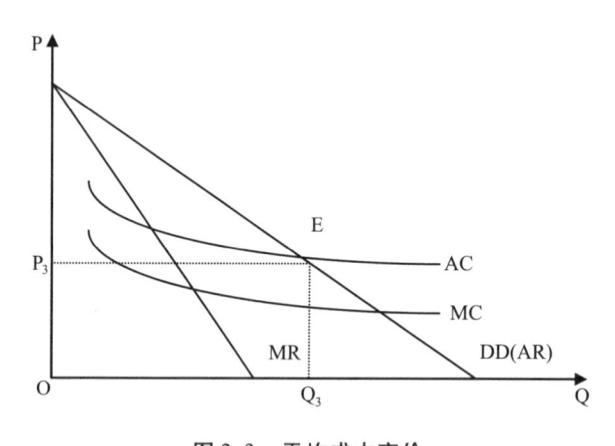

图 2.3 平均成本定价

2. 电信价格的管制模型

（1）拉姆塞定价。拉姆塞定价是指企业在收回其生产成本的基础上，使因产品价格背离成本所造成的扭曲最小化的一种定价方法，是一种价值型的定价。如果总生产成本能够以拉姆塞价格回收，则意味着共同生产成本必须在不同的产品和服务之间进行分摊。拉姆塞价格的确定过程如下：

单个消费者的消费者剩余：$CS_i = \int_0^{q_i} P_i(X_i) dX_i - P_i(q_i) q_i$

企业的生产剩余：$\Pi = \sum_{i=1}^{n} P_i(q_i) q_i - C(q_i)$

社会福利：$W = \sum_{i=1}^{n} CS_i + \Pi$

在企业利润的条件下，求社会福利最大化。拉格朗日方程为：
$$L = W + \lambda (\Pi - \overline{\Pi})$$

求一阶条件得到：$\frac{\partial L}{\partial q_i} = P_i(q_i) - MC_i(q_i) + \lambda [p_i(q_i) + q_i p_i'(q_i) - MC_i(q)]$

如果 $\Pi - \overline{\Pi} = 0$，则根据包络定理有：$\frac{\partial L}{\partial \overline{\Pi}} = \frac{\partial W}{\partial \overline{\Pi}} = -\lambda$。

这意味着：如果企业利润减少 1 元，社会福利会增加 λ 元。

一阶条件整理后得到：$\frac{P_i(q_i) - MC_i(q_i)}{P_i(q_i)} = \frac{\lambda}{1+\lambda} \cdot \frac{1}{\eta}$

其中，η 为市场 i 的需求弹性，P_i 为拉姆塞价格。

拉姆塞价格能将按照边际成本定价造成的亏损抵消，在资源配置方面也最能接近于帕累托最优。但在现实中，拉姆塞定价存在着某些不合理的地方，即中端用户承担了较大的成本。如果将某项业务的用户分为低端、中端和高端三个群体，通常为了吸引新客户的加入，低端用户能享受到各种折扣优惠，而作为高端用户或是老用户，通过各种积分等奖励方式，也能享受到一定的利益，然而对于中端的用户，既没有折扣也没有奖励，相对而言就承担了更大的成本，即这种定价方式存在着对于不同用户的价格歧视。

（2）公正报酬率定价。公正报酬率定价方法最早启用于美国，其出发点是按平均成本定价的原则取得电信产品的价格，使全部的收入能够用以支付全年的总成本，并且能保证电信企业本身应有的合理利润。其基本公式为：
$$R(pq) = C + S(RB)$$

其中，R 为企业的收入函数，它是价格和产量的函数；C 是全年总运营成本；S 为公正报酬率；RB 是事业资产。

管制者使用这种定价方式的目的是促进企业增加投资以提高生产效率，然而事与愿违。首先，S 的确定是一个难题。回报率常常是在管制者和被管制者之间讨价还价之后确定的，加之信息不对称和寻租现象的存在，往往会使 S 偏离"公正"的值。根据 Peles 和 Stein 的研究[①]，较低的公正报酬率并不一定能产生一个令社会更满意的产出，反而会导致一个更差的社会结果，这是因为较低的公正报酬率会产生超额生产力，从而带来额外的社会成本。其次，由于公正报酬率定价是依照平均成本定价的原则制定的，成本会完全收回，因此企业没有减少成本、提高效率的动力。在这种情况下，即使电信企业努力降低成本，也不可能因成本降低而获得任何利益，这就是 X - 非效率现象。再次，C 的确定有赖于管制者对电信成本信息的掌握程度。如果电信企业不如实上报成本，就会获得超过收支平衡的收入，因此企业会有虚报成本的冲动。最后，公正报酬率定价会刺激电信企业增加资本投入以代替其他投入，造成资本的过度使用。

（3）最高限价。20 世纪 80 年代初，英国政府为找到一个能够科学控制垄断企业价格的办法，委托伯明翰大学商学院教授斯蒂芬·李特查尔德设计一个价格管制模型。李特查尔德教授认为，竞争是反对垄断、保护消费者利益的最好手段，而控制价格本身不是一种理想的办法，因为不断降低价格会抑制竞争者进入该市场。因此，价格管制的主要目标应该是把价格和利润保持在一个既不失公平又对企业有提高效率刺激的水平上。他还认为，价格管制还需要区别各种利润来源：高效率的绩效、垄断力量或纯粹的好运。李特查尔德教授创新性地提出将管制价格和社会零售物价指数、生产效率相联系的价格规制模型，这就是后来世界著名的最高限价管制模型。

这个模型可用公式表示为：

$$PI \leqslant RPI - X$$

其中，PI 为规制电信业务的价格指数；RPI 为社会零售物价指数；X 为调整生产效率。

这个模型的实质是在现行价格基础上，由政府管制部门针对零售

[①] Peles, Stein, "The Effect of Rate of Return Requlation is highly sensitive to the Nature of Uncertainty", *American Economic Review*, Vol. 66, No. 3, 1976.

物价指数（RPI），规定一个企业的调整生产效率（X），电信价格的上调幅度不得超过 RPI - X 的标准，从而确定了价格的上限。只要 X > 0，就意味着电信价格的上涨幅度应该低于零售物价的上涨幅度，相当于要求企业提高生产效率和降低价格。如果 X > RPI，即 RPI - X 为负值，则意味着电信企业应该绝对降低价格；如果 X < RPI，即 RPI - X 为正值，则意味着电信企业可以提高价格标准，但仍应低于社会零售物价指数。

这种以分散化为特征的价格上限管制方式可以在一定程度上避免管制机构和管制企业之间的信息不对称问题，并且给企业一定的自主权，使它们能够更有效地经营和管理。

（4）非线性定价。非线性定价也称二部收费体系（Two Part Tariff）。它是定额收费和从量收费合二为一的收费体系。消费者为获得产品和服务的使用权，必须首先支付一笔定额的费用。定额费用是与使用量无关的，如固定电话中的月租费用。然后再为使用的每一单位产品支付价格，这笔费用为从量费。这一部分的费用与使用量是有关的。二部收费体系的具体公式为：

$$T(p) = A + pq$$

其中，A 为定额费，pq 为从量费，如图 2.4 所示。

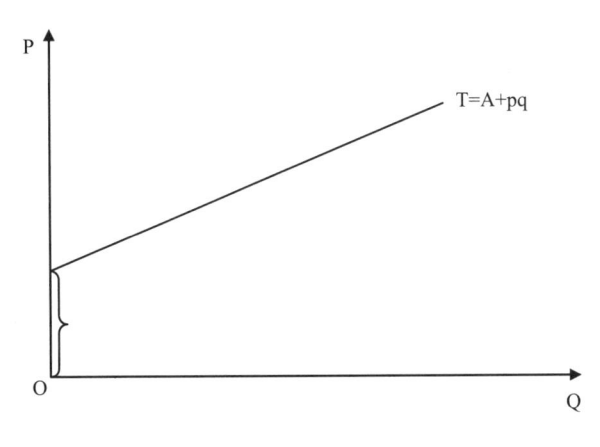

图 2.4 二部收费体系

二部收费体系的原理是用每一用户的定额费用来弥补企业的固定费用,由于固定费用与消费者的使用量无关,从而保证了提供产品和服务企业的经营和财务稳定。同时,二部收费体系还按边际成本方式收取从量费。因此,二部收费体系既使企业达到了收支平衡,又使社会福利达到了较大值。从社会福利角度看,二部收费体系优于平均成本收费方式,次于边际成本收费方式。

三 互联互通管制

互联互通管制是关系到电信企业之间能否进行公平、有效竞争的关键问题。在只有一家电信企业独家垄断经营的通信网络之中,各局部网之间的联系是同一企业内部的事,不存在互联互通的资费和其他条件等问题。但相反,如果各通信网络的所有者之间存在一种完全竞争,各企业为了使尽可能多的消费者通过本企业的网络而获得服务,以达到扩大企业市场占有率的目的,它们也会出于互利而自动产生实行互联互通的刺激。但是,由于网络外部性的存在,当通信网络市场上的竞争是一种不完全竞争时,即某个网络经营企业具有市场垄断地位的情况下,企业之间就不可能自动实现互联互通。因为具有垄断地位的电信企业为了保持其市场垄断地位,它只希望通过自身的网络向本企业的顾客提供服务,不会主动向竞争对手提供网络资源。

可见,竞争企业进入新的电信领域后,与原有垄断企业之间的竞争效果,在很大程度上取决于企业之间的互联互通。经过多年经营,已经建立了庞大通信网络的主导电信企业完全有能力通过拒绝与其他竞争企业联网而排斥竞争企业,或者通过制定很高的互联互通价格而使竞争企业望而却步。因此,联网条件的决定权不能掌握在垄断企业手中,而应当纳入政府管制的范畴。政府对互联互通管制的基本目标是,拥有通信网络的企业,必须与其他电信企业进行合作,对各自的通信网络实行完全互联互通,使任何一家电信企业的顾客可以同另一家电信企业的顾客进行通话,以增强通信网络的正外部性。同时,这使得即使竞争企业只有相当有限的网络,仍可以在全国范围内提供通信服务。为此,管制者需要制定有关互联互通的价格和其他联网条件，并从政策上保证有关企业都有同等权力使用通信网络。互联互通管制的内容包括以下三方面：

（1）制定互联互通的工作程序。互联互通的工作程序可以由主导电信运营企业自己制定，然后报管制机构批准后生效。

（2）明确主导电信运营企业的互联义务。为了顺利有效地实现互联互通，管制机构需要让控制着关键资源的主导电信企业明确自己的互联互通义务，互联互通的义务主要包括：公布互联规程、提供互联信息、提供互联设备、保证互联质量、开放互联业务等。

（3）协调互联互通过程中的争议。这是各国电信业管制机构的主要责任。建立互联互通协议在解决争议中发挥着重要作用。建立互联互通协议的方法主要有：对互联互通进行事前规定；在运营商之间进行谈判；确定运营商谈判的通用监督指导文件；通过监管机构的协调以促进运营商之间通过谈判达成协议；通过监管机构的决定解决互联互通争议；通过独立的仲裁机构或者调解机构解决互联互通争议。其中，通过行业内企业谈判来建立互联互通协议是许多国家的主要方法。

电信产业全程全网、联合作业的特点决定了电信产业必须实现互联互通。互联互通是主导电信企业提供给竞争性电信企业的一种服务，竞争性电信企业必须支付一定的费用，具体包括：连接费、连续费和电路费，以及辅助服务费和接入亏空补偿费等。因此，互联互通的关键问题就是以上费用如何确定。如果主导电信企业完全有价格主导能力而把价格定得很高，实际上就限制了互联互通，不利于市场竞争局面的形成。因此，世界各国的电信管制都把互联互通的定价作为一个重要的监管工具。

四 普遍服务管制

"普遍服务"（Universal Service）概念最早由美国 AT&T 总裁西尔多·维勒于1907年提出，他的口号是"一个系统，一个政策，普遍服务"。当时维勒所谓的普遍服务，其内涵主要是指实现电话网之间的互联互通，让不同网络的电话用户都能够相互通信。

普遍服务是电信业发展的最高宗旨。各个国家和国际组织对普遍服务有各自的定义。美国对普遍服务的定义是："尽可能以合理的资费、完备的设备向美国所有的人提供快速、高效、全国乃至全球范围的有线或无线服务，无论种族、肤色、宗教、原籍或性别，都一视同仁。"国际经济合作与发展组织对电信普遍服务的定义是："任何人在任何地方任何时候都能以承担得起的价格享受电信业务，而且运营商的服务质量和资费一视同仁。"世界贸易组织（WTO）的《基础电信协议》对普遍服务做出了这样的规定："任一成员有权定义其自身希望维持的普遍服务义务，该义务只要以一种透明的、非歧视性和竞争中立方式履行，并且不比该成员所定义的必要的普遍服务更难以承担，则它将不被认为是反竞争性的。"我国对普遍服务未做出具体明确的定义，但本质上和各国是一致的。《中华人民共和国电信条例》第四十四条规定："电信业务经营者必须按照国家有关规定履行相应的电信普遍服务义务。国务院信息产业主管部门可以采取指定的或者招标的方式确定电信业务经营者具体承担电信普遍服务的义务。电信普遍服务成本补偿管理办法，由国务院信息产业主管部门会同国务院财政部门、价格主管部门制定，报国务院批准后公布实施。"

关于普遍服务的定义虽然各有不同，但本质都是一致的，都包括以下三重含义：一是普遍性，即不论何时何地，只要有需求，都应该有覆盖全国的电话服务；二是非歧视性，即各类用户应当受到相同的对待；三是可承受性，即通信服务的价格应该能让大部分用户负担得起。

根据电信产业的发展特点，衡量普遍服务的标准主要有电话主线普及率[①]和家庭普及率。

我们知道电信普遍服务的发展水平反映了一个国家信息化的程度，做好了电信普遍服务工作才可以消除通信的贫富不均和地区差异，才可以为绝大多数居民提供最基本的电信服务，实现社会和国民经济的均衡发展。

---

① 电话主线普及率（Telephone Density 或 Teledensity）是指每100人拥有的电话主线数，是比较国与国之间电信普及率最常用的衡量指标。

第三节 有效竞争理论

目前，世界各国政府都在为降低电信市场垄断而采取开放竞争的政策，其目的是为了实现电信资源的优化配置，以降低生产成本和提高生产效率，并降低电信资费和提高社会的分配效率，发挥电信产业对国民经济的促进作用。但是，达到什么样的竞争程度才是最佳的呢？竞争程度过低，起不到竞争的作用；竞争太激烈，又可能引起过度竞争和恶性竞争。于是就要寻找合理的竞争和效益的平衡点，以期实现竞争的有效性，为此学者们提出了有效竞争的概念。

一 马歇尔困境

提到有效竞争，人们首先想到的是马歇尔困境（Marshall's Dilemma）。19世纪末，马歇尔（Marshall）在观察大机器工业时发现，企业在自由竞争中追求规模经济的结果一方面使单位成本降低，使生产效率得到提高，但另一方面又可能导致垄断，抑制竞争。后来马歇尔在1890年出版了《经济学原理》一书，对四大生产要素（土地、劳动、资本和组织）中的组织进行了系统论述，充分肯定了规模经济的正面作用。同时指出，追求规模经济可能导致垄断，从而使经济发展缺乏动力，企业竞争缺乏活力。于是规模经济和竞争活力就成了一对难以调解的矛盾。选择规模经济就可能丧失竞争活力，要竞争活力就不能要规模经济，这个两难的困境，就是所谓的"马歇尔困境"或"马歇尔冲突"。马歇尔之后，在一个较长的时期里，经济学家对如何克服"马歇尔困境"，把规模经济与竞争活力两者有效协调进行了积极的探索。

二 有效竞争理论及其特征

1. 有效竞争理论

有效竞争理论就是基于如何解决马歇尔冲突而提出的。1940年克拉克（Clark）在总结前人观点的基础上，通过大量的调查研究，发表了《有效竞争的概念》一文。他指出，短期均衡是一个静态概念，在既定的生产条件下，市场通过价格的自动调节可以实现供需均衡；而长期均衡是一个动态概念，它随着产业成长和经济发展而使长期成本下降和长期供给能力增强，以实现长期供需均衡。他认为短期均衡和长期均衡这两者的实现条件往往不协调，为缩小这种不协调，首先要明确有效竞争的概念。所谓有效竞争（Workable Competition），就是指将规模经济和竞争活力两者有效地协调起来，从而形成有利于长期均衡的竞争格局。

因而，从实质上说有效竞争就是规模经济和竞争活力相协调的一种竞争格局。规模经济是指随着企业生产规模的扩大而使单位产品成本降低的一种经济现象，是实现社会生产资源的综合优化配置，以提高经济效率的途径和手段。而竞争活力是发挥市场竞争机制、供求机制和价格机制的综合作用，由市场这只"看不见的手"协调社会资源的优化配置，从而提高经济效益。可见，规模经济和竞争活力的最终目的都是优化资源配置和提高经济效益，只是以不同的途径谋求同一目标而已。然而，规模经济和竞争活力又具有相互排斥性，特别是在那些规模经济比较显著的产业，两者的排斥性表现得更加明显。企业规模的扩大会引起生产集中，而生产集中发展到一定阶段，就自然而然地走到垄断，导致经济缺乏竞争活力。因此，有效竞争作为兼顾规模经济和竞争活力、两者相互协调的一种理想状态，其协调点是合理界定规模经济和竞争活力的"度"，其目标是协调规模经济和竞争活力所发挥的作用，使社会经济效率最大化。

2. 有效竞争的特征

我国学者王俊豪教授对有效竞争问题进行了更进一步的研究分析，提出了有效竞争的三点特征[①]。

第一，有效竞争是竞争收益明显大于竞争成本的竞争。顾名思义，有效竞争理论倾向于竞争，肯定的是竞争而不是垄断，垄断的低效率是对经济效益的否定。竞争既使资源得到优化配置和使用，但竞

---

① 王俊豪：《论自然垄断产业有效竞争》，《经济研究》1998年第8期。

争也可能产生亏损,甚至破产倒闭,造成资源浪费。因此,竞争既产生收益,又可能产生成本,甚至是高昂的成本,有可能导致毁灭性的结果。竞争可能造成大量的重复建设,造成生产能力过剩和生产要素闲置。过度竞争会导致过低价格,入不敷出,造成企业亏损,破产倒闭,甚至影响到整个产业的持续发展。通常,随着市场竞争度的提高,竞争成本会逐渐加大,竞争收益往往会呈现先递增后递减的变动趋势。当然,有效竞争的正面效应应该大于负面效应,竞争带来的市场活力、资源优化配置和经济效益应该大于所支出的竞争成本。所以作为有效竞争,首先应该是竞争收益大于竞争成本,其净收益大于零。用竞争效益公式来衡量这种净收益:竞争效益 = 竞争收益 ÷ 竞争成本,显然有效竞争要求竞争效益大于 1。

第二,有效竞争是适度竞争。我们可以根据市场竞争的程度,把竞争分为竞争不足、适度竞争和过度竞争三种状态。这样,有效竞争就区别于过度竞争和竞争不足。从垄断到竞争,可能首先经历竞争不足的阶段。竞争不足会削弱竞争功能的有效发挥,达不到社会资源优化配置和经济效益提高的效果。而过度竞争表现为企业数量及其生产规模超过市场需求的现象,削弱规模经济效益,甚至导致恶性价格竞争。适度竞争居于竞争不足和过度竞争之间。只有适度竞争才能把竞争的负面影响控制在较低限度,而尽力发挥竞争的正面效用,产生较大的竞争效益。所以,有效竞争是介于竞争不足和竞争过度之间的竞争。

第三,有效竞争是满足最小经济规模的竞争。规模不经济意味着企业要以更多的资源投入才能得到一定量的产出,其经济效率低下。所以,规模不经济状况下的竞争是一种经济效率低下的低水平竞争,显然有悖于追求较高经济效率的有效竞争。而有效竞争要求竞争企业生产规模处于适度规模范围,即处于最小经济规模和最大经济规模之间。

根据上述特征,要实现有效竞争,就需要作为矛盾体存在的规模经济和市场竞争都做出适度让步,因此有效竞争是适度规模与适度竞争重合部分(见图 2.5),此时,两者的综合效益最大,能实现经济效率极大化。

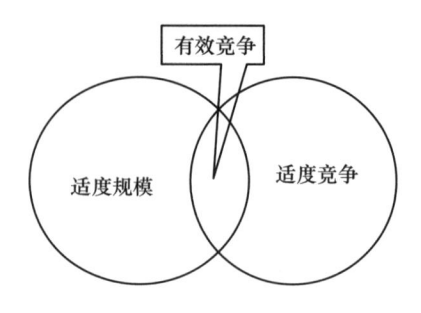

图 2.5　有效竞争的区域

第三章 中国行业性行政垄断形成原因及作用机理分析

随着我国社会主义市场经济的不断发展，行政垄断尤其是行业性行政垄断问题日益突出，已成为我国未来反垄断法规制的重要对象。目前，学者们对于行政垄断问题的研究日益增多和成熟。然而，单独对行业性行政垄断问题的研究还较少，本章以崭新的思路，对行业性行政垄断形成原因和机理予以探讨，并建立了行业性行政垄断的 G-SCP 分析框架，期望对行业性行政垄断理论分析和相关法规制定有所裨益。

第一节 中国行业性行政垄断形成的成因分析

从改革发展的整个过程看，我国经济是逐渐从计划经济向市场经济转变的，政府高度集权的计划经济是经济改革的逻辑起点，并且改革基本上是在政府的引导下"创造性"地进入市场经济的，是一种强制性的制度变迁；或者说是一种放松计划管制，微观经济组织由此获得自增长的过程。在这一过程中，一些行业的部门主管权力不断扩大。由于改革措施的不到位而导致的角色错位，使得某些行业主管部门成为市场体系多元化中的"一元"或"数元"利益的代表，并且主管部门为强化其利益，人为地设置了一些阻碍竞争的壁垒，由此形成了行业性行政垄断。

我国行业性行政垄断的产生，其原因是复杂的、多方面的。国家行业主管部门政府行为的外在性，是造成行业性行政垄断的主要根源。具体地说，行业性行政垄断的产生可以分为体制成因和经济主体原因两方面。

一 体制成因

1. 政企分离不彻底

我国具有官商不分的悠久历史传统，这是行业性行政垄断产生的文化根源。这种传统与我国计划经济体制下的政企不分的性质可以说是不谋而合，因此政企不分在中国具有天然的繁衍土壤。国有企业改革的思路之一就是政企分离，这涉及经济体制和政治体制改革两方面，其核心内容是转换企业经营机制和转变政府职能。由于改革开放前长期政企不分，无论是在体制上还是在一般的观念上都已经形成了政府直接指挥和管理企业的积习，因而在改革开放的40年中，这一状况虽然发生了相当大程度的改变，但毕竟还是不彻底。在作为政治体制改革主要内容的政府转变职能的过程中，政府职权的重新界定，政府部门间的权限分工一时难以准确把握，造成了一定程度上的相互脱节或冲突，给行政权力的滥用带来了可乘之机。尤其在原有部门撤销、合并以及新兴部门设立的过程中，这一情况表现得尤为突出。因此，政企不分为行业性行政垄断的产生提供了现实基础。

2. 体制改革不健全，改革措施不到位

在改革过程中，旧体制的惯性和影响、市场体制不完备、改革措施不配套、政治体制改革的滞后等一系列问题都与行业性行政垄断密切相关。一些政府机构在国有企业改革或兴办经济实体的过程中，常常以资产所有者、经营者、行政管理者的多重身份参与市场交易活动，加上垄断行业与竞争行业的界定不清，就为诱发行业性行政垄断提供了体制上的繁衍土壤和便利条件。加之相关法律和国家授权机制的不健全，缺乏对行业主管部门运用行政权力的有效监管，使主管部门往往从本部门和本行业利益出发实施行政垄断。

3. 双轨制经济

改革开放以来，我国经济发生了巨大变化，集中表现在由指令性计划经济变成了"双轨并行"的经济运行格局。"双轨并行"起始于两种价格形成机制，在两种不同的财税政策诱导下，作用于不同的企业所有制形式。通过两种不同的资金融通方式（以国家专业银行为主体的官方资金融通与民间资金市场交易），生成了两种不同的投资主体（计划内资金和计划外资金），最终形成了两种市场类型并存的国民经济运行格局，即以个体、私营、集体企业为主体的非规范的竞争市场和以国营企业为主体的非规范的行政垄断市场。改革至今，政企关系虽然有一定程度的分离，但是仍然存在着双轨体制，政府行政机构对国有企业仍然有干预权，企业还没有完全的自主权，没有实行自主权所不可缺少的制度条件。企业经营自主权的缺乏，造成其经营目标与行为的混乱，从而难以实现自主经营、自负盈亏。

二 经济主体原因

1. 寻租活动

根据寻租经济学理论，在完全的市场经济和纯粹的计划经济体制下，不会出现寻租行为。这是因为在完全市场条件下，不存在政府管制和对资源的分配，没有寻租对象，一切都是由市场这只"看不见的手"进行调节，各个企业只能获得平均利润，也就不存在寻租现象。在完全计划经济体制下，政府统一配置资源，企业和个人都是被动地接受，没有独立的经济利益，缺乏盈利动机，因而也没有寻租现象的发生。只有在市场和政府都能对资源配置起作用时，各个微观经济主体有部分自主权和独立的利益，而政府在某种程度和某些方面能对资源的配置进行直接或间接的干预，就使寻租行为的产生有了一定的条件和可能。如果政府干预不断加强，同时又缺乏有效的监督管理机制，寻租行为的产生就是不可避免的了。由此可见，寻租与政府管制之间存在着某种类似"拉弗曲线"的关系。这种关系在我国的体制变迁过程中得到了体现：在新中国成立初期高度集中的计划经济体制下，寻租现象较少；改革开放后，随着政治体制改革和经济体制改革的深入，企业和个人的经济自主权逐渐扩大，在改革之初实行价格双轨制条件下，由于存在体制内和体制外资源价差，争取到体制内的优势稀缺资源就意味着以较低的生产成本来获取更多的利润,因而拥有支配稀缺资源权力的部门和官员就成为寻租的对象。这就是寻租行为产生和存在的体制条件。

企业尤其是行政垄断企业为了维护其垄断地位和所得的垄断利润,阻止竞争企业进入该行业,会施展种种手段争取政府的"照顾"。例如,通过游说主管部门设立较高的进入壁垒,或通过税收减免和补贴等方式抽东补西,得到其他企业的"输血",达到独享行业垄断利润和挤占其他企业利润的目的。另外,在寻租过程中,政府往往不仅仅是一个"捕获"的对象,它也具有创租的动力。研究表明,租金的来源可以分为政府无意创租、政府被动创租和政府主动创租三类。无意创租主要是政府对经济生活进行干预、管制的结果,它产生于政府"良好的主观愿望"。改革开放初期的商品价格、利率和汇率双轨制就是典型的政府无意创租行为。随着经济自由化程度的加深和政府管制的放松,这部分寻租行为在逐渐减少。被动创租指的是政府由于受到既得利益集团的影响,利用其职权,创造和维护某些利益集团的既得利益。既得利益集团通过非法报酬或影响力,诱使或迫使政府制定对其有利的管制政策,从而形成了租金。主动创租主要指的是政府主管部门预计到寻租行为会为其带来收益,从而通过行政干预主动创造租金,增加本部门、本地区企业的收益,这些企业向该政府主管部门提供部分租金报酬作为回报的行为。从寻租经济学的角度来看,在属于渐进转型的中国,上层腐败的一个重要表现形式就是行政垄断,它来源于政府的主动创租行为。

2. 国有企业改革不彻底

建立现代企业制度的工作虽取得了一定成效,但也存在着一些明显问题,主要表现在:①国有股权比例偏大,公司治理结构失衡。在国有企业股份制改造过程中,国有股往往会占据绝对控股地位,国有股在现有董事会中高度垄断而形成了董事小团体利益一致、口径一致的现象。在这种情况下,外部董事必然会受到内部董事的收买、排斥,进而无法真正发挥其作用。而集团公司通过采用管理者兼职、业务关联、公共设施交叉、财务资金互通等手段牢牢控制上市公司的股东会、董事会,以及管理层,出现了国有企业中"内部人控制"和"大股东控制"并存的局面,使国有企业内部治理结构失衡。造成这种状况的主要原因:一是怕国有股权比例低会削弱国有经济,造成国有资产流失;二是资本市场不健全,缺乏有实力的投资者。②公司制改革之后,国有独资公司数量较多。按照建立现代企业制度的要求,只有生产某些特殊产品的企业或属于特定行业的企业才可改建为国有独资公司,但有些不符合要求的企业,也选择了国有独资公司形式,从而不利于政企分开。而最令人担忧的是,相当一部分改制后的国有独资公司,仍然没有改变"婆婆管媳妇"、内部产权不清晰的局面。③法人治理结构不规范。在典型的现代企业制度中,股东大会是公司的最高权力机关,董事会是最高决策机关。而在国有企业中,股东大会、董事会做出的决议往往还需经过上级主管部门的批准,受上级主管部门的监督。这主要表现为:有些企业改制后尚未成立股东大会;国有股东仍然通过政府审批方式行使重大经营决策权;部分企业改制后尚未成立董事会;董事会人选及经理人选仍由政府部门确定,董事长及总经理仍保留行政级别。正是由于目前的企业还未建立成为真正的自主经营、自负盈亏的现代企业,这也为其进行寻租埋下隐患,进而形成了行业性行政垄断。

第二节 中国行业性行政垄断形成的机理分析

上节分析了我国行业性行政垄断形成的主要原因,本节就对我国行业性行政垄断的形成机理展开分析。在市场经济体制下,由于市场机制自身的缺陷,会出现市场经济不能完全发挥作用的环节,这时就需要政府出面进行规制和调控,以实现资源的优化配置。然而,政府也不是万能的,会在其规制和调控过程中出现这样或那样的问题,即规制失灵,这发生在一些行业中就形成了行业性行政垄断问题。本节首先就行业性行政垄断形成过程中涉及的主要概念和理论进行描述,然后得出行业性行政垄断的形成机理。

一 市场失灵

从理论上讲,完全竞争是市场经济的理想状态,"看不见的手"可以实现资源的最优配置。但是,现实中几乎不存在这种完全竞争的市场状态。况且,即使是充分发挥作用的市场机制,也不能执行社会需要的全部经济职能。如果市场机制在某些方面不能有效地满足人们的生产和生活需要,甚至在某些方面还会导致不良后果,而这些不良后果又不能通过市场体系本身加以矫正,这就是通常所说的市场失灵。

根据现代市场失灵理论,导致市场失灵的原因有:市场势力(垄断)、不完全信息、外部性、公共物品、不完善的市场、经济波动、收入分配不公和非仿效品。其中,前六项直接影响市场经济效率,后两项影响社会成员的利益,对经济效率有间接的影响。并且一般认为前四项是市场失灵产生的主要原因,下面就主要介绍一下前四个原因。

1. 市场势力

垄断所创造的市场进入壁垒会形成市场势力。如果一个企业有市场势力,它就会变成价格的制定者,其收益最大化的定价可能远远高于边际成本,这就引起了"配置非效率"。按照资源最优配置理论,价格应该等于边际成本,但由于存在有控制市场力量的垄断行为,通常价格会高于边际成本,因此会带来效率上的损失。与市场势力相关的第二类损失叫"生产无效率",它是指如果要在竞争的市场上生存下去,就要不断进行技术改造,降低成本;但如果市场是垄断的,企业就没有这个压力,不会积极降低成本,也不会为了降低生产成本而积极改进技术,这对整个经济来讲也是一种损失。

2. 不完全信息

在市场交易中,广泛存在着信息不对称(Asymmetric Information)或不确定性。信息不对称意味着在一项交易中,交易一方拥有产品或服务的充分信息,但却不完全透露给另一方,使对方处于不确定的境地。即使是交易一方传递了信息,但在现实经济中,信息的传播和接受都需要花费成本，而市场通信系统的局限和市场参与者释放市场噪声等客观和主观因素的影响也都将严重阻碍市场信息的交流和有效传播。结果，信息特别是价格信息不可能及时传递给每一个需要信息的市场参与者，而每一个市场参与者所进行的交易活动及其结果也不可能及时地通过价格体系得到传递，因而市场价格不可能灵敏地反映市场的供求状况，市场供求状况也不可能灵敏地随着价格的指导而发生变化，市场机制可能因此失灵。为了避免由信息不对称引发的损失，有必要进行规制，以充分提供信息为条件，防止过度竞争。

3. 外部性

外部性既可以是正的，也可以是负的。正的外部性，也叫外部经济或效益溢出，是指经济主体不支付费用而得到效益；负的外部性，又称外部不经济或成本溢出，是指某一经济主体不支付代价而提高另一经济主体的支出。由于外部性的存在，完全竞争市场的价格信号不再能够完全反映商品生产的社会成本与其带来的社会收益，这使得完全竞争市场达到的市场均衡不再是社会最优的，这时政府出于稳定经济考虑，就会对出现外部性的环节进行规制。但从严格的理论上讲，外部性需不需要政府规制还是个问题。在现代企业理论看来，外部性的产生在于产权界定不清，外部性是产权界定不清的结果。科斯定理表明，在外部性问题上规制是不必要的，只要界定产权，市场可以自己达到最优（当然，可将产权清晰化视为一种特殊的规制方式）。但在现实生活中，交易成本可能是非常高的，当事人之间的讨价还价并不能解决问题，往往还不如直接规制有效率。经济学家一般认为政府还可以用下面的方式进行规制：第一，将外部性"内部化"，即对产生负的外部效应的经济活动进行征税，将社会成本内化为企业成本，这可起到降低负的外部性的作用；第二，控制数量，即直接进行行政干预。

4. 公共物品

公共物品是相对于私人物品而言的，是指在消费和使用上具有不可排他性的产品，即每个人在消费和使用这种产品时不会影响其他人对该种产品的消费和使用。同私人产品或私人部门相比，公共物品具有效用上的不可分割性、生产经营上的规模性、消费上的无法排他性、取得方式上的非竞争性、成本或利益上的外在性和利益计算上的模糊性。公共物品一旦向一部分消费者提供，就很难阻止其他人也消费它，这就产生了"搭便车"的现象。私人部门提供公共物品将无利可图，也就缺乏生产的动力。因此，市场对公共物品原生性供给不足，出现了市场失灵的最后一个来源。

市场失灵的出现，使人们发现需要寻找另外一种手段来实现资源的优化配置，克服市场失灵带来的问题，政府规制理论应运而生，在克服市场失灵方面起到了很好的作用。

二　政府规制

政府规制起源于市场失灵，其主要目标从根本上说就是弥补市场的缺陷，矫正市场机制作用的消极后果，进而保证和提高资源配置效率。史普博认为，规制过程是由消费者和企业对规制政策及其后果进行讨价还价过程中所发生的战略互动关系构成的，是由被规制市场中的消费者和企业、消费者偏好和企业技术、可以用的战略，以及规则组合来界定的一种博弈，旨在制定他们都能接受的规制制度，是一个涉及行政机构、立法机构和司法机构、被规制者、公众等相互作用的十分复杂的政治过程。

学者们依据不同的标准对规制的分类很多，而日本学者植草益的研究比较全面。他认为所有有关市场机制内在问题的法律制度和政策都是规制，总共可以分为八类：（1）保证分配的公平和经济增长为目的的财政、税收、金融政策。（2）提供公共设施和服务的政策。（3）处理不完全竞争的反垄断法、商法等政策。（4）处理自然垄断为目的的政策——在公益事业等领域的进入、退出、价格、投资等政策。（5）以处理非价值性物品和外部不经济为目的的政策。（6）以处理信息偏在（指信息不对称）为目的的政策——保护消费者利益、公开信息、对广告的说明制约、知识产权保护等。（7）各种产业政策（新生产业政策）和科技振兴政策（专利、实用新法、设计、商标、著作权等与知识产权相关的政策和规格统一化政策）。（8）其他政策；劳动政策，以及与土地资源相关的政策。

其中（1）与（8）不在我们的研究范围之内，（2）为公共供给政策，（7）为公共引导政策，（3）至（6）是最基本的为解决市场失灵而依法限制经济主体活动的政策，称为公的规制。这种规制又分为两类：（3）和（6）为间接规制，以形成维持竞争秩序、有效发挥市场机制职能、完善制度为目的，不直接介入经济主体的决策。（4）和（5）为直接规制，直接介入经济主体的决策，目的是防止在社会经济中出现不良市场结构。直接规制又可分为经济规制和社会规制两种：经济规制是指在存在自然垄断和信息偏差的部门，以防止无效竞争的资源配置的发生和确保需要者的公平利用为主要目的，对企业的进入、退出、价格、服务、质量及投资、财务等方面的活动所进行的规制；社会性规制是指以保障劳动者和消费者的安全、卫生、健康，以及保护环境、防止灾害发生为目的，对产品和服务的质量及为伴随它们而产生的各种活动制定一定标准，并禁止、限制特定行为的规制[①]。

本书中我们指的是经济规制，尤其是在行政垄断行业进行的经济规制。规制的内容包括产权契约规制、价格规制、进入和退出规制、投资规制、产品和服务质量的规制，以及市场垄断行为的规制等，其中以价格规制、进入和退出规制为最重要的规制内容。

①产权契约规制。在现代社会中，政府对产权进行规制，就是通过实施一定的法律制度，保护人们的产权不受侵犯，同时监督人们按一定规则行使产权，并对行使产权过程中发生的矛盾和冲突加以协调解决。政府对产权实行规制的目的，一是为了提供市场运行的基本条件，因为市场交换实质上是不同的产权所有者之间的交换；二是为了弥补市场失灵，提高资源配置的效率。

②价格规制。即政府根据以各个规制行业为对象的规范价格行为的法律和法规，从资源有效配置和服务公平供给观点出发，以限制具

[①] ［日］植草益：《微观规制经济学》，朱绍文等译，中国发展出版社1991年版，第19—23页。

有较强的自然垄断性的公有企业制定垄断价格、谋取垄断利润的行为为目的，对公共服务的价格水平和价格体系进行规制。由于公用企业一般都是国家垄断，因而其产品或服务也一般由国家定价，在价格水平上通常是根据正常的营运成本加上合理报酬而得的总成本计算，并根据不同公用产品或服务的特点及其价格的社会承受力的大小确定公用产品或服务的价格水准，同时还对那些因社会成本太大、承受力不足而难以达到上述价格水平的公用产品的生产企业，由政府给予财政补贴，以保证供给和价格的稳定性。

③进入和退出规制。进入规制是指在公用企业中，从充分发挥规模经济效益和范围经济效益，确保服务数量和质量稳定性出发，政府允许特定一家或几家企业进入某行业，而限制其他企业进入，或从防止过度竞争的观点出发，政府根据供求的平衡状况限制新的企业加入。我国长期以来，特别是在高度集中的计划经济时期，政府及其所属各部门在公用行业的市场进入规制方面是非常严厉的，许多行业处于独占或寡占状态，由政企不分的国有公用企业垄断经营，其他企业一般不能进入该领域。直到近年来，在某些行业的部分业务才放开经营。退出规制是政府为保证服务和产品的稳定供给，对欲从公用行业退出的企业予以规制，规定企业一旦进入市场，就负有法律上的"供给责任"，不可随意减少供给数量、缩小供给范围和降低供给质量，更不得随意退出市场或转产。

④投资规制。即政府为避免投资过多或过少而引起供给和价格波动，保证国民经济协调发展，对投资方向、投资规模、投资结构等方面进行规制，特别是对一些非生产性投资实行严格的控制或规制。

⑤产品和服务质量的规制。即政府以保障消费者和劳动者的安全、健康、环境保护、防止灾害为目的，以《中华人民共和国产品质量法》和其他有关产品服务法规为准则，对产品或服务的质量和伴随产品或服务的各种活动进行规制。这种规制是通过制定各类产品或服务的技术标准，并建立产品质量认证制度和审查检验制度予以实施。

⑥市场垄断行为的规制。从提高资源配置效率的角度考虑政府在赋予公用企业一定的垄断权力的同时，又运用价格规制、产品和服务

质量规制和其他有关规制，防止垄断企业滥用其市场支配地位，破坏市场经济秩序，损害消费者和公共利益的行为。

三 规制失灵

市场失灵的存在为政府进行规制提供了必要的条件，但它并不是规制的充分条件。这是因为：第一，市场解决不好的问题，政府规制也不一定就能够解决得好；第二，即使政府规制能够解决，也不一定就是十全十美的，因为政府决策过程中也会存在这样或那样的问题。这就出现了政府规制的失灵问题。政府规制失灵是政府失灵在微观规制领域中的表现[①]。从质的规定性上看，指的是政府在推行规制政策时，经济效率不能改善或规制实施后的效率低于实施前的效率等现象。从量上看，规制失灵意味着规制成本超出了规制收益。由于特定的政治经济条件，体制转轨期间政府规制失灵的范围和频度大大超出了一般市场经济国家，严重降低了社会福利水平。

1. 政府规制失灵的原因分析

政府规制失灵的产生是多种原因综合作用的结果，既有市场经济条件下的一般性原因，也有与转型期政治经济体制相联系的特殊原因。

（1）政府规制失灵产生的一般原因。第一，政府主管部门的有限理性。规制者与被规制者之间的不完全信息问题普遍存在，被规制企业总比规制者了解得多，在这种情况下，规制者依据其所了解的信息进行规制，往往达不到预期的效果。规制者了解信息的严重不足产生于以下几方面：一是在公共部门里不存在指导资源配置的价格，没有传递市场信息的渠道，政府决策者必然受到信息不对称的困扰，难以准确及时地了解企业自身的成本和需求结构；二是规制者通过审计等手段了解信息的能力有限，没有精力审计所有企业以掌握真实的成本；三是企业不会把它所知道的不利信息告知主管部门，而只会上报利己的信息，甚至还可能提供虚假的利己信息；四是由于缺乏有效的

---

① 李郁芳：《政府规制失灵的理论分析》，《经济学动态》2002年第6期。

激励，规制者没有积极性去获得有关的信息。正像斯蒂格利茨所说的，"不完全信息和不完全市场作为市场失灵的一个来源在公共部门里是普遍存在的"①。正是由于以上原因，信息不对称就意味着政府规制存在着天然缺陷，其效用是有限的。

第二，政府行为的强制性使规制可能造成再分配上的不公平，进而引发寻租行为。任何一种国家干预，都是将一部分人手中的权力强加到其他人身上，由于权力的稀缺性，权力总是有意地并且不可避免地被交给一些人而不给予另一些人。法律、制度和政策始终影响着国民基本权和财产权的社会分配，并具有创造经济租金的特点。政府规制过程是政府以法律、制度、政策等形式对公民和企业的基本权、财产权进行再分配的过程。在这一过程中，政府规制自然会产生经济租金，从而诱发企业或个人的寻租行为。政府规制可能造成某些资源的人为"短缺"，从而为"寻租"活动提供可能性，使规制的实际效果与社会公共目标进一步产生偏差。例如，杭州市政府实行的"土地国家储备制度"，就人为地限量提供房地产开发用地，引发杭州商品房房价的高涨，并在土地征收过程中产生大量的寻租和腐败问题。

第三，政府主管部门的利益和行为目标与社会公共利益目标的差异。从规范角度上说，政府规制行为必须代表公共利益。然而，现实中的政府是由具体的人和机构组成的，他们的利益和行为目标并不完全和社会公共利益目标一致。当二者发生矛盾时，就会产生政府部门和官员为追求自身利益而做出有害于公共利益决策的可能。并且，在规制者的责任和工作大量增加而收益却没有相应增加的条件下，成本—收益的严重不对称可能使规制部门和相关官员做出低效率或没有效率的决策，这进一步影响了规制的效果。弗里德曼曾经研究过美国政府的医药规制，发现负责医药管理的那些官员对新药上市速度大大减缓负有极大的责任：如果审批后发现许可的药是假的，规制官员必须负起相应责任；但是药卖了多少，他们并没有收益。因此对一个理

---

① [美]约瑟夫·斯蒂格利茨：《政府为什么干预经济》，郑秉文译，中国物资出版社1998年版，第69页。

性的官员来说，把新药申请报告压起来就是最合理的选择。据估计，实行药品规制后，美国因为吃不到更新更有效的药而导致死亡的患者人数，可能远远超出了因政府防假药而减少的人数①。

第四，政府规制机构设置不合理，规制程序不透明，也为规制失灵提供了可能。在机构设置上，我国目前并不存在一个独立的、统一的规制机构（如美国的"联邦交易委员会"），各行业主管部门，各级政府各自为政，就本行业、本管辖地区，零散地行使着规制职能。就行业规制而言，很多规制部门就是政府的行业主管部门，规制者本身也是经济管理者，甚至就是规制企业的国有资产出资人。不存在独立的规制部门，也就无法保证规制职能独立、有效地实施。在立法方面，《反垄断法》虽然已经颁布实施，但其中有很多不适用条款，使得各行业在参照法律时仍然依照以前各行业的部门法——《铁路法》《电信法》《邮政法》等。各行业的部门法规又由于部门利益集团的大力推动，以及法规起草部门与立法机关信息不对称，也存在着维护行业行政垄断利益的倾向。例如，《邮政法》草案就试图扩大平信的业务范围，欲将商业信函的部分业务纳入平信，由邮政部门专营。《铁路法》草案拒绝将运输调度计划权力分割，事实上仍然维持着行业垄断的支配权。此外，目前我国规制的行政过程中，规制者自由裁量权过大，行政过程不透明的问题也相当严重。

第五，由政府性质决定的规制者行为难以监督。在缺乏有效监督的条件下，谁能保证运用行政垄断权力来纠正经济垄断就能代表社会利益、提高经济效率呢？另外，政府面临着多元的目标函数，即不仅要维护市场秩序，提高经济效率和社会福利水平，还要注重社会安定；不仅要追求经济、社会目标，更要注重政治目标。政府可以利用自己的优势在这多重目标之间进行切换，规制者可能会为了某一方面的目标任务而将其他方面的资源挪用过来，产生所谓的"套利行为"。因此，对政府规制者的行为及其后果进行准确估价和监督是一

---

① 李郁芳：《体制转轨期间政府规制失灵的理论分析》，《暨南学报》（哲学社会科学版）2002年第11期。

件非常困难的事,这就在客观上为规制失灵的产生提供了土壤。

第六,政府规制行为的扩张性。正如许多学者所指出的,规制者会"从供给一方推动规制的膨胀",官员们"对一项不当规制的解决办法通常就是增加更多的规制"。这就进一步推动和加强了政府的规制失灵。

(2)转型期政府规制失灵产生的特殊原因。从特殊性的角度看,政府规制失灵与转型期的政治经济条件密切联系,主要表现在两个方面:

第一,规制者和被规制者力量和信息不对等,相互关系定位偏差。政府规制既是政府的行政过程,又"是由被规制市场中的消费者和企业、消费者偏好和企业技术、可利用的战略,以及规则组合来界定的一种博弈"[①]。在这一过程中,存在着三个相互制约又相互依存的行为主体:企业、消费者、政府(规制者)。其中,企业和消费者是规制博弈的双方,二者根据自身利益进行讨价还价,并通过各种渠道来影响政府的规制决策,推动政府在他们希望解决的公共问题领域建立规制。一般来说,规制博弈的结果往往在很大程度上反映或接近社会公共利益,并且在原则上为规制的内容、范围和规则的制定确定了目标。政府规制机构只是"博弈的仲裁者或规则的制定者"、执行博弈结果的代理人。它只能根据企业集团和消费者集团博弈的结果制定并执行规制规则,而不能越俎代庖。因此,存在着独立、成熟、相互抗衡又相互制约的企业和消费者利益集团和独立、中立的政府机构,是实现合理规制过程的制度前提,同时也是保证政府规制过程的结果尽可能与社会公共利益保持一致,防止政府操纵规制过程的必要保障。但在我国的经济体制转型期间,政府规制过程内部存在着严重的制度缺陷:一方面,企业还在很大程度上依附于政府;另一方面,能够充分表达自身利益、进行合理博弈的独立、成熟、强大的消费者主体尚未形成,这就在客观上为政府规制机构与关联企业形成"政企

[①] [美]丹尼尔·F. 史普博:《管制与市场》,余晖等译,上海三联书店1999年版,第47页。

联盟",漠视消费者利益、操纵规制过程或滥用规制权力提供了可乘之机。

第二,体制和制度障碍。目前,政府规制从机构到规则都还处于建立过程之中,尚未完善,其作用范围受到很大的限制,还不能正常发挥作用。而原有的计划性政府规制的制度基础还未完全消除,仍具有较强的惯性。规制者对计划规制的机制、方法也都驾轻就熟,习惯于用计划规制的手段来干预市场经济。从某种意义上说,转型期的政府规制失灵就是由政府职能尚未实现彻底转变,政府规制制度尚未完善、难以发挥作用造成的。

2. 政府规制失灵的表现

政府规制失灵主要体现在以下四个方面:

首先,政府规制过度或越位。政府规制过度或越位指规制超越了其弥补和克服市场失灵的范围,抑制了市场经济的正常发展和内在活力,扭曲了资源配置,并为寻租活动的产生提供了土壤。主要表现有:第一,政府在竞争性领域设立较高的进入壁垒,抑制市场作用的发挥,进而限制了竞争。规制越位往往在竞争性领域人为地形成稀缺性生产资源,引发权力寻租,降低竞争效率。比如:采用拍卖车辆营运许可证的方式对处于竞争性领域的出租车行业实施进入规制,可能会造成出租车行业进入成本高昂,以及出租车企业对出租车司机的剥削和压榨[①]。第二,政府对创业、投资等方面的规制过多,造成了权力租金,由此产生了寻租活动猖獗,经济活动成本被人为加大,降低了经济效率。从企业方面来说,有两方面情况:一是行业垄断者为保住自身的垄断地位,游说、收买政府及其官员,使之限制新企业的进入。二是行业潜在进入者为早日得到进入许可,采取各种方式的"关系营销"打通各方面关系。从政府方面看,规制者滥用手中的规制权力,谋求个人或小团体私利的现象时有发生。

其次,政府规制能力不足。政府的规制能力不足是指政府虽履行

[①] 王克勤:《北京市出租车业"黑幕"调查》,《中国经济时报》2002年12月6日,第3版。

了规制职能，但其能力落后于或无法满足市场经济的需求，从而大大降低了生产效率，使消费者利益受到严重损害。规制部门与被规制者存在着严重的信息不对称，规制难以消除和抑制市场上的垄断力量，造成被规制企业内部无效率或 X-非效率的发生，垄断现象仍未得到有效制止。处于被规制行业的垄断企业不仅不能发挥规模经济效率，而且普遍存在机构臃肿、工作效率低、企业成本费用膨胀等问题，盈利能力低下和亏损成为被规制行业的通病。

再次，政府规制效率低下。政府规制效率低下是指政府规制虽达到了弥补市场失灵的目的，但成本昂贵、效率不高甚至可能出现效率低于规制实行前的情况。从整个过程看，政府规制主要耗费如下几类成本：一是规制制度运行的直接成本，包括规制规则的制定和执行成本；二是规制实施后对经济效率所产生的影响及相关费用，如转移成本、反腐败成本、效率成本等；三是将规制实施前后的经济效率进行比较而得出的规制的机会成本。世界各国的经验表明，实行政府规制所付出的成本是巨大的，但收益却并不令人满意。在体制转型期间，这种现象同样严重存在。张维迎教授曾经估算过，当国内所有的政府审批、规制问题解决后，国内生产总值可以增长30%左右[1]。

最后，政府规制职能缺位。政府规制职能的缺位是指在需要行使规制职能的地方出现了政府缺位，市场失灵现象得不到抑制，社会福利水平下降。由于规制的必要性总是在市场经济有了相当程度的发展、市场失灵表现得较为充分时才会产生，因此一定程度上的规制职能缺位总是不可避免的。在我国经济体制转型过程中，规制缺位与政府职能转变落后于经济体制变革和市场经济的发展、政府行政资源的分配与市场需求产生错位等密切相关。在这期间，政府规制职能缺位主要表现在消费者保护、行业生产质量标准和生产环境要求、环境保护等方面。体制转轨期间政府规制职能缺位的后果是严重的，比如：消费者权益得不到有效保护、产品质次价高、生产安全事故频发、环境严重污染，等等。

---

[1] 张维迎：《产权、政府与信誉》，生活·读书·新知三联书店2001年版，第206页。

四 行业性行政垄断的形成

在计划经济向市场经济过渡阶段，市场机制在某些环节出现失灵，这时就需要政府出面进行规制来弥补市场失灵。由于政府规制常常作用于一些具有自然垄断性质的行业，当政府相关主管部门受到掌握信息的有限性和部门利益私有化的影响，运用手中的行政权力，设立较高的行业壁垒，严格控制企业数量，制定资费水平，甚至干预企业人事调配，最终会导致政府规制行为的失灵。这体现在一些行业中，就形成了行政机关及法律、法规授权的组织，运用行政权力，实施排斥、限制竞争的行为，即行业性行政垄断行为（见图3.1）。这在计划经济时期尤为突出，随着改革的深入，转轨时期以政代企阻碍公平竞争的现象逐渐弱化，但变得更加隐蔽，手段也更加多样化，使得治理更加困难。

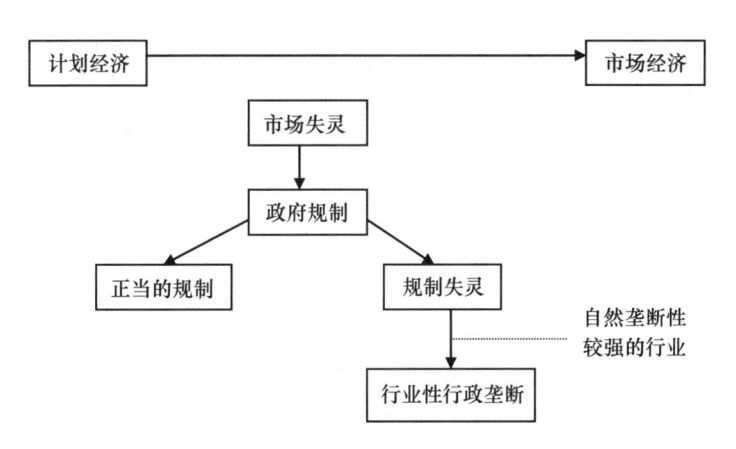

图 3.1 行业性行政垄断形成

第三节 中国行业性行政垄断的 G-SCP 分析框架

在产业组织理论发展和演变过程中，每个学派都对政府该如何作为进行了研究，并对政府作为的后果进行了分析，得出了不同的观点。

哈佛学派将政府政策看成影响经济活动的外生变量，认为行业集中度高的企业总是倾向于提高价格、设置障碍，以便谋取垄断利润，阻碍技术进步，造成资源的低效率配置，要想获得理想的市场绩效，最重要的是要通过公共政策来调整和改善不合理的市场结构，限制垄断力量的发展，保持市场适度竞争。所以，该学派在公共政策上，积极主张政府采取企业分割、禁止兼并等直接作用于市场结构的公共政策，以恢复和维护市场秩序。

芝加哥学派信奉自由市场经济中竞争机制的作用，相信市场力量的自我调节能力。作为芝加哥学派的代表人物，斯蒂格勒认为市场行为是企业预期的函数，政府无须干预市场机制的运作。因为现实经济中出现的微弱的垄断不过是竞争均衡实现之前的一种暂时现象，从长期看，对市场行为影响甚微。因此，政府制定的各类激进的反托拉斯的组织政策必将导致整个经济运行效率的下降和社会福利的损失。

新奥地利学派认为由于政府获取的信息并不完全，如果政府对市场进行干预反而会扭曲市场的调整过程而损害经济绩效，因此坚决反对政府对产业的任何管制和干预。并认为只要政府不介入市场，市场进入完全自由就能确保充分的竞争，而垄断企业实际上正是经历了市场激烈竞争而生存下来的最有效率的企业。

以交易费用理论和代理理论为核心的新制度学派通过对市场行为的研究来考察市场和政府干预的作用，对有关政府规制的动机和成本问题进行了进一步研究。在政府干预问题上，新制度学派指出，政府的决策过程本身也是一种市场活动，作为决策主体的政府官员也受有限理性和机会主义倾向的支配和影响，政策的制定和实施同样需要花费成本。

后起国家的产业组织理论主张政府对市场进行干预，但与哈佛学派不同的是，该学派主张通过鼓励企业合并，制定金融、财政等扶持政策，以及设置制度性市场进入壁垒等措施，促进大企业、企业集团和大、中、小企业之间分工协作的大生产体系的形成和发展。

以上学派的共同之处，就是都先分析了市场结构、市场行为和市场绩效，然后得出政府应该如何作为及其效果如何，最后为政府的决策提供政策建议，很少考虑政府因素对市场结构、市场行为和市场绩效的影响。而往往政府的一些政策措施和行为会贯穿在市场结构、市场行为和市场绩效中，并对它们的变化起到促进或阻碍的作用。本书在新产业组织理论的基础上，将政府因素内生到整个系统中来，构成 G-SCP 研究框架（见图 1.1）。G-SCP 框架认为在产业发展过程中，政府的政策和行为会对市场结构、市场行为和市场绩效产生影响，在政府因素的影响之下，市场结构、市场行为和市场绩效相互作用。

对于一些国家重点规制的行业，政府的相关法律、市场政策、规制措施凸显重要。政府监管机构通过规制，可以控制这些行业的市场结构，通过价格和质量规制，可以决定企业的行为。市场行为会影响经济绩效，通过对经济绩效的评价，政府决定如何调整对市场行为的规制措施。四者具有以下逻辑关系：

（1）政府根据经济和行业的现实情况，以及当前市场结构下的市场行为和经济绩效，可以不断地对市场结构进行调整。对市场结构的调整方式可以是放松进入规制，即通过控制新进入企业的数量及市场自发的调节来实现预期的市场结构，或者通过加强实施市场的退出机制，实现清退部分违规经营的企业。比如，在我国，电信行业具有较高的进入退出壁垒，对电信行业市场结构的调整主要是通过对现有电信运营商的合并与拆分达到的。

（2）市场结构与市场行为之间的相互影响成为产业组织中的重要因素，在市场结构决定市场行为的同时，企业也将试图通过自己的行为改变市场结构。大型的原有企业会对新进入者设置障碍，试图将对手排斥出市场，或者兼并有良好发展前景的新进入者。前者最突出的例子就是中国联通刚成立时，中国电信凭借其成熟的网络系统，对中国联通索要较高的接入费，阻碍其发展。

（3）当市场结构由于市场行为而改变，而这些可能与政府为市场结构设置的目标有所冲突，政府可以通过设置相应的规制点监测市场，当出现与规制目标不符的市场行为，并不需要等待经济绩效的反应，政府可以直接进行规制。

（4）企业的绩效也会影响市场行为，新进入者会千方百计地抢夺在位者的市场份额和利润,很容易出现违规经营的行为。

总之,政府因素已经渗透市场结构、市场行为和市场绩效三方面当中,成为影响三者相互作用的主要因素。

第四节 本章小结

行业性行政垄断是由于国家的行政权力干预而形成某些高度集中的国有经济部门垄断,如邮政、通信、电力、银行等部门。各行各业的总公司是行业性行政垄断的主体,具有许多其他公司不具有的特殊地位,可以通过游说相关主管部门制定各种政策来限制行业进入,排挤竞争对手以维护其垄断地位。行业性行政垄断阻碍企业的自由进入退出和自由发展,导致不公平竞争,造成市场竞争秩序混乱,不利于企业成为真正的自主经营、自负盈亏的市场竞争主体,严重损害了消费者的利益。

本章第一节分析了行业性行政垄断形成的原因,认为国家行业主管部门的政府行为外在性是造成行业性行政垄断的主要根源。具体地说,行业性行政垄断行为的产生可以分为体制成因和经济主体原因两方面。前者主要有:(1)政企不分;(2)体制改革不健全,改革措施不到位;(3)双轨制经济。后者主要有:(1)寻租活动;(2)国有企业改革不彻底。

第二节通过对市场失灵、政府规制和规制失灵相关理论的回顾,提出行业性行政垄断的形成机理:在市场经济体制下,由于市场机制自身的缺陷,会出现市场经济不能完全发挥作用的环节,这时就需要政府出面进行规制和调控,以实现资源的优化配置。然而,政府也不是万能的,会在其规制和调控过程中出现这样或那样的问题,即规制失灵,这发生在一些行业中就形成了行业性行政垄断问题。

第三节在新产业组织理论的基础上,将政府因素内生到整个系统中来,构成 G-SCP 研究框架。G-SCP 框架认为在产业发展过程中,政府的政策和行为会对市场结构、市场行为和市场绩效产生影响,在政府因素的影响之下,市场结构、市场行为和市场绩效相互作用。

第四章　中国电信行业发展情况分析

电信行业是我国成长最快、最具活力的行业之一，同时由于电信行业管理体制一直处于改革之中，较为理想的行业组织结构尚未形成，因此电信行业一直备受各界的关注。自 1994 年 7 月中国联通成立以来，打破了中国电信一家垄断的局面，之后我国电信行业又经历了十多年的演变。十几年间，我国电信行业组织结构经历了中国电信"一分为七"、中国电信南北拆分等多次变革。2008 年 5 月 24 日，工业和信息化部、国家发改委、财政部联合发布《关于深化电信体制改革的通告》，公告指出，鼓励中国电信收购联通 CDMA 网（包括资产和用户），联通与网通合并，卫通的基础电信业务并入中国电信，中国铁通并入中国移动。目前，我国电信行业的组织结构暂时稳定下来了，但电信监管改革还在继续中。

改革开放以前，我国一直将电信行业看作公益性事业。与长期以来的中央计划经济体制相适应，电信行业采取的是国有企业纵向一体化的垄断经营方式和低价格、高财政补贴的机制，价格基本上不受供求关系和成本变动的影响。近几年来，我国对电信行业进行了一系列的改革，撤销了许多行业主管机构，将调控的职能交给国家宏观经济管理部门。我国电信行业政企不分，行政主管部门或垄断企业既是"裁判员"又是"运动员"的传统框架虽然有了一定变化，但由其造成的垄断格局一直影响着电信行业的发展。

本章旨在对我国电信行业的发展情况进行梳理和未来发展趋势进行预测。为此，本章结构安排如下：首先，简单梳理一下我国电信行业的发展轨迹；其次，对我国电信行业的发展现状及特点进行把握；

最后，预测我国电信行业未来的发展趋势。

第一节　中国电信行业改革的历史过程

一　改革开放以前计划经济下的政府直接控制阶段

19世纪末，电信产品由殖民者引入中国，直到新中国成立，无论是通信设备还是通信手段和通信方式都十分落后。从新中国成立到改革开放，伴随着国民经济的恢复和发展，我国电信行业基本形成了以邮电部为主的集中统一领导和邮电合一的管理体制。与此同时，在计划经济体制影响下，邮电部在邮电经营管理中的重要地位正式确立，享有重大的决策权以及人事、财务、综合计划、国际邮电等事务的管理权。这种邮电管理体制一直延续到改革开放初期。

在计划经济体制时期，我国电信行业的基本特征是：计划经济指导电信行业的发展，邮电部既是公用电信的经营者又是公用电信的政治管理机构（见表4.1）。电信行业最重要的任务是保障国家安全，因此国家对电信企业的资费标准、行业准入实行严格的控制。正是国家对电信话费有严格的价格控制，电信行业基本上处于不盈利甚至亏损状况。在这种情况下，其他企业不愿也不能进入公用电信领域。在此期间，军队、铁道部、电力部，以及石油、煤炭等部门相继建立了自己的专用通信网。

表4.1　　　　政府直接控制的电信行业基本特征

经济体制	社会目标	方法	政府角色	投资体制
计划经济	满足国防需求 满足政治需求 满足其他工业需求 保持电信行业的公有制	政府直接控制和管理 盈亏国家负责	邮电部代表政府；既是公用事业的经营者，又是政府管理机构	国家投资为主，自筹资金为辅

资料来源：黄海波，《电信管制：从监督垄断到鼓励竞争》，经济科学出版社2002年版。

由于技术落后、设备数量不足，以及高度集中的计划经济管理模式，造成了通信网路和通信设备容量严重不足，公用电信行业的供给远远不能满足电话服务的需求，服务质量低下，邮电企业无经营自主权，不能通过发展生产、扩大经营、提高服务质量、增加资金积累来增加企业收益，最终的结果是整个电信行业面临严重亏损。据统计，到改革开放时邮电全行业亏损额高达80亿元。由于国家直接控制和经营电信企业，所以这段时期电信行业的投资主要是以国家投资为主，辅以较小比例的企业自筹资金。从1978年的邮电企业投资来源看，国家投资占邮电部门总投资的90%，自筹资金仅占10%。由于没有其他融资渠道，加之国家投资有限，因此，到改革开放初期，邮电部门的固定资产总额仅为64亿元人民币。

二　电信业完全垄断时期（1980—1992年）

20世纪70年代末80年代初，我国开始了一场举世瞩目的经济改革。虽然当时改革的切入点和侧重点并不是电信行业，但是毫无疑问电信行业或多或少受到整个经济改革的影响。虽然经过一段时间的发展，电信通信能力有了一定程度的提高，但与社会经济对通信的需求相比，中国电信行业总体水平较差。电信行业普遍存在的打电话难、装电话难问题成为制约我国经济发展的"瓶颈"，严重影响着国家改革开放的力度和经济发展的速度。

面对通信发展水平严重滞后于改革开放要求的形势，政府认识到通信在国民经济中的基础设施地位，电信发展被列为国家经济发展的战略重点之一。为此，国务院决定，为加速发展邮电通信事业，尽快改变我国邮电通信事业的落后状况，必须充分发挥中央、地方和企业的积极性。市内电话要纳入各地建设规划，由中央和地方共同投资建设。为了尽快提高电信通信能力，政府给予了一系列的扶持政策，具体包括：

（1）两个"六条指示"。1984年，国务院常务会议和中央书记处对邮电发展作了两个"六条指示"，提出优先发展通信业的战略思想，并指出资金不足是大问题。为此，提出要从多渠道筹集资金，国家要从政策上给予最大程度的支持。技术应用方面，提出要积极采用新技术、大胆引进外资和设备。两个"六条指示"使得一整套扶持邮电发展的政策逐步形成，极大地推动了我国电信事业的发展。

（2）国家对邮电实行各种优惠政策。1979年6月，国务院批准邮电部请示，同意其向用户收取安装费用，用于市话建设。为了加快市内电话的发展，国家对邮电部门在财政上实行"三个倒一九"优惠政策，即从1982年起，利润或所得税只上缴10%，并且邮政免缴，对邮电外汇收入只上缴国家10%，其余邮电留有自用。1986年，国务院批准各地方政府在长话、电报和邮政等业务中收取附加费，作为通信建设资金的重要组成部分。这些政策在"七五"和"八五"期间，配合国家体制改革，解决了全国大约1/3的电话建设资金，促进了我国电话业务的快速发展，也为电信企业筹集发展资金开辟了新的途径。

（3）企业经营自主权得到逐步扩大。随着国有企业让利放权改革的进行，从1980年起，各地电信局基本改造成独立核算的企业。从1979年开始，邮电部扩大了省局的计划管理权限，使计划管理更加符合各地的实际情况。1984年，邮电部在邮电经营发展、固定资产投资计划、地方性业务资费标准、物资供应、机构设置、人事、资产处理、产品销售等方面下放了部分权限。

（4）改变邮电统收统支状况，实行财务管理制度方面的改革。从1980年起，邮电部对省、自治区、直辖市邮电管理局实行"收支挂钩、差额包干、超额分成"的包干办法。1982年开始又实施了"三年滚动包干"的政策。从1985年的经济核算制到1987年实行企业承包经营责任制，大大提高了电信企业和职工的积极性。

这一阶段电信行业发展的特点是：电信行业仍是邮电合一、政企不分，电信基本业务与增值业务均由邮电部垄断经营。虽然当时为了解决资金问题，开辟了两个途径：一是允许外国资本进入电信行业，利用外资发展电信基础设施；二是从国内筹集发展资金。但由于当时对外资进入这种政治性敏感问题充满戒心，因此国家还是选择采取优惠政策在国内解决。并且，邮电部于1992年发布了重申不与外商合营邮电通信的通知，进一步说明政府仍保持对国外不放开电信业务的政策。

另外，由于电信需求激增，公用电信供给能力不足，造成服务质量较低，电信满意度普遍不高。从20世纪80年代开始，在利益驱动下，一些非电信企业开始经营除固定电话和移动电话以外的电信增值业务。由于电邮通信具有全程全网联合作业的特点，其技术业务政策、技术体制标准和规划建设等必须集中统一，邮电主要业务必须出国家统一经营。因此，1988年国务院规定邮电部代表国家对通信行业加强管理，统一管理国家公用通信网和通信业务市场，维护国家利益和用户权益。各省、自治区和直辖市邮电管理局是邮电部授权的地区通信主管部门，拥有双重职能，既统一管理该地区邮电企业和国家公用通信网，又行使地区通信行业管理职能。

三 打破垄断，引入竞争时期（1993—1998年）

随着经济的发展，人们对电信产品的需求不断增加，而目前的电信企业无法满足社会的需要，其独家垄断的格局严重制约了电信行业的发展，政府似乎已认识到打破电信独家垄断格局的必要性。

首先，在1993年8月，国务院发布通知，政府可以向社会开放无线寻呼、800MHz集群移动通信、450MHz无线移动通信、国内VSAT通信、电话信息服务等九项业务。该政策的发布产生了明显的效果，各地新的电信运营商不断增加，仅北京市1994年就拥有寻呼公司200多家，全国共计4000多家。到1995年底，全国经营电信业务的单位达到2601个。到1998年底，全国可以经营电信业务的单位增加到2900多个，其中从事跨省联网经营的单位超过100个，有800多个单位的340多万门专用交换机实现了与公用通信网联网。但基本业务仍实行1993年以前的政策。寻呼及部分增值业务的市场开放，以邮电部1993年发布的《关于审批开放经营电信业务有关问题的通知》为标志。这次开放意味着电信市场开始由垄断走向竞争。

然后，在1993年12月14日，国务院发布178号文件，正式批准电子部、电力部和铁道部共同组建中国联合通信有限公司（"中国联通")。1994年7月19日,中国联通正式成立,它拥有16家股东,注册资本为10亿元人民币。从此,正式拉开了破除电信行业垄断坚冰的序幕。

但是,中国联通成立之初的命运似乎决定了它今后并不顺畅的发展历程。因为给予中国联通公用网特许经营权的国务院178号文中对中国联通的主要业务有这样的限定:"对铁道部、电力部的专用网进行改造、完善,在保证铁道、电力专用通信需求的前提下,将富余能力向社会提供长话业务;在公用市话网覆盖不到或公用市话能力严重不足的地区,可开展市话业务。"正是根据上述的措辞,邮电部认定中国联通建设的电信网并不是第二张公用网,而是专用网的延伸。中国联通的"长话业务"限制在"富余能力"范围内,而"市话业务"则只能在公用网"覆盖不到"或"能力严重不足"的范围内。因此,作为行业管理者,兼具电信公网经营和行业管理双重身份的邮电部不仅拥有解释这些文件的权力,而且具有中国联通开展任何一项业务的审批权。可想而知,中国联通初期的发展是多么的步履维艰。

成立之初,中国联通受到了来自邮电部的百般阻挠。主要体现在以下五个方面:(1)对中国联通的市场准入进行限制。中国联通从建立到1996年期间,对长话网和市话网的投资累计达到3亿多元,但邮电部却根据178号文的有关规定,否认中国联通拥有经营一般长话和市话的经营权。另外,中国联通曾向邮电部报送在27个城市建设长话、市话接口局的可研报告,但邮电部的答复是:"关于长话业务,联通公司应在对专用网做出安排之后,再行申请;关于市话业务,则联通公司没有必要在上述城市建立覆盖全市的与公用网重叠的市话网。"并且在申请过程中,中国联通被邮电部和当地邮电主管部门当作皮球踢来踢去。(2)在互联互通上对中国联通接入市话网进行限制。首先,在审批时间上拖延接口运行的时间,如中国联通先于邮电部建立GSM移动电话网络,但却因审批时间过长而导致开通时间延后错失商机。其次,在接口的技术安排和费用安排上予以限制,如中国联通的一个GBS移动交换机只能覆盖一个本地网,而邮电部的则可以覆盖几个本地网等。不仅如此,邮电部还规定中国联通的

130 手机用户不能拨打 110、119、120 等特种服务号码。(3) 在网间付费方面对中国联通实行不对等原则,收取垄断价格。如中国联通 GSM 移动电话在接入邮电市话网时,中国联通要将收入的 80% 付给邮电方,而相反方向接入时,邮电网则只需支付收入的 10%。据统计,仅 1996 年 9、10 月两个月间,中国联通付给邮电和邮电付给中国联通的网间话费比例为 98.1:1.6。(4) 在号码、无线频率等公共资源的分配上对中国联通实行封杀。中国联通从 1994 年到 1996 年未得到任何一个城市的市话号码,也未分配到长途网的网号和过网号。另外,邮电部规定不许将富余管、线出租给中国联通,把行业标准改变为企业标准,对中国联通实行完全的封锁。(5) 利用低价倾销和交叉补贴等不正当竞争手段排挤中国联通。例如,降低移动话费抬高市话费用交叉补贴,而排斥只有移动业务的中国联通。

中国联通进入电信行业,打破了邮电部的独家垄断,但中国电信市场上的双寡头格局是不对称的:第一,邮电部在所有的电信业务上占据绝对的主导地位;第二,邮电部集经营者与管理者于一身,既是运动员又是裁判员。也就是说,一个小的、新进入的寡头企业必须接受另一个大的、已垄断市场的寡头"企业"的管理,这样的格局是不可能保证公平竞争的。在这种情况下,中国联通的成立虽然让人们看到了破除电信行业垄断冰山一角的希望,却未撼动它那庞大的身躯,而其效果也是可想而知的。事实上,中国联通从 1994 年 7 月成立之后的三年,除了仅在移动电话和无线寻呼领域内取得了少得可怜的一点进展(1998 年底,中国联通仅占全部电信营运市场份额的 1%,占移动通信服务的 5%),市话、长话市场始终毫无进展。

1998 年,我国政府加大改革力度,电信市场步入了扩大竞争的阶段。根据国家机构改革和邮政、电信发展的需要,1997 年邮电部决定在全国范围内实行邮电分家。1998 年 3 月根据九届人大通过的国务院机构改革方案,在原邮电部、电子部的基础上组建信息产业部,主管全国电子信息产品的制造、通信业和软件业;将原邮电部的国家电信主干网建设与经营管理的企业职能交给电信企业或企业集团；将邮电部、电子部的工业、物资、施工企业的经营管理职能下放给企业，实行政企分开。新成立的信息产业部的主要职能是：拟定信息产业发展战略及政策；统筹规划公用通信网，进行行业管理；对电信服务市场进行监管，建立公平的市场秩序；制定互联互通、网间结算、资费等管制政策等。信息产业部强调宏观规划，加强了电信市场监管和技术体制标准的制定，加快了电信领域的政企分开，积极促进了电信市场的竞争。因此，信息产业部的成立使我国电信行业进入了一个全新的发展时期。

四　竞争性市场结构构建时期（1999年至今）

继中国联通成立之后，政府在电信体制改革的基础上，为了进一步扩大市场开放，建立有效的市场竞争格局，从1999年开始，先后进行了三次大规模的电信拆分和重组。

1. 第一次产业结构调整——"移动剥离"

信息产业部征求学界和专网部门的意见，经过专家们激烈的辩论，1999年2月14日，总理办公会敲定了"中国电信"的重组方案，中国电信被一分为四，分拆为中国电信、中国移动、中国卫星通信和国信寻呼四个公司，国信寻呼的资产不久并入了中国联通。

中国电信首次分拆的结果是，把较为优质的移动资产从中国电信中剥离出来了，形成了与中国电信规模相当的企业，造就了另一个电信巨头——中国移动。2000年，中国移动实现业务总量2097亿元，比上年增长49%；业务收入1139亿元，比上年增长30.98%；资产达3295亿元。

中国移动的剥离，第一次让中国电信感到了切肤之痛。当时移动电话的发展已粗具规模，成为电信的支撑业务和新的收入增长点。但是国家改革政策出于打破垄断、促进竞争的需要，将这块优质资产和朝阳业务分割出去，从而在业务条线上形成了以固定电话、数据通信为主营业务的中国电信和以移动语音为主营业务的中国移动两大条线化的寡头垄断企业。

2. 第二次产业结构调整——中国电信"南北拆分"

2001 年 11 月，中国成功加入 WTO 之后，国务院批准新的《电信体制改革方案》，对中国电信再次进行拆分。为了促进市话领域的竞争，也为了促进骨干网的竞争，将垄断骨干网和市话网的中国电信再次肢解，分为南北两个部分：北方 10 省（区、市）（包括北京、河北、天津、山西、内蒙古、河南、山东和东北三省）与中国网通、吉通重组为中国网络通信集团公司，即新网通；南方 21 省（区、市）成为分拆后的中国电信集团。2002 年 5 月，重组后的新中国电信和新中国网通正式挂牌。在这里，必须提一下南北拆分前的网通和吉通公司。中国网络通信有限公司成立于 1999 年 8 月 6 日，起源于中国高速宽带互联网络示范工程的建设和运营，该网建成投产于 2000 年 11 月，长 8490 千米，传输速率 40G，可实现话音、数据、图像等综合信息的高速传输。该网络采用先进的密集波分复用（DWDM）技术承载 IP，建造以宽带 IP 技术为核心的新一代开放电信基础结构。吉通公司成立于 1994 年 1 月 12 日，是一家以数据业务为主的运营商，早期以全国证券联网工程为主要业务。

分拆后的南北两部分，分别拥有全国干线传输网的 70% 和 30% 的产权。国家在制定拆分方案时明确指出，今后，国内固定电信领域将形成两个独立运作的新的主体运营企业，重组整合后的中国电信集团和中国网通集团，在全国均拥有完整的长途干线传输网和所属地区完整的本地电话网，具备平等接入、相对竞争的基础条件，并具有本地电话、长途电话、国际电话和国际互联网业务经营权。这样，固定电话领域将形成两个主体企业相互竞争和新兴电信企业积极参与的基本格局。但是，制定的分拆方案似乎隐喻了在固定电话领域内的经营者或者说在全国干线网络（稀缺资源）的所有者只此两家，而其他新兴电信企业仍被排斥在外。而且这两家在地域上互相分离，互不干扰。尽管两大集团公司可以各自在对方的区域内，建设本地电话网和经营本地固定电话等业务，双方互相提供平等接入与互惠服务。但是，在对方的地盘上新建一个网络谈何容易？暂且不说其巨大的投资成本，就其本身有限的管网资源就不可能再满足新建网络的需求了。于是，我们可以看到在南北各自的地域里,又形成了地区性的垄断集团。

中国电信业经过两次的拆分重组,已由原先的一家独大的局面演变为中国电信、中国网通、中国移动,再加上原先的中国联通、中国铁通和中国卫通等六家基础电信企业(或称"5+1"格局),其市场格局发生了明显的变化。但是数个通信业寡头基本还是以业务条线分割或地域分割的形式占据各自的地盘。如中国移动和中国联通以各自70%和30%的比例瓜分移动电话市场;而固定电话方面,则形成中国电信占62.1%、中国网通占36.8%的两家独占格局,中国联通、铁通公司占1.1%(可忽略不计)。因而,在中国电信业改革路径上,通过第一次业务条线的分割到第二次区域化的分割,在整体上呈现出向半专业化垄断过渡的特征。

3. 第三次产业结构调整——全业务运营商形成

2008年5月24日,工业和信息化部、国家发展和改革委员会及财政部联合发布《关于深化电信体制改革的通告》(以下简称《通告》),将中国电信、中国网通、中国移动、中国联通、中国卫通、中国铁通六家基础电信企业合并为中国电信、中国联通、中国移动三家基础电信企业。《通告》指出:"深化电信体制改革的主要目标是:发放三张3G牌照,支持形成三家拥有全国性网络资源、实力与规模相对接近、具有全业务经营能力和较强竞争力的市场竞争主体,电信资源配置进一步优化,竞争架构得到完善;自主创新成果大规模应用,后续技术不断发展,自主创新能力显著提升;电信行业服务能力和水平进一步提高,监管体系继续加强,广大人民群众充分分享电信行业发展改革的成果。"这已是我国改革开放以来第三次电信重组,能否达到这一改革目标,关系到广大人民群众充分分享信息化的成果问题。

重组初期,三大电信运营商的实力并不是均衡的。从市场规模看,重组后中国移动占据移动市场70%以上的市场份额,拥有4亿多用户,用户数约占行业市场份额的45%。中国电信拥有2.2亿固网用户(含固话和宽带),其中宽带用户约5000万,占据约60%的宽带市场份额;拥有4000万CDMA移动用户,约占移动市场份额的6%。

中国联通拥有1.1亿固网用户和1.3亿移动用户,分别占固网用户市场份额的约30%和移动用户市场份额的22%。从销售渠道看,重组后中国移动拥有4万多个自有营业厅,而中国电信和中国联通自有营业厅数量都在1.7万至1.8万个之间,同时中国移动拥有的第三方渠道数量远远高于中国电信和中国联通。从资产规模看,重组后中国移动与中国电信总资产规模基本相当,都超过7000亿元,中国联通的资产规模也超过5000亿元。然而,中国移动的资产盈利能力远远高于中国电信和中国联通,其近3000亿美元的总市值远比中国电信、中国联通约500亿美元的总市值高,反映了其超强的市场地位和资金积累能力。从利润方面看,2008年上半年中国移动利润额超过500亿元,大约是中国电信和中国联通(合并中国网通)利润总和的两倍以上。通过七年多的发展,中国移动与中国联通和中国电信的差距仍然较大,2014年,营收方面,中国移动的6414亿元仍然超过了中国电信和中国联通之和;净利润方面,虽然中国移动下滑了10%而联通大增了15.8%,但中国移动的净利润仍是中国电信和中国联通之和的三倍多。

　　重组后,三大电信运营商在各个领域展开的竞争首先体现在数据通信领域。这也是电信重组后所继承的资产实力在新的条件下继续发挥作用的表现。数据通信是具有远大发展潜力的领域,目前在我国正处于上升阶段,是电信运营企业的利润增长点。因此,三大电信运营商在数据通信领域还有巨大的上升空间。

　　另一个竞争领域便是3G,这也是最主要的竞争领域。由于2G的竞争难度增大,必须使吸引用户的效用价值足够大,才能克服用户本身的转网惰性。而新组建的中国电信和中国联通由于自身的整合很难在短时间内做到这一点,即使做到了,利润空间也会越来越小,因此三大运营商对3G的争夺将是最主要的。按照《通告》提出的电信改革主旨,政府在发放牌照时可采取倾斜政策:中国移动的3G牌照捆绑中国的技术标准TD-SCDMA,至于其他两大运营商,可以在TD-SCDMA、CDMA2000、WCDMA和WIMAX四大标准之间进行选择。而无论中国电信和中国联通发展哪个标准的3G,都是在寻找新的奶酪,都会对中国移动未来的收入来源构成实质性威胁。因此,这使中国移动在继续争夺 2G 市场的同时,必须倾全力发展 TD,否则就没有未来,无法继续生存下去。在竞争的压力下,中国移动将更高速地推进 TD 进程,而不是以往表现出来的拖沓局面。这种倾斜性管制政策实际上就是要扶植具有自主知识产权的 TD 标准,同时也让其他两大运营商根据市场竞争和自身状况仍有选择 TD 的机会。

2013 年 12 月 4 日工业和信息化部正式向三大运营商发布 4G 牌照,中国移动、中国电信和中国联通均获得 LTE-TDD 牌照。自此,我国电信产业进入 4G 时代。2015 年 2 月 27 日,工业和信息化部向中国电信集团公司和中国联合网络通信集团有限公司发放"LTE/第四代数字蜂窝移动通信业务"(LTE-FDD)经营牌照。

电信重组后,三大电信运营商的竞争比以往任何时候都更加激烈。电信重组使电信的规模经济性尤其是范围经济性更有效地发挥出来,使企业更加有效地开展全业务竞争。全业务竞争不等于固网与固网的竞争、移动网与移动网的竞争,而是两网融合后的竞争。固网和移动网的融合是目前全球电信市场发展的一大热点,也是电信未来的发展趋势,这也是三大电信运营商未来竞争的焦点和关键。此外,随着互联网络的普及,在互联网上的竞争也会更加激烈。

第二节 中国电信行业发展现状及国际比较

一 我国电信行业发展现状

我国电信行业的发展起步较晚,在 20 世纪 80 年代之前,电信行业长期落后于国际社会,也大大滞后于国民经济的其他部门;改革开放后,国民经济进入了发展的新时期,同时电信行业也进入了快速发展的阶段。我国电信行业经过 80 年代中后期的全面建设,90 年代的持续高速增长,进入 21 世纪已经成为国民经济的支柱行业之一。

1. 用户规模居世界首位,业务种类不断增多,通信能力不断增强

改革开放以来,我国电信行业业务量一直保持两位数的增长,比

GDP 的增长速度高出十几到六十几个百分点（见图 4.1），从制约国民经济发展的"瓶颈"部门，迅速跃升为带动国民经济增长的先导行业和支柱行业，对 GDP 增长的贡献不断增加。与 GDP 同口径计算的电信行业的增加值占 GDP 的比重自 20 世纪 90 年代起直线上升，特别是 90 年代中期以来上升幅度加大，已由 1978 年的 0.52% 增长到 2009 年的 7.32%，近几年有所下降，到 2017 年，电信业务量占 GDP 的比重下降到 3.7%。同时，电信业务收入在国民经济增长中的比重明显提高，于 2000 年超过全球 2.74% 的平均水平，达到 3.37%，2004 年进一步上升到 3.8%，近几年也有所下降，2017 年电信业务收入占 GDP 的比重下降到 1.7%。

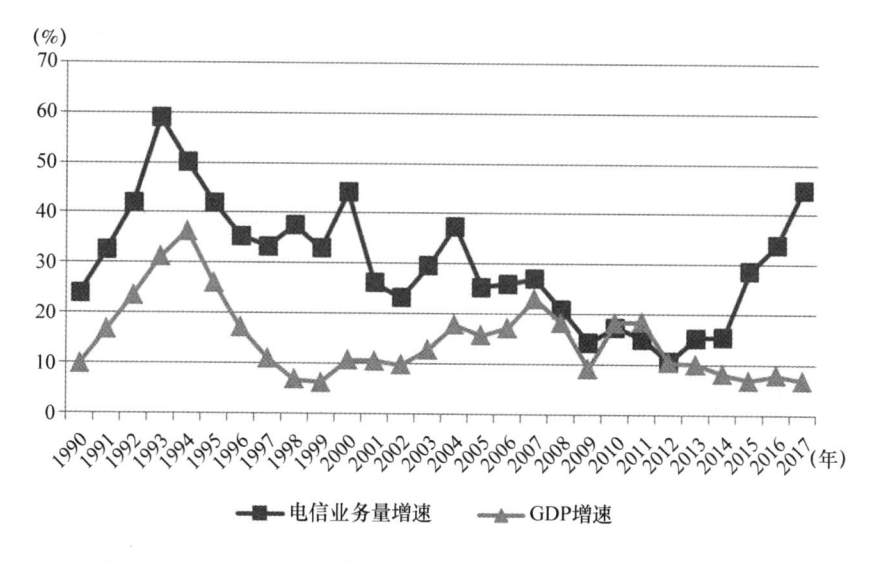

图 4.1 1990—2017 年我国 GDP 增长速度和电信业务量增长速度

目前，我国电信行业已经实现了向世界第一大网的跨越，在全国形成了"八纵八横"格状光缆干线，形成覆盖全国、连通世界、技术先进及业务多样化的现代通信网。电话网络规模及用户规模都已经超过其他国家，跃居世界第一位。到 2017 年底，中国电话用户总数已达 16.1 亿户，净增 8269 万户，比 2016 年增长 5.4%。其中：移动电话用户净增9555万户，总数达14.2亿户；固定电话用户总数为1.94亿户，比2016年减少1286万户。同时，我国的电信基础设施已拥有光纤、数字微波、卫星、程控交换、移动通信、数据通信和互联网等多种技术手段，通信能力提高迅速，并且长途传输、电话交换和移动通信都实现了数字化。

在居民收入水平迅速提高、电信供给能力持续增进的双向推动下，我国电话普及水平大幅度提高。根据工业和信息化部《2017年通信业统计公报》，截至2017年底，固定电话普及率为14部/百人，移动电话的普及率得到明显突破，达到102.5部/百人，比上年提高6.9部/百人，这是中国移动电话普及率首次破百，全国已有16个省市的移动电话普及率超过100部/百人。

在市场需求主导下，电信业务呈现多元化发展，行业发展对话音业务的依赖大幅减弱。在移动电话用户增速明显放缓和互联网应用对话音和短信业务的替代双重影响下，移动话音业务量增长低迷，平均每户每月通话时间（MOU值）明显下降。2017年，全国移动电话去话通话时长2.69万亿分钟，比上年减少4.3%，降幅较上年扩大2.8个百分点。全国移动短信业务量6644亿条，比上年减少0.4%。其中，由移动用户主动发起的点对点短信量比上年减少30.2%，占移动短信业务量的比重由上年的28.5%降至19.9%。彩信业务量只有488亿条，比上年减少12.3%。移动短信业务收入358亿元，比上年减少2.6%。同年，4G移动电话用户扩张带来用户结构不断优化，支付、视频广播等各种移动互联网应用普及，带动数据流量呈爆炸式增长。2017年，移动互联网接入流量消费达246亿GB，比上年增长162.7%，增速较上年提高38.7个百分点。全年月户均移动互联网接入流量达到1775MB，是上年的2.3倍，12月当月户均接入流量高达2752MB。其中，手机上网流量达到235亿GB，比上年增长179%，在移动互联网总流量中占95.6%，成为推动移动互联网流量高速增长的主要因素。

20世纪90年代，我国电话用户数大规模快速增长，拉动电信行业持续繁荣。进入21世纪，尤其是2002年以后，新增电话用户对电信行业业务收入增长的贡献逐渐减小。自1968年以来，2007年全国固定电话用户首次出现年度负增长，减少233.7万户，2017年继续减少1286万户。新增移动电话用户趋于平稳，2017年移动电话用户净增9555万户。固定电话用户增长放慢，除城市电话市场趋于饱和的因素外，主要是由移动业务的替代作用所造成的。此外，宽带接入的迅速发展也使得固网用户原来因拨号上网而安装第二线的需求不复存在。传统的固定电话网增长放慢是通信技术更新的必然结果。

经过多年的快速发展，我国的移动通信市场已日渐成熟，市场进入了相对饱和的阶段。2017年，月均新增移动用户796.25万户，增长势头趋于平稳。移动用户结构加速优化，4G移动电话用户发展迅速。2014年，2G移动电话用户减少1.24亿户，是上年净减数的2.4倍，占移动电话用户的比重由上年的67.3%下降至54.7%。4G用户发展速度超过3G用户，新增4G和3G移动电话用户分别为9728.4万户和8364.4万户，总数分别达到9728.4万户和48525.5万户，在移动电话用户中的渗透率达到7.6%和37.7%。

2. 电信行业形成新的竞争格局

大多数发达国家是在国内电信行业做好充分准备以后，才开放电信市场的。我国电信行业的改革则是从企业开始改革，主要使用分拆的手段破除原有垄断，在对企业实行改革的过程中改革政府的行政管理体制，并且改革与开放进程交织，投资建设与改革开放同时进行。

自1994年至今，我国电信行业一直在经历体制改革，大体包括三方面内容：一是贯穿全程的企业拆分重组，从1994年吉通公司成立到2001年中国电信再次拆分，经历了吉通、联通和网通等公司的先后建立，2002年5月新组建的中国电信和中国网通正式挂牌，以企业拆分为主要手段的改革基本完成；二是在企业拆分重组的同时，推行公司的股份化改造和股票上市，1997年至2004年，四家主要运营商全部在海外上市；三是1998年开始实行"邮电分营""政企分开"，并于2000年底陆续完成。

随着电信体制改革的推进，电信市场竞争格局已初步形成。在移动、联通、电信、网通、卫通五家基础电信运营商划归国资委管理后，2004年1月20日，铁通更名为中国铁通，正式由铁道部划归国资委管理，六大电信运营商处在了平等的地位，形成了以中国电信、中国移动、中国网通、中国联通、中国铁通和中国卫通六家基础电信运营商为主体，8000多家增值电信业务经营者为补充，每种业务均有两家以上竞争者的全方位竞争格局。在基础电信领域，六家骨干运营商的市场份额发生了明显的变化，包括国际长途、国内长途、本地、移动等在内的各类主要业务都已同时有两家以上运营商开展竞争，各大运营商所拥有的用户数量差距逐步缩小。固定电话运营商有中国电信、中国网通、中国联通和中国铁通四家，2007年底各自的用户市场份额依次为61.8%、32.5%、0.8%和4.9%。移动电话运营商有中国移动和中国联通两家，2007年底各自的用户市场份额分别是70.4%和29.6%。在增值电信业务领域，到2008年底，已有2万多家企业获得了经营许可证，其中民营企业及含有民营经济成分企业的比重约占70%，新的市场竞争格局基本形成。

从总体上来说，"5+1"市场格局的改变有利于电信运营商之间的竞争，从而提高电信行业的服务水平并加快其市场化进程。但是市场竞争主体实力差距巨大，不可能在同等级别上展开竞争，以网络规模和盈利能力而论，国内六家基础电信运营商应该划分为三大阵营，即"两大两中两小"，分别是中国移动与中国电信、中国网通和中国联通、中国铁通和中国卫通。

从固网市场来看，有电信、网通、铁通及联通四家大的电信运营商，出现竞争过度的局面，而移动电信市场只有中国移动和中国联通两个竞争者，竞争还未进入有效阶段，运营商仍然存在较大的市场控制力量。因此，2008年5月24日，工业和信息化部、国家发改委以及财政部联合发布《关于深化电信体制改革的通告》，通告指出，鼓励中国电信收购联通CDMA网（包括资产和用户），联通与网通合并，卫通的基础电信业务并入中国电信，中国铁通并入中国移动，新的电信格局形成。这样就形成了三个全业务通信运营商——中国移动、中国联通和中国电信。三个电信运营商都具有移动、固话和网络的营运牌照，可以在各个业务领域展开竞争。

3. 电信行业多元化投融资体制初步形成

近年来，我国电信行业虽然可利用的资本空间很大，但是受现行投融资体制限制，可以选择的金融手段仍然很单一。特别是在主要电信运营商国有股一股独大的背景下，依托资本市场实现持续发展的能力严重不足。我国电信行业要得到长足的快速发展，就必须实现国有电信公司资本的多元化，建立多元化的投融资体制。只有建立一套适合国际竞争，同时又适合我国特色的资本运营体制，我国国有电信运营商才有可能为开放搭建一个行之有效的市场平台，才有可能使外资快速、安全、稳定、持久地在我国拓展市场，并愿意与国有电信运营商合作，按照国际规范和市场配置原则搭建我国电信行业与国际合作的平台。

伴随着电信行业的快速发展，企业经营由微利走向高利润，自身的积累能力提高。特别是随着电信行业改革开放的深化，行业融资机制发生了很大变化：在境外上市融资和发行企业债券已成为我国电信运营商筹集资金的重要方式；民营资本和外资通过投资电信类股票、与国内电信运营商合资等方式，开始进入我国电信市场。经过近几年的改革实践，我国电信行业规范化的资本经营手段已经很多，在投融资方式上不断转变和创新，上市、私募、增发、可转换债券、定向募集，以及跨产业、跨行业、跨所有制的资本引入，海外设立基金等等，在宏观层面均已消除大的体制性障碍，多元化的投融资体制和环境初步形成。2002 年，中国联通在国内 A 股市场上市，筹集资金约 115 亿元；中国电信在纽约和香港的股票市场上市，融资规模达 14.3 亿美元；中国移动在国内公开发行 80 亿元企业债券。2004 年 6 月 16 日，中国移动特别股东大会通过决议，收购尚未上市的最后 10 省区的移动通信资产，从而成为国内第一个实现整体上市的电信运营商。同年 7 月，中国联通完成了国内资本市场当年最大规模的一次配股，募集资金 44 亿元用于建设 CDMA 网络。同年 11 月 16 日及 17 日中国网通分别在美、港两地挂牌，至此，我国电信行业四大运营商全部实现上市。总体上，我国电信投资由国有资本独揽的局面已被初步打破，更多的民间资本和外国资本正以多种方式涉足，多渠道、多种所有制形式共同投资电信行业的局面开始显现。2004年，以四大运营商为代表的国有电信运营商通过改制上市已经初步建立起了现代运营机制和公司治理结构，为我国电信行业今后的发展奠定了良好基础。

4. 电信行业发展中面临的主要矛盾日益突出

我国电信行业在发展中面临的主要矛盾有：第一，低端用户比重上升；第二，网间不畅通的矛盾；第三，价格战愈演愈烈；第四，用户欠费数量大；第五，农村通信亏损经营；第六，垃圾短信泛滥。这六个矛盾是在竞争中产生的，但纯粹依靠市场竞争是解决不了的，因此需要有相关的政策出台。

二 我国电信行业发展的国际比较

不同地区、不同收入水平国家的电信发展程度有较大差异，电信发展水平最高的是美国，无论是通信网络总规模（设备容量、传输网络带宽）还是技术、管理水平均居全球首位，固定电话和移动电话网络用户分列世界第二位。我国电信行业自20世纪90年代步入快车道，增长速度空前，这主要得益于正确的产业发展政策和广阔的市场支持。1990—1993年，电信行业平均年收入增长51.9%，年平均投资增长98.9%。1995—2000年，我国电信行业仍以50%以上的速度递增。尽管发展速度如此之快，通信网的容量仍然满足不了巨大的市场需求，目前我国的电信密度远低于世界平均水平，主干线容量的各项指标效能在亚太地区都处于最低。

目前，我国电信行业的网络规模处于全球领先位置，技术装备水平世界领先。但是，网络资源综合利用效果仍然较差，主要表现为：传输网络资源利用效率普遍较低，各运营商不能充分利用彼此网络，干线传输网的光纤利用率约为20%，部分干线传输线路重复建设严重。

我国的固定电话和移动电话用户规模都位居全球第一。但是，由发展中大国经济的特点所决定，现实电信行业发展的综合实力、人均通信水平还远低于世界发达国家，各项普及指标仍处在发展中国家的水平。

信息产业部公布的 2003 年电信行业国际竞争力报告显示（表4.2），我国电信行业的综合竞争力相对于经济发达国家比较落后，排名第 13 位；而由于我国经济发展较快，社会对电信的需求前景广阔，因此市场竞争力具有优势，排在美国之后的第二位；我国电信行业从计划时代的邮电合一逐渐发展过来，还没有一个完善的监管制度，因此制度竞争力和企业竞争力都比较落后，分别排在第 27 位和第 31 位。

表 4.2　　　　2003 年我国电信行业国际竞争力比较

国家	综合竞争力 排名	综合竞争力 指数	制度竞争力 排名	制度竞争力 指数	市场竞争力 排名	市场竞争力 指数	企业竞争力 排名	企业竞争力 指数
美国	1	0.557	2	0.252	1	1.929	11	0.210
日本	2	0.500	15	0.196	3	1.038	1	0.339
英国	3	0.382	4	0.249	4	0.796	9	0.219
西班牙	4	0.376	7	0.236	—	—	3	0.321
新加坡	5	0.359	5	0.249	—	—	4	0.297
加拿大	6	0.358	6	0.239	—	—	6	0.261
意大利	7	0.356	11	0.207	—	—	5	0.280
德国	8	0.353	3	0.251	5	0.751	18	0.176
韩国	9	0.344	10	0.211	6	0.658	8	0.226
瑞典	10	0.337	14	0.198	—	—	7	0.252
荷兰	11	0.320	9	0.213	8	0.607	13	0.196
澳大利亚	12	0.317	12	0.202	—	—	10	0.215
中国	13	0.310	27	0.154	2	1.227	31	0.059
巴西	14	0.299	21	0.179	7	0.641	15	0.811
阿根廷	15	0.297	—	—	—	—	2	0.324
芬兰	—	—	1	0.254	—	—	21	0.156
法国	—	—	8	0.214	—	—	23	0.144

资料来源：《2003 年中国电信业国际竞争力报告》。

基于中国经济的复杂性，宏观经济中的各种因素互相交错，产业之间互相影响，才使得电信行业发展呈现出以上运行特点，并产生出与发达国家在综合竞争力、制度和企业竞争力等方面较大的现实差距。

第三节　中国电信行业未来发展趋势的预测

新中国成立以来，我国电信行业取得了令人瞩目的成就。从新中国成立初期的恢复到改革开放后的稳步起飞，再到20世纪90年代电信行业跨越式的发展，直至1998年以后的改革调整，通信网的规模容量、技术层次、服务水平都发生了质的飞跃。中国电信市场是正在经历超常规增长的少数几个市场之一，其增长速度不仅高于国民经济总体增长水平，而且也高于国际电信市场的平均增长水平。电信行业的快速发展带动了相关产业的发展，其发展速度直接影响了整个国家的发展状况，但未来电信行业的发展趋势如何，将会达到一个什么样的水平，是我们比较关注的问题。

对于反映电信行业未来发展趋势的指标，我们以"电信业务量"进行衡量，因为这一指标比较全面地反映了电信行业各项服务的综合发展状况。但是，在使用中也需要加以处理。现有的统计年鉴当中对1990年之后的电信业务量有比较完整的统计，但是对1989年以前（尤其是1978年以前）的统计并不完整。借助于《新中国五十年统计资料汇编》，我们可以获得1949—1989年我国的"邮电业务量"数据资料。然后根据1978年、1980年、1985年我国邮电业务量中电信业务量大约占56%的比例计算出1949—1989年的电信业务量，而1990年以后的电信业务量可以在《中国统计年鉴》中找到。最后再将所有数据资料进行调整，统一换算为1990年可比价格。将新中国成立以来的电信业务量发展状况做成图形，如图4.2所示，从图中可以明显看出，90年代以前，电信业务量几乎呈现水平的发展，增幅较小；90年代以后电信业务量增长迅速，增幅较大。鉴于电信业务量的发展情况，如果考虑1949—2017年整个时段，将无法建立拟合度较好的预测模型，所以，我们在下面建立单项预测模型时只针对

1990 年以后的数据进行模拟并建立预测模型，并且将数据按照 1990 年的价格进行折算。通过对数据的分析，我们建立以下六种单项预测模型，并进行比较分析。

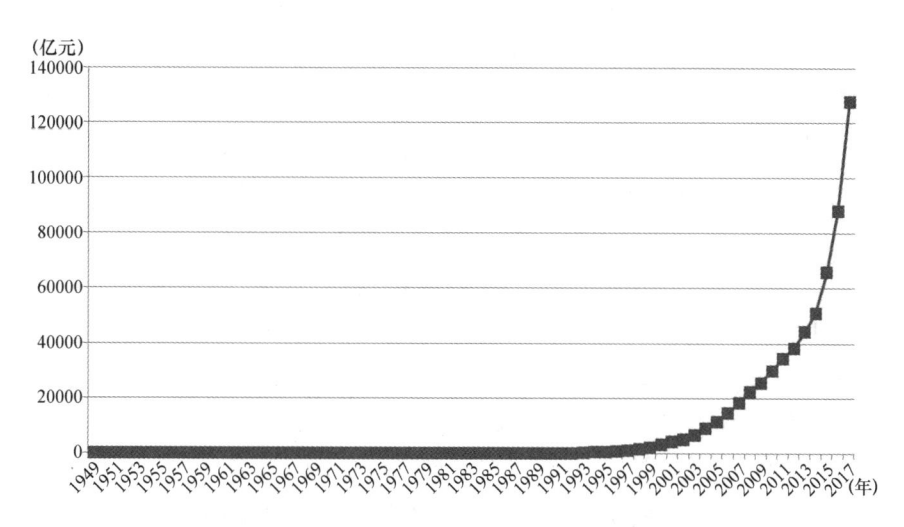

图 4.2　1949—2017 年我国电信业务量发展情况

一　单项预测模型

1. 多元线性回归模型

首先考虑最简单的线性回归模型。我们知道，在经济系统中，经济变量常常有多个影响因素。从图 4.2 中可以看出，电信业务量随着时间的变化而变化，时间因素较强，再加上为下文中预测的方便，所以模型中选用时间变量作为其中一个自变量，令 $T_{1990}=1$，$T_{1991}=2$，…，$T_{2017}=28$。同时考虑到电信行业有关产业政策和变革也是影响电信发展最重要的因素之一，比如 1994 年中国联通的成立和 1999 年对原"中国电信"的拆分，2001 年底中国电信的南北拆分，以及 2008 年的重组都在很大程度上打破了传统的垄断格局，对于促进电信事业更快发展、提高消费者福利等都具有重大积极意义。所以这里设定四个虚拟变量即 D_{94}、D_{99}、D_{02} 和 D_{08} 来表示这四个年份的电信政策的变革。而因变量这里也要做一下处理，选用电信业务量的自然对数（LNTEL）作为新的因变量。结果如下：

$$LNTEL = 4.670 + 0.212T + 0.689D_{94} + 0.379D_{99} + 0.191D_{02} - 0.176D_{08}$$
$$(57.283)(15.469)(5.894)\quad(3.127)\quad(1.577)\quad(-1.317)$$
$$(1.93E-25)(2.64E-13)(6.24E-6)(0.0049)(0.1291)(0.2012)$$
$$R^2 = 0.9958,\ \overline{R}^2 = 0.9949,\ F = 1052.623,\ Prob = 2.08E - 25$$

在5%的显著水平下，变量 D_{02} 和 D_{08} 没有通过显著性检验，其他变量都较为显著，下面将这两个变量去掉再次做回归，结果如下：

$$LNTEL = 4.8 + 0.189T + 0.955D_{94} + 0.459D_{99}$$
$$(44.404)(21.683)(6.522)\ (3.087)$$
$$(1.26E-24)(2.84E-17)(9.57E-7)(0.005)$$
$$R^2 = 0.9899,\ \overline{R}^2 = 0.9886,\ F = 782.2201,\ Prob = 4.65E - 24$$

在5%的显著水平下，所有变量通过 t 检验，整个方程也通过显著性检验，拟合程度较好。从回归结果看，时间因素和1994年的虚拟变量都对电信业务量的增长产生了积极的影响，说明1994年中国联通的成立，是真的打破了垄断，促进了竞争；1999年中国移动和中国网通的成立，进一步形成了我国电信产业有效竞争的格局，有利于电信产业业务量的增加。最后将 LNTEL 转化回电信业务量的预测值。

2. 曲线拟合模型

曲线拟合法通过对历史数据的规律进行研究，选择最能描述观察数据的规律的曲线作为预测模型。优点是能较好地反映资料的变化趋势，短期预测准确性较高。这里也选用电信业务量的自然对数作为因变量，经过多次拟合并检验，发现二次曲线模型较为理想，拟合结果如下：

$$LNTEL = 4.311 + 0.367T - 0.0039T^2 + 0.169D_{94} - 0.18D_{08}$$
$$(75.873)(25.673)\ (-8.55)\quad(1.883)\quad(-2.266)$$
$$(4.12E-29)(1.97E-18)(1.34E-8)(0.0724)(0.0332)$$
$$R^2 = 0.9983,\ \overline{R}^2 = 0.9980,\ F = 3331.666,\ Prob = 2.06E - 31$$

在10%的显著水平下，除 D_{99}、D_{02} 以外，所有变量通过 t 检验，整个方程也通过显著性检验，拟合程度较好。其中虚拟变量 D_{08} 的系数是负值，说明2008年进行的电信合并重组在一定程度上不利于竞争格局的形成,不利于电信业务的发展。最后将 LNTEL 转化回电信业务量的预测值。

3. 时间序列模型

应用较多的时间序列模型有自回归模型(AR)、移动平均模型(MA)、自回归移动平均模型(ARIMA)等。当一个要素(变量)按时间顺序排列的观测值之间具有依赖关系或自相关性时,建立该要素(变量)的自回归模型,并由此对其发展变化趋势进行预测,这就是自回归法。我国电信业务量在时间上的变化,具有当前变化受前期数量状况的影响的特殊性质。因此建立自回归模型 $LNTEL_t = a + b \times LNTEL_{t-1}$ 来预测其后期的数值。通过数据的检验与分析,建立了如下模型:

$$LNTEL_t = 0.590 + 0.962 LNTEL_{t-1}$$
$$(5.498) \quad (77.391)$$
$$(9.08E-6)(2.85E-32)$$

$R^2 = 0.9957$,$\overline{R}^2 = 0.9955$,$F = 5989.416$,$Prob = 2.85E-32$

在 5% 的显著水平下,所有变量通过 t 检验,整个方程也通过显著性检验,拟合程度较好。最后将 LNTEL 转化回电信业务量的预测值。

4. 指数模型

从电信业务量的发展趋势图中可以看出,其发展过程线并不是近似于直线状的,而是前一段时期内发展较慢,越往后发展速度越快,这种情况下可以考虑建立指数函数模型 $Y = ae^{bx}$。应用相关数据可得到指数模型为:

$$LNTEL = 5.511 e^{0.0294t}$$

$R^2 = 0.9100$,$\overline{R}^2 = 0.9065$,$F = 262.7337$,$Prob = 4.14E-15$

在 5% 的显著水平下,所有变量通过 t 检验,整个方程也通过显著性检验,拟合程度较好。最后将 LNTEL 转化回电信业务量的预测值。

5. Logistic 模型

Logistic 模型起源于人口研究,是常用的动物生长模型之一,现已被广泛地应用于研究种群增长规律、人口增长规律、耐用社会消费品增长规律等问题。这里我们将它扩展一下,运用到研究电信行业业务量发展的预测模型中。设模型形式为:

$$Y_{(t)} = \frac{aY_0}{bY_0 + (a - bY_0) e^{-a(t-t_0)}}$$

其中,a 和 b 为要估计的参数,选择 t_0、t_1、t_2 三年的数据 $Y_{(t1)}$、$Y_{(t2)}$、$Y_{(t3)}$,并且 $t_1 - t_0 = t_2 - t_1 = \theta$。根据我们选取的数据范围,在这里选择 $t_0 = 1991$、$t_1 = 2004$、$t_2 = 2017$,同样选择电信业务量的自然对数作为因变量进行分析,可得到以下模型:

$$LNTEL_{(t)} = \frac{10.838}{1 + e^{-0.221(t-1991)}}$$

最后将 LNTEL 转化回电信业务量的预测值。

6. 灰色系统模型

灰色系统预测模型 GM(1,1) 的基本思路是,把一个随时间变化的数据列通过累加,生成新的数据列,根据灰微分方程的白化微分方程的解,还原后即得灰色 GM(1,1) 预测模型。由于灰色系统模型较为复杂,在这里做一下简单介绍。若给定原始数据序列为 $Y^{(0)} = [Y_{(1)}^{(0)}, Y_{(2)}^{(0)}, \ldots, Y_{(m)}^{(0)}]$,可分别从 $Y^{(0)}$ 序列中选取不同长度的连续数据作为子序列。对于子序列建立 GM(1,1) 模型的步骤可以概括为:

(1) 确定任一子数据序列 $Y_i^{(0)} = [Y_{(1)}^{(0)}, Y_{(2)}^{(0)}, \ldots, Y_{(n)}^{(0)}]$。

(2) 对子数据序列作一次累加生成记为:$Y_i^{(1)} = [Y_{(1)}^{(1)}, Y_{(2)}^{(1)}, \ldots, Y_{(n)}^{(1)}]$,其中,$Y_{(t)}^{(1)} = \sum_{k=1}^{t} Y_{(k)}^{(0)}$,t = 1, 2, …, n。

(3) 构造矩阵 B 与向量 Y_n:

$$B = \begin{Bmatrix} -(Y_{(2)}^{(1)} + Y_{(1)}^{(1)})/2 & , & 1 \\ -(Y_{(3)}^{(1)} + Y_{(2)}^{(1)})/2 & , & 1 \\ \vdots & & \vdots \\ -(Y_{(n)}^{(1)} + Y_{(n-1)}^{(1)})/2 & , & 1 \end{Bmatrix}, Y_n = (Y_{(2)}^{(0)}, Y_{(3)}^{(0)}, \ldots, Y_{(n)}^{(0)})^T$$

(4) 用最小二乘法求解系数：$\hat{a} = \begin{bmatrix} a \\ u \end{bmatrix} = (B^T B)^{-1} B^T Y_n$。

(5) 建立 GM（1，1）模型，模型形式为 $\hat{Y}^{(1)}_{(t+1)} = \left(Y_{(1)} - \dfrac{u}{a}\right) \times e^{-at} + \dfrac{u}{a}$。

(6) 将 $\hat{Y}^{(1)}$ 还原，$\hat{Y}^{(0)}_{(k+1)} = \hat{Y}^{(1)}_{(k+1)} - \hat{Y}^{(1)}_{(k)}$。

根据电信业务量的数据，可以算出：$\hat{\alpha} = \begin{bmatrix} -0.19528 \\ 395.5231 \end{bmatrix}$。

进一步可得模型为：$\hat{LNTEL}^{(1)}_{(t+1)} = 1389.99095 e^{0.15828t} - 3225.40095$。

最后将 $\hat{LNTEL}^{(1)}_{(t)}$ 还原成 $\hat{LNTEL}^{(0)}_{(t)}$，就可以得到灰色系统模型的预测值。

二　单项预测模型结果比较

利用上述所建立的单项预测模型，可以求出我国 2013—2017 年电信业务量的预测值，然后和 2013—2017 年实际的电信业务量进行对比，进而对各个单项模型进行评价，结果见表 4.3。

表 4.3　2013—2017 年单项预测模型预测值与预测的相对误差

单位：亿元

模型	年份	2013 年	2014 年	2015 年	2016 年	2017 年
	实际值	44263.48	51124.32	65797.00	88102.18	127748.17
多元回归模型	预测值	46133.69	55706.35	67265.31	81222.73	98076.30
	相对误差（%）	26.70	32.41	25.39	-2.53	-23.23
曲线拟合模型	预测值	51495.71	61337.09	72488.63	84998.51	98888.86
	相对误差（%）	41.43	45.79	35.13	2.00	-22.59
时间序列模型	预测值	36586.22	43943.4	50496.34	63790.17	97435.33
	相对误差（%）	0.48	4.45	-5.87	-23.45	-23.73

续表

模型	年份	2013年	2014年	2015年	2016年	2017年
指数模型	预测值	67274.80	93557.30	131386.86	186380.82	267150.09
	相对误差（%）	84.77	122.37	144.92	123.66	109.12
Logistic模型	预测值	46854.93	47629.37	48261.22	48774.98	49191.55
	相对误差（%）	28.68	13.21	-10.04	-41.47	-61.49
灰色系统模型	预测值	49745.21	58829.36	69471.39	81938.47	96543.57
	相对误差（%）	36.62	39.83	29.50	-1.67	-24.43

资料来源：作者计算整理。

由以上分析可知，就2013—2017年这五年来说，六种模型都有较大偏差。比较之下，时间序列模型得到的预测数值和实际值比较近似，而多元回归模型、曲线拟合模型、指数模型、Logistic模型和灰色系统模型误差较大。由于各种模型都具有其自身的特点，在预测的不同时期，均表现出了各自的优劣，所以不能贸然地断定哪种模型是最好的。并且模型的选择必须根据一定的条件，必须注意每一模型的时效性和局限性，在实际操作中是比较难以把握的。所以，下面采取组合加权预测模型来弥补单一模型的缺陷。

三 组合模型的建立

自Bates J. M. 和Granger C. W. J. 首次提出组合预测方法以来，因它能有效地提高预测精度，因而受到国内外预测工作者的重视。根据组合预测权重系数确定的方法，可分为最优组合方法和非最优组合方法两类。最优组合预测方法的基本思想就是根据某种准则构造目标函数，在一定的约束条件下求得目标函数的最大值或最小值，从而求得组合预测方法的权重系数。非最优组合方法是根据预测学的基本原理，并力求简便的原则来确定组合预测的权重系数的一种方法。具体地说，就是根据各个单项预测模型预测误差的变异系数和其权重系数成反比的基本原理，给出组合预测的权重系数的计算公式。由于它是多个单项预测模型的有效组合，能包括更多有用的信息资源，使组合预测模型具有较高的预测精度和预测稳定性，能比较合理地描述系统的客观现实。所以，我们选用后者进行组合模型的建立。下面先介绍四种常用的确定权重的方法，并计算出各单项模型的权重，然后进行组合预测。

1. 算术平均法

取 $w_i = \dfrac{1}{r}$，i=1，2，…，r，其中 r 是单项模型的种类。这是一种最为简单的方法，它对所有的模型做同等对待，当对模型的取舍没有明确的把握时，常采用此法。算出各单项模型的权重为 W_1 =（1/6，1/6，1/6，1/6，1/6，1/6）。

2. 二项式系数法

当模型的数量较多，而且模型的顺序已按预测值的大小从小到大增序排列，则可以取二项式展开的系数为权重 $w_i = \dfrac{C_{r-1}^{i-1}}{2^{r-1}}$，i=1，2，…，r，其中 r 是单项模型的种类。由于预测值已按增序排列，故其中位数（或中间的二数）将取得最大的权重，这便突出了中位数的重要地位，综合结果将向中位数靠近。算出各单项模型的权重为 W_2 =（0.03125，0.15625，0.3125，0.3125，0.15625，0.03125）。

3. 离异系数法

定义 $d_i = \dfrac{1}{T}\sqrt{\sum_{t=1}^{T}(\hat{y}_{it} - \bar{y}_t)^2}$ 为离异系数，式中 $\bar{y}_t$ 为 r 个模型在 t 点的预测均值，t=1，2，…，T，则 $w_i = \dfrac{d - d_i}{d} \times \dfrac{1}{r-1}$，$d = \sum_{i=1}^{r} d_i$，i=1，2，…，r。由于 d_i 反映了第 i 个模型预测值与 r 个模型预测均值之离差，故本法赋予最小离差模型最大的权重，这将促使综合模型预测值向 r 个预测模型预测均值收敛。这种方法是有实际意义的，能使预测值较接近真实值。算出各单项模型的权重为 W_3 =（0.19025，0.18130，0.19206，0.06561，0.17604，0.19474）。

4. 熵值法

定义 $w_j = \dfrac{g_j}{\sum_{j=1}^{n} g_j}$ 为各种单项模型的权重，式中 $g_j = 1 - e_j$，e_j 为信

息熵，对于第 j 个指标，$e_j = -\frac{1}{\ln(m)} \sum_{i=1}^{m} p_{ij} \ln p_{ij}$，而 $p_{ij} = \frac{y_{ij}}{\sum_{i=1}^{m} y_{ij}}$。指标差异系数越小，赋予其的权重越小；反之，指标差异系数越大，赋予其权重就越大。因此，可用某项指标差异系数占指标差异系数总和的比重来确定该指标的权重。算出各单项模型的权重为 W_4 = (0.16199，0.14950，0.15595，0.24418，0.14438，0.14400)。

用上述四种方法对六个单项模型所得的 2013—2017 年预测点进行修正，可得新的综合预测值，结果如表 4.4 所示。

表 4.4　2013—2017 年组合预测模型的预测值与预测的相对误差

单位：亿元

组合模型	年份	2013 年	2014 年	2015 年	2016 年	2017 年
	实际值	44263.48	51124.32	65797.00	88102.18	127748.17
算数平均法	预测值	49681.76	60167.14	73228.29	91184.28	117880.95
	相对误差（％）	36.45	43.01	36.51	9.42	-7.72
二项系数法	预测值	48687.80	57115.31	67560.62	81584.73	101519.38
	相对误差（％）	33.72	35.75	25.94	-2.10	-20.53
离异系数法	预测值	47489.48	56137.71	66282.80	79885.89	100289.29
	相对误差（％）	30.43	33.43	23.56	-4.13	-21.49
熵值法	预测值	53071.91	58501.56	75232.29	98454.19	126483.49
	相对误差（％）	19.90	14.43	14.34	11.75	-0.91

资料来源：作者计算整理。

各个单项预测模型都有各自的发展趋势，在某段时间内，有些单向预测模型的预测值越来越接近真实值，而有些越来越偏离真实值，组合模型能将各个单向模型的各种趋势加以中和，所以组合预测模型较单项预测模型更具稳健性和可靠性。比较各种组合方法，熵值法效果最为满意。因为熵值法的预测值虽然在 2013 年的相对误差仍为 19.9％，但它具有下降的趋势，且下降较慢，用它来预测未来十几年的话，相对误差也会保持在较小的范围之内。下面先用六个单项模型进行预测，再利用熵值法求出熵值权重 W，W =（0.251382，0.115577，0.120073，0.273103，0.102533，0.137332），最后按照熵值权重修正预测结果，得到我国 2018—2030 年电信业务量的预测值，见表 4.5。

表 4.5　　　　2018—2030 年我国电信业务量预测值　　　　单位：亿元

年份	多元回归	曲线拟合	时间序列	指数模型	Logistic	灰色系统	修正预测值
2018	118426.95	114150.57	97435.33	387032.92	49528.57	133697.40	183802.03
2019	143000.32	130738.49	113247.21	566913.19	49800.74	157178.86	246173.60
2020	172672.61	148567.39	130870.05	839852.45	50020.23	184687.25	336150.14
2021	208501.85	167509.01	150400.86	1258789.41	50197.02	216913.17	468548.02
2022	251765.60	187390.46	171929.18	1909488.53	50339.29	254665.66	667213.65
2023	304006.48	207994.32	195535.87	2932578.08	50453.70	298892.47	971056.24
2024	367087.25	229060.44	221292.09	4561523.75	50545.65	350703.92	1444435.74
2025	443257.17	250289.93	249258.35	7188894.55	50619.50	411400.73	2195281.15
2026	535232.20	271350.93	279483.73	11483518.10	50678.81	482506.70	3407111.21
2027	646291.87	291886.43	312005.30	18600402.40	50726.41	565806.92	5396395.14
2028	780396.21	311523.73	346847.66	30562106.38	50764.62	663392.64	8716742.60
2029	942326.96	329885.35	384022.67	50961490.48	50795.27	777713.75	14350871.06
2030	1137858.03	346600.81	423529.37	86275733.02	50819.86	911640.26	24069520.16

资料来源：作者计算整理。

上述组合预测模型综合了我国电信业务量的长期历史变动趋势与近期爆发式增长变动趋势。由表 4.5 的数据可知，到 2030 年电信业务量将达到 24069520.16 亿元，说明我国电信市场具备一个巨大的发展空间。随着今后电信改革的深入和技术的进步，市场竞争不断加剧，新产品不断涌现，电信市场将会发展得越来越好，在经济发展中的地位将会越来越重要。

第四节　本章小结

本章首先梳理了我国电信行业发展的历史轨迹。我国电信行业自发展之初的邮电部一家垄断到目前的中国移动、中国联通和中国电信三家全业务运营商共同经营，主要经历了四个阶段。第一个阶段是改革开放前计划经济下的政府直接控制阶段。在这个阶段中，邮电部既是公用电信的经营者又是公用电信的政治管理机构。电信行业最重要的任务是保障国家安全，因此国家对电信企业的资费标准、行业准入实行严格的控制。正是国家对电信话费有严格的价格控制，电信行业基本上处于不盈利甚至亏损状况。第二个阶段是完全垄断时期。这段时期里，电信行业仍是邮电合一、政企不分，电信基本业务与增值业务均由邮电部垄断经营，造成服务质量较低、电信满意度普遍不高。第三个阶段是打破垄断，引入竞争时期。在这个阶段，政府开放了无线寻呼、800MHz集群移动通信、450MHz无线移动通信、国内VSAT通信、电话信息服务等九项业务，更重要的是中国联通的成立，使得电信市场的竞争愈益激烈。加之为了实现电信市场更好地竞争，电信主管部门也进行了改革。这些都标志着我国电信行业进入了一个全新的发展时期。第四个阶段是竞争性市场结构构建时期。在这段时期先后进行了三次大规模的电信拆分和重组，电信市场的竞争力不断加强。

第二节对我国电信行业目前的发展现状进行了梳理，总结出以下四个特点：电信用户规模居世界首位，通信能力不断增强，业务种类不断增多；电信行业已形成新的竞争格局；电信行业多元化投融资体制也已初步形成；电信行业发展中面临的主要矛盾日益突出。然后就目前的发展情况进行了国际比较，发现尽管我国电信行业发展速度较快，但通信网的容量仍然满足不了巨大的市场需求，并且电信密度、主干线容量、网络资源综合利用效果、人均通信水平等指标均处于较低水平，远远落后于世界平均水平。

第三节对电信行业未来的市场容量进行了预测。电信行业市场容量的大小关系到电信企业发展政策的制定和国家经济发展速度的快慢，是一项非常重要但又难以准确测度的指标。在当前经济转轨时期，如果能够准确了解电信行业市场容量的发展趋势，对于电信行业投资情况、科技发展乃至整个经济的发展均能提供参考价值。本书在多元线性回归模型、曲线拟合模型、时间序列模型、指数模型、Logistic 模型和灰色系统模型六个单项模型的基础上，运用组合加权的方法建立了我国电信业务量的预测模型，并对 2018—2030 年的电信业务量进行了预测。结果显示，到 2030 年电信业务量将达到 24069520.16 亿元，说明我国电信市场具备一个巨大的发展空间。随着今后电信改革的深入和技术的进步，市场竞争不断加剧，新产品不断涌现，电信市场将会发展得越来越好，在经济发展中的地位将会越来越重要。

第五章　中国电信行业行政垄断问题研究

第一节　中国电信行业垄断类型的判断

根据经济学家曼昆的研究，垄断主要有自然垄断、经济垄断和行政垄断三种主要形式。电信行业作为关系国计民生的重要行业，各国政府都比较重视它的健康发展。各国电信行业在不同的发展阶段，呈现出了不同的垄断形式，下面就对主要的三种垄断形式进行分析，进而判断我国电信行业目前的垄断类型。

一　自然垄断

传统经济学理论认为，自然垄断行业具有如下技术特征：规模经济发生在所有可能的产量水平上，平均成本和边际成本始终处于下降状态；市场需求量相对于规模经济的产量而言，始终显得太小；市场需求的正外部性，即使用者越多，该行业的效用就越大。如图5.1所示，由于规模经济的存在，在所有可能的产量水平上，平均成本（AC）和边际成本（MC）一直处于下降之中，即产量越大，成本越低。在这种行业中，如果只有一个企业提供所有的产量，那么全社会在满足全部的有效需求的产量水平上成本最低，这就是自然垄断的来源。

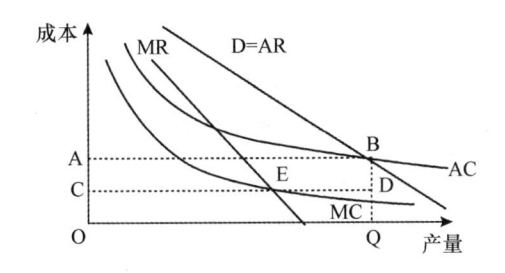

图5.1 自然垄断的传统理解

上述自然垄断的来源主要是针对市场中只有一种产品的情况，当生产这种产品的企业达到规模经济时，就形成了自然垄断。这种情况是比较少见的，因为市场中不可能只有一种产品。随着学者们对自然垄断概念理解的加深，自然垄断的范围扩展到多种产品的情况。在多种产品自然垄断的情况下，成本弱增性与规模经济有了明显的区别，越来越多的学者用成本弱增性来界定自然垄断。他们认为，多种产品的总成本不是简单地取决于各个产品的规模经济，而是主要取决于各种产品成本的相互影响，这种相互影响可用范围经济来描述，即一个企业生产多种产品的总成本小于多个企业分别生产一种产品的总成本时，存在范围经济。用范围经济的存在来判断各行业是否存在自然垄断现象。现实生活中，这样的行业一般来说都是具有网络经济效应的行业，即这类行业的固定成本主要在于铺设一个为全社会提供产品或服务的基础网络，如电力网、电信网、自来水管网、煤气网、铁路网等。

电信网主要由长途网和本地网构成。在电信行业发展初期，由于电信网需要巨大的初期投资，沉没成本较大，人们一般将其视为具有自然垄断性质的行业。但随着科学技术的进步，电信行业的自然垄断性会逐渐消失，某些业务将不再属于自然垄断业务。最明显的例证是电信业务中的长途电话网络经营。长途网（Long Distance Network）是长途电话网的简称，它担负着县级以上城市间的长途电话业务，也包括部分非话业务（如话路数据、用户传真等）。长途网是用传输设备把各分散的电话局有组织地相互联系起来的电信系统实体。长途电话的传输设备随着光缆和微波技术的提高和广泛应用，在全国范围内建立一个网和在各地建立一个交换局花费较少，初始成本和沉淀成本降低，实践证明，新进入的长话服务企业可以很快与对手展开激烈而平衡的竞争，因此长途网已不存在自然垄断性。

本地网的自然垄断性也正随着科学的发展和技术的进步而逐渐被打破。本地网（Local Network）是本地电话网的简称，是指在同一个长途编号区范围内，由若干端局或若干本地网和汇接局及局中继、长市中继、用户线和电话机终端所组成的电话网。一般认为，本地网和与其密切相关的市话业务具有自然垄断性。这是由于：一方面，本地网投资大，用户线路、管道等问题十分复杂，要在全国范围内进行统一建设，不是一朝一夕就能解决的，新进入者若与主要竞争者展开竞争，可能十几年都不能进入平衡竞争状态；另一方面，由于每个本地网的范围狭小，用户密集，在同一城市建设两个本地网，不可避免会产生重复建设问题。所以，本地网和市话业务具有显著的自然垄断特性。但随着科学的发展和技术的进步，本地网和市话业务的自然垄断性正逐渐被打破。因为随着科学技术的发展，光纤网络是所有电信网发展的趋势，传统电话网将不可避免地要过渡到以数据业务为中心的光纤网络为物质媒介的下一代电信网。市场规模的扩大也是本地网络自然垄断性消失的一个重要原因。由于一个行业是否存在自然垄断，取决于成本弱增性，一般而言，市场规模越小、越封闭，垄断就越容易发生。反之，如果需求足够大，大到迫使单一厂商不得不在平均成本曲线上升、超过成本弱增的区间生产、非此就不能满足市场全部的需求时，新厂商就有了与老垄断厂商竞争的余地。其实不仅如此，只要市场需求增长领先于垄断厂商扩大生产规模的事实，就足以使新厂商形成乐观预期，那么供不应求留下的市场空间也迟早会引起新厂商的进入并使它们得以立足。在上述两种情况下，自然垄断的局面都会被打破，而这正是各国电信行业曾发生过的事实。

二 经济垄断

经济垄断指的是在竞争市场上，由于自由竞争而导致的一个或数个厂商垄断市场的格局。它是市场优胜劣汰的结果，在激烈的市场竞争中，唯有效率最高的厂商才能最终生存下来，占有整个市场。

经济垄断有个明显的特点就是其垄断行为具有短期性，这主要是由于竞争性市场进入壁垒通常较低，如果任何一个垄断厂商把价格定得高于边际成本，以此想从中获得垄断利润时，就会吸引新的厂商进入，在位厂商的需求曲线将下降到和平均成本线相切的地方。激烈竞争的结果是垄断行为的瓦解和垄断利润的消失（见图 5.2）。因此，短期内经济垄断者可获得超额利润，但在长期内，随着新厂商的进入会逐渐消除任何超额利润的存在。虽然此时一定会产生一部分福利三角损失，但这些损失可看作多样化的代价。

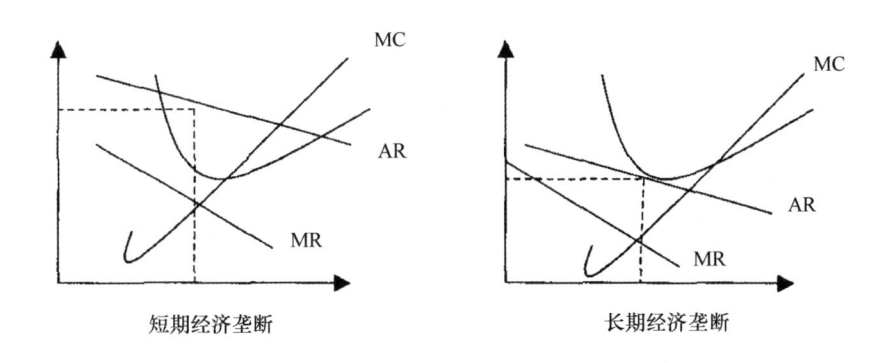

短期经济垄断　　　　　　长期经济垄断

图 5.2　经济垄断

在各国电信行业的发展历程中，也存在经济性垄断的形式。以美国为例，1893 年，贝尔公司（即后来的 AT&T）长达 17 年的专利权到期，美国电信行业进入早期的自由竞争时期。以后不到 10 年的时间内，全国出现了 6000 多家电话公司。一方面，美国的电话用户增加了 10 倍，电话业获得了极大的发展。另一方面，这些公司抢走了 AT&T 将近一半的市场份额，使原来处于垄断地位的 AT&T 陷入极大的困境。但 AT&T 凭借其原有的强大实力和优势，在与其他小电信公司的竞争中重新占据领先地位。在 1984 年以 AT&T 分拆为标志的美国电信自由化改革后，美国的长途电话市场完全放开，众多运营商进入长途市场，美国电信行业进入竞争时期。分拆的出发点在于管制机构认为长话业务不属于自然垄断范畴，而 AT&T 利用其在市话中的垄断地位禁止其他长话竞争对手接入其市话网络。长市分离使得市话运营商没有了厚此薄彼的动机，长话竞争可以在一个公平的环境中进行，改革取得了不错的效果。由于有了反垄断、促竞争的政策环境，促使 Sprint、Wordcom、MCI 等一批全新电信运营商随着新技术的发展应运而生。竞争的直接结果是：到 1989 年，也就是美国 AT&T 被拆分之后五年，AT&T 的市场份额不断滑落，从 1984 年的 90% 以上下降到几年后的 50%，长话费用也在 80 年代末下降了 40%，其竞争对手获得了长话 25% 的市场份额，到 1992 年，长途通信费用创纪录地下降了 40%，1993 年增加到 42.2%。移动通信获得了迅速的发展，成为通信行业最具发展潜力的市场，其用户规模仅次于固定电话；基于电话网上的增值服务业务达到 30 万种之多。在该时期，美国电信业的竞争达到了白热化的程度。

在欧洲，英国、法国、德国等国经过多年的电信改革，最终都进入全面竞争的阶段。在自由竞争的环境下，各国电信运营商不断改进技术，加强管理，彼此间展开了激烈的竞争。在激烈的竞争过程中，实力强的运营商占据主要地位，劣势的运营商被挤出该行业，从而形成经济垄断的格局。

三　行政垄断

除了自然垄断和经济垄断，还有一种垄断形式就是行政垄断，它不是通过市场竞争自然而然产生的，而是依靠行政的力量形成的。这种行政垄断性主要体现在管制体制、管理方法（包括市场准入、价格、一般行业管理、外资外企）等方面。

一些发达国家出于各种考虑，对某些行业也实施过行政垄断。美国在各个市场上的有线电视运营系统都是独家所有，在市场上限制只能有两家移动电话服务商，政府对公共设施、广播、电视频道发放排他性许可证，邮局独家经营，等等。并且长期以来，美国一直对邮电价格进行管理。德国改革前，邮电部是联邦德国政府的一个行政部门，有遍布全德的邮政、电信网络和邮政储蓄系统，由其属下的国有企业垄断经营，整个邮政、储蓄和电信经营市场长期封闭，其多数官员和员工隶属于政府公务员系列，没有下岗失业之虞，整个系统的管理全部靠联邦一级财政拨款，其经营也有行政化倾向。

由于市场的进入限制是垄断形成的必要条件，也是垄断产生的原因，我国电信行业的垄断正是由于政府把电信行业的经营特许权、专利权授予指定的企业，从而对其他企业造成进入壁垒和封锁，由此而形成了行政垄断。多年来，我国政府正是用行政手段维护了电信市场的垄断，政府通过行政命令授权特定部门（原邮电部）或特定国有企业（原中国电信一家独统天下）来经营全国所有的电信业务。

1994年中国联通成立之前，电信主要业务一直是由中央政府的有关部门（原邮电部）或中央级国有企业（原中国电信）垄断经营，政府既是规制政策的制定者和监督者又是具体业务的实际经营者，这就决定了我国电信行业的垄断性质是一种典型的行政垄断。而中国联合通信有限公司也是在政府的倡导下才得以成立，这20多年来，中国联通的成长是在政府的"看护"和不对称规制下才得以高速实现的。1999年到2000年，我国电信行业的市场结构变化巨大，在中央政府的强力主导下，原中国电信分解为中国电信集团公司和中国移动通信集团公司，同年成立了中国卫星通信集团公司和中国吉通通信公司；2002年又对中国电信集团公司进行分拆，成立新的中国电信集团公司和中国网络通信集团公司，到该年年底，我国电信市场已有七家基本电信公司；2008年5月，为了使电信运营商间更好地竞争，又将六家电信公司合并为三家全业务电信公司。从表面上看，我国的电信行业正在打破垄断、形成竞争，然而仔细分析我们可以发现，这些改革重组都是由政府一手操办的，如果单纯依靠市场的自发力量，这些变化是不会发生的。现在各大电信运营商都有自己的业务范围，然而这些业务的划分是由政府来划定的，没有政府的特许，电信运营商不能跨越自己的业务范围。另外，从价格的制定上来看，尽管现在各大电信运营商都有很大的自主权，但仍然是在执行政府的指导价，只是在一个规定的范围内浮动，而且当价格战激烈爆发时，政府仍然可以动用行政力量进行干预。从这一系列的事例中反映出政府的直接行政规制是促使电信市场发生变化的主导力量，我国电信市场的垄断实质上仍属于行政垄断的性质。

第二节 中国电信行业行政垄断形成原因及造成的后果

一 我国电信行业行政垄断形成原因

按照规制经济学的理论，政府规制是在市场失灵的基础上进行的，即市场在经济运行中出现不可调节的问题时，政府再从宏观的角度加以调节。然而政府也不是全能的，由于信息不对称等问题，政府规制也会出现不该规制的地方进行规制或该规制的地方过度规制等失灵现象，这就形成了行政垄断。

在我国，电信行业一直被视为关系国家安全和经济发展的重要行业之一，自新中国成立以来，电信行业的发展就受到政府相关部门的严格控制。所以，与国外电信行业相比，我国电信行业并没有经历市场调节和自由竞争发展的那段进程，而是直接跨入政府规制环节，在这一过程中出现了一些规制不当和规制失灵的现象。在规制过程中，管理体制和管理方法的行政性促成了我国电信行业行政垄断的形成。

1. 管理体制的行政性

在我国大部分垄断行业中，行业主管部门或地方政府与国有企业之间的政企不分甚至政企一体化现象十分严重，政府主管机构既是行业的管理者又是企业的经营者，垄断利益和行政权力相结合导致了极强的垄断势力。

在联通没有进入以前，电信行业只有一个独立的运营企业——中国电信总局，邮电部是中国电信总局的所有者，直接管理电信总局的资金和人事，且二者在职能和机构上互有交叉，因而是一个政企不分的体制。1994年中国联通进入电信行业，打破了邮电部的独家垄断局面，但我国电信市场上的双寡头格局是不对称的，邮电部在所有电信业务上占据着绝对主导地位，集经营者与管理者于一身，既是运动员又是裁判员。在中国联通的词汇里，"邮电部"和"中国电信总局"是一回事。邮电部和中国电信总局结盟，在市场进入、互联互通、网间付费、号码和无线电频率等公共资源的使用上以种种方式阻碍中国联通的发展，试图维持中国电信总局的垄断地位。1998年在进行政治体制改革的背景下，我国电信行业的管理体制发生了重大变化——组建了信息产业部，打破了中央不同部门分权、中央政府与地方政府分级负责的管理体制，形成了以信息产业部为核心的集中、垂直的管理体制。信息产业部不仅是电信行业的主管部门，同时也是电信资费主管部门，负责制定电信资费标准并监督执行。随后邮政和电信分家，中国电信成为一个独立经营的电信运营商。1999年原中国电信被分拆为中国电信集团公司、中国移动通信集团公司和中国卫星通信集团公司三个企业，同时电信主管部门又新颁发了三个电信运营许可证，分别被网通公司、吉通公司和铁通公司获得。这样，我国电信市场上就有七家运营商，电信行业初步实现了政企分开。实际上，现在的电信企业只是不与原来的主管部门信息产业部政企一体了，却都归属于中央企业工委，而中央企业工委名义上不是政府机构，实质上是同政府机构没有什么区别的权力机关，电信行业的政企并未彻底分开。

2. 管理方法的行政垄断性

在垄断性行业政企不分的管理体制背景下，很难保证行业主管部门是为了从管理好整个经济的全局利益出发来管理行业的微观经济，往往是为了保护行业的局部利益来管理行业的微观经济活动。因此，行业主管部门很少运用经济手段来进行管理，往往是以法律手段和行政手段限制其他厂商进入市场。

在市场准入方面采取的主要是行政命令和行政审批制。如中国联通、原中国吉通、原中国网通、中国铁通的成立，以及对中国电信的两次分拆都是国务院以行政命令的方式进行的，后来将国信寻呼并入中国联通，将原中国吉通、原中国网通并入2001年成立的原中国网通（中国电信分拆后的北方公司），也是以行政命令方式进行的。对各种电信资费的管理，如1998年、2000年两次大的电信资费调整，以及一些小的资费调整，采取的都是国务院直接下文或信息产业部和国家计委联合下文。电信网络建设标准、入网设备标准、电信服务质量标准等行业管理规章，一般由信息产业部制定，并且由信息产业部以部门文件的方式下发，实际上也是行政命令的方法。

二 我国电信行业行政垄断造成的后果

随着我国电信行业的不断发展和壮大，规模经济收益明显，与以前相比，它确实给老百姓带来了实惠。但是，电信行业所具有的行政垄断弊端并未消除，反而变得越来越明显，诸如电信产品资费较高、服务较差，电信运营商缺乏技术进步动力和竞争力等问题。

1. 价格昂贵

在我国电信行业改革早期，电信产品的价格明显高于其他国家的同类产品。在存在电信市场竞争的地区，如美国、英国、瑞典、中国香港等地，其费率大大低于不存在电信市场竞争的地区，如中国、越南、印度等一些东南亚的地区，其差别在数倍以上。1997年我国电信国际长途电话的价格为每分钟29元人民币，美国的价格为0.58美分（美国的工资水平大大高于我国），相差为6倍。由于各地区电信资费差别巨大，"回叫"业务应运而生，电信市场的全球竞争对我国的压力越来越大，"回叫"业务已经成规模地渗透我国沿海地区，特别是一些涉外宾馆和企事业单位。我国严格禁止"回叫"，但禁止的结果是1995年"回叫"占我国打到美国国际长途（按时间计）的8.5%。当时在我国，移动电话是高消费的同义语，以致各地纪检部门只好把清理党政干部的移动电话当作纠风的大事来抓，这是行政垄断高价的生动写照，与此对照，澳大利亚清扫大街的环卫工人都配有一个移动电话。早期的高资费阻碍了我国电信产品的普及和发展，目前我国电信产品的资费水平虽有了明显的下降，但在国际电信市场中也处于较高水平。《信息化蓝皮书：中国信息化形势分析与预测2011》显示，截至2010年，我国宽带上网平均速率排在全球第71位，不及美国、英国、日本等30多个经济合作组织国家平均水平的1/10，但是平均一兆每秒的接入费用却是发达国家平均水平的3—4倍。

2. 服务质量差

长期以来，查话费一直是老百姓最头疼的问题，资费标准不透明，话费暗箱操作，从某种程度上说电信运营商剥夺了消费者的知情权。电信行业服务意识淡薄，服务质量低下，服务效率也不高。例如，早期电信部门重复收取移动电话通话费的全国性侵害行为，通话时间的计量以分为单位，而非国际上通行的以秒为单位。在装机方面，北京地区电信部门只承诺客户缴纳初装费之后三个月内通电话，到 1997 年上半年，北京地区平均装机等待时间为 36 天。在德国，装机时间 1996 年为 15 天，1998 年则缩短到 4—5 天。1996 年，中国移动电话忙时接通率年初只有 26.7%，年底提高到 40.2%。原邮电部 1997 年的奋斗目标是忙时接通率达到 38%，平均掉话率低于 50%。相比较，在技术装备水平比我国落后的澳大利亚，其市话呼损率，1992 年为 0.7%，1994 年降到 0.3%，长话呼损率 1992 年为 1.8%，1994 年为 1%，1995 年为 0.5%（澳大利亚还不是世界领先水平）。同时由于行政垄断限定交易的行为，消费者只能在一定的行政区域内购买指定电信运营商提供的电信服务，无法按照自己的意愿选择服务的提供者，消费者因此无法得到质优价廉的电信服务。

3. 削弱企业竞争力

行业性行政垄断的存在，可以保护一些电信运营商的既得利益，但是这种保护是以牺牲电信行业长远的整体利益作为代价的。一旦失去了竞争压力，电信运营商就会不思进取，安于现状。由于行业性行政垄断的影响，电信市场的竞争机制被削弱或消除，实际上使落后的电信运营商得到了保护，使其免受市场竞争的压力，得以继续低效地存在。在这种盲目的保护下，我国电信市场的运转始终处于较低的效率水平，既达不到规模经济效益，又延缓了电信行业的市场化进程，致使我国电信运营商的竞争力始终难以赶上外国同行。根据刘树杰等人的研究，1985 年到 1996 年，我国电信行业劳动生产率的增长率大大低于全国平均水平。同时，电信主管部门通过行政命令对电信运营商经营自主权加以限制，强令规定它们的交易行为，使得电信运营商无法按照自己的意愿和利益做出正确的判断和决定。

4. 阻碍技术进步

在技术进步方面，由于行政垄断设立的高进入壁垒，加之电信市场相对封闭，运营商们缺乏创新动力和应用新技术的积极性。如1998年，相关部门特别批准邮电局可以收取电话初装费，使之成为电话资费的重要组成部分，在这种情形下，电信运营商不愿意采用新技术，宁可使用廉价的、过时的旧技术继续赚取高额垄断利润。

5. 滋生腐败

行业性行政垄断的存在，使得电信行业监管人员违背了依法行政的原则，滥用行政权力，干预电信运营商的市场经营活动。由于行政垄断行为可以直接维护某些市场主体的利益，因此，一些电信运营商为了谋求不正当利益，采用各种手段对电信监管人员进行贿赂。这些接受贿赂的监管人员则利用自己的行政权力做出有利于行贿电信运营商的行政行为，对本应属于自由竞争的电信经营活动进行违法干预。实践证明，行业性行政垄断行为败坏了社会风气，增加了行政清廉的难度，与各种贪污腐败行为有很大的关系。同时，由于寻租和设租所造成的庞大成本，行业性行政垄断所形成的垄断租金最终将会耗散，结果也造成了社会净福利损失。再考虑到政府多年来给予电信运营商的大量补贴，以及所得税返还、减免等优惠政策，电信运营商不仅耗散了巨额租金，还消耗了大量的国家应得财政收入。

第三节　中国电信行业行政垄断测度方法研究

一　国内外学者对行政垄断程度测度的研究成果

国外学者对于垄断程度测定的指标有很多种，其中被大家所公认的指标有产业集中系数、赫芬达尔—赫希曼指数、海纳—凯勒指数、勒纳指数、贝恩指数等，这些指标对于垄断程度的测定都具有一定的科学性与可操作性，但是由于各个指标是孤立的，因此对于垄断程度的测定并没有形成一个相对完整的体系，测量的结果存在很大的偏差。而对于行政垄断，学者们一般只将其作为进行规制的原因，没有学者将测量其程度作为研究内容，所以在这方面国外研究领域尚属空白。

目前，国内学者关于垄断程度的测度较少。戚聿东在《中国经济运行中的垄断与竞争》一书中，对垄断理论进行了详细的阐述，并介绍了测定垄断程度的相关指标[1]，但这些指标都是孤立的，并没有形成一个指标体系。常颖运用SCP范式建立了我国电信行业垄断程度测度的指标体系，该指标体系设立市场结构、市场行为和市场绩效三个一级指标，并下列五个二级指标，初步建立了一个测量垄断程度的指标体系[2]，但涉及指标较少，不能全面涵盖影响垄断程度大小的所有指标。至于行业性行政垄断程度的测量，研究的学者更少，并且涉及的指标较单一。金玉国试图用行业的国有化程度体现行业行政垄断程度[3]；石淑华则根据国有单位职工人数占本行业全部职工人数（从业人数）的比重衡量行业行政垄断程度[4]。

二 本书对电信行业行政垄断程度测度的方法

对行政垄断的测量是一个对制度性现象进行计量的问题，而这无论是在理论层面还是在技术层面上都是一个比较难以处理的问题。尤其是行政垄断所涉及的一些无法用变量进行替代和验证的软信息，使得我们难以直接对行政垄断进行测量，只能根据行政垄断定义所确定的范围，在考虑行政垄断所具特征及分析所造成结果的基础上来对行政垄断程度进行一种间接的测算。

本书在新产业组织理论SCP范式的基础上，将政府因素内生到整个系统中来，构建了G-SCP研究框架（见图1.1）来分析和测量行业性行政垄断的程度。在G-SCP分析框架中，G（Government）表示中

---

[1] 戚聿东：《中国经济运行中的垄断与竞争》，人民出版社2004年版，第3—23页。
[2] 常颖：《我国电信业垄断问题研究》，硕士学位论文，长春工业大学，2006年。
[3] 金玉国：《行业所有制垄断与行业劳动力价格》，《山西财经大学学报》2001年第3期。
[4] 石淑华：《行政垄断的经济学分析》，社会科学文献出版社2006年版，第87—89页。

央政府的行为；S（Structure）表示由一系列参数指标构成的产业特征矩阵，如市场结构、产权结构、规制结构等；C（Conduct）表示在位垄断厂商的行为；P（Performance）表示绩效。G-SCP框架认为在行业发展过程中，政府的政策和行为会对市场结构、市场行为和市场绩效产生影响，在政府因素的影响之下，市场结构、市场行为和市场绩效相互作用和影响。所以，我们设置政府指标、结构指标、行为指标和绩效指标四个一级指标，并下设多个二级指标，分别计算数值，然后对一级指标通过加权的方法来估计出一个电信行业的行政垄断指数。

在建立指标体系的过程中，我们要考虑到诸多因素，同时也要秉着一定的原则，从而使建立起来的指标体系更加科学与完整。所以，一个完整的指标体系的建立应该遵循如下原则：

（1）科学性原则。所建立的指标应能反映某行业的真实状况，具有客观性，反映指标的数据来源要可靠、具有准确性，处理方法具有科学依据，指标目的清楚，定义准确，界定清晰。

（2）系统性原则。指标体系必须综合，各指标之间具有层次性和不重复性，同时还应确定合理的权重，使各个指标在总体评价中具有科学的定位和发挥合理的作用。

（3）可操作性原则。指标体系应是简易性和复杂性的统一，要充分考虑数据取得和指标量化的难易程度，要尽量利用现有统计资料及有关规范标准，提高指标体系在实际工作中应用的可操作性。

（4）精简性原则。指标体系并不是包含指标越多就越全面，指标越多，收集数据的工作量就越大，在整理、计算数据时出现误差的可能性也就越大。而且，指标与指标间在反映问题时不一致的可能性也就越大。因此，在保证指标全面的同时，尽量力求精简，尽可能地删除一些可有可无的指标。

第四节　中国电信行业行政垄断程度测量指标体系

一　指标体系的建立

根据 G-SCP 框架和指标体系建立的原则以及电信行业的特点，建立了下面测算其行政垄断程度的三级指标体系。其中，包括政府指标、结构指标、行为指标和绩效指标四个一级指标。

1. 政府指标

政府相关主管部门的有关政策和行为会对电信行业的发展造成一定程度的影响，而这又间接地影响着整个电信行业的市场结构和电信运营商的经营行为，所以我们设置了政府这个一级指标。考虑到政府相关主管部门可能会影响到的方面，这里主要设置政府相关主管部门在部门设置、法律规范、进入壁垒、价格规制和人事任免方面的二级指标。

2. 结构指标

市场结构是决定产业组织竞争和垄断程度的基本因素，而决定市场结构的主要要素有市场集中度、产品差别和进入障碍。从产品的角度来看，市场结构要说明的是某种产品在市场上面临的竞争程度，它可以分为四类：完全竞争和完全垄断是它的两个极端，在这两者之间还有垄断性竞争和寡头垄断。评价市场结构的指标有很多，不同的学者根据自己的研究也都提出了各自的指标。这里我们根据电信行业的特点和数据的可得性，设置了产权结构和市场结构两个二级指标来考察电信行业的市场结构指标。

3. 行为指标

在竞争较充分的市场环境下，企业与企业之间通过公平的竞争来谋求各自的发展，其各自的行为很难干预市场。只有企业具有一定垄断势力之后，通过垄断势力的干预，对消费者利益进行侵害，将一部分消费者剩余转化成生产者剩余，才能达到增加其垄断利润的目的。并且，在行政垄断的环境下，政府相关主管部门在资金、人事调配、价格等方面进行指导和控制，企业的经营活动缺乏自主权。所以，该部分设置企业利用行政垄断的牟利行为和企业经营活动的自主权两个二级指标来考察电信运营商行为指标，进而估算出行政垄断的程度。

4. 绩效指标

由于绩效是前面三者最终作用的结果，它可以在一定程度上反映电信运营企业的经营状况。在整个市场环境下，企业之间的竞争程度不同，最终形成的绩效也会不同。传统经济学认为，在竞争比较充分的市场环境下，企业的经营绩效较高，随着垄断程度的加深，绩效会随之降低。所以，该部分设置配置效率、生产效率和服务质量三个二级指标来考察绩效指标，并根据其数值判断在绩效方面电信行业的行政垄断程度。

在每个二级指标之下，我们根据电信行业的具体情况的数据的可得性，又分别设置了数目不等的三级指标。整个指标体系具体包括的指标如表 5.1 所示。

表 5.1　电信行业行政垄断程度测量指标体系

一级指标	二级指标	三级指标
政府指标	行业主管部门	行业主管部门设置状况
		行业主管部门对所属行业的管理权限
		行业主管部门对所属行业的管理方式
	限制与排斥竞争的法律法规及数量	限制与排斥竞争的法律法规的数量
		法律法规限制与排斥竞争的程度
	进入壁垒	对外资的开放程度
		资质要求
		进入规制的方式
	价格规制	价格规制中政府参与的方式
		价格规制中政府参与的程度
	旋转门现象	行政垄断行业对主管部门的影响力
		主管部门对行政垄断行业的影响力

续表

一级指标	二级指标	三级指标
结构指标	产权结构	产权集中度
		行业国有化比重
	市场结构	CR_4指数
行为指标	企业利用行政垄断的牟利行为	不公平收费
		歧视性定价
		最低消费
		搭售
		接入资费
		转换成本
	企业经营活动的自主权	生产
		投资
		定价
		销售
		人事
		分配
		资产处置
绩效指标	配置效率	投资
		收入
	生产效率	普及率
		行业利润率
	服务质量	电信服务质量用户满意度指数

资料来源：作者整理。

二 权重的确定

确定权重系数的方法主要有两大类：主观经验法和数量模型确定法。主观经验法是指评价者根据自己个人或评价者群体的经验而给各个要素制定权数的方法。这种方法的优点是简单、方便、迅速，能发挥评价者长期积累的知识和经验，而且评价者能够根据实际情况和环境的变化作出迅速的调整，灵活性和针对性较强。数量模型确定法是通过一定的数学模型的形式确定权重的大小，该类方法不受评价人主观意愿的影响，结论比较客观，主要包括算术平均法、标准差法、二项式系数法、离异系数法、层次分析法、灰色关联系数法、熵值法等。具体选用哪种方法需要遵循以下原则：

一是客观性原则。它要求在对各指标分配权数时，在同层次中，要根据各指标在目标中的客观地位和实际作用来确定哪个指标重要、次要，而不能以个人的主观愿望、喜好来确定。

二是导向性原则。当给各指标分配权数时，在遵循客观性原则的基础上有时可根据需要作些主观的调整。比如某个阶段的评价，根据一定时期工作目标的重点强调加强什么、纠正什么偏向，评价者可有意对某一指标的权数加大或减小，通过拉大某些指标权数间的距离而引导被评对象适当调整工作指向。

三是可测性原则。即根据指标的可测程度来确定权重。在构建指标体系时，有的指标对反映目标比较重要，但其可测性差，同时又没有相近的指标替换，这时为避免由于对指标测定不准而导致评价结果的不精确，只有减少该指标的权数。

根据上面的原则，以及结合电信行业自有的特点，在结果汇总过程中，我们采用主观经验法，邀请有关专家对建立指标体系的一级指标确定权重。权重确定的具体过程如下：首先，将分别对每个二级指标项下的各项三级指标数值按照简单算术平均进行汇总，得出各项二级指标的推算值；然后，再分别对每个一级指标项下的各项二级指标推算值进行简单算术平均汇总，得出各项一级指标的推算值；最后，参考专家意见，并考虑各项一级指标在反映行业性行政垄断中的重要程度，分别赋予政府指标、结构指标、行为指标和绩效指标30%、20%、30%和20%的权重，对各项一级指标进行加权平均，得出我国电信行业的总体行政垄断程度测算值。虽然这种确定权重的方法看似简单，但就目前掌握的资料来看，已在某些领域有所突破。

第五节 本章小结

本章首先对我国电信行业的垄断类型进行了判断。从世界范围看，在电信行业整个发展过程中，存在着三种垄断形式：自然垄断、经济垄断和行政垄断。基于电信行业的网络性，学者们普遍认为电信行业存在的垄断形式是自然垄断。但随着科学技术的发展与进步，电信行业各业务的自然垄断性逐渐减弱。在我国，由于电信行业的发展关系到国计民生和国家整体实力，政府一直较为重视其发展，以至于对其实行严格的控制和管理。在这一过程中就出现了规制不当或规制失灵的地方，在管理体制和管理方法上行政化，人为地设置壁垒阻碍市场竞争，形成了电信行业的行政垄断性。

接着，分析了我国电信行业行政垄断形成的原因和造成的后果。在规制过程中，管理体制和管理方法的行政性促成了我国电信行业行政垄断性质的形成。而电信行业行政垄断的存在造成了价格昂贵、服务质量差、阻碍技术进步、削弱运营商竞争力和滋生腐败等不良后果。

然后，在总结前人垄断程度测度方面的研究成果和新产业组织理论 SCP 研究范式的基础上，将政府因素内生到整个系统中来，构建了本书测量电信行业行政垄断程度的方法——G-SCP 研究框架。在 G-SCP 分析框架中，G（Government）表示中央政府的行为；S（Structure）表示由一系列参数指标构成的产业特征矩阵，如市场结构、产权结构、规制结构等；C（Conduct）表示在位垄断厂商的行为；P（Performance）表示绩效。测量的具体方法是：设置政府指标、结构指标、行为指标和绩效指标四个一级指标，并下设多个二级指标和三级指标，分别计算数值，然后对一级指标通过加权的方法来估计出电信行业的行政垄断指数。

最后，结合我国电信行业的特点，在上节建立的 G-SCP 研究框架基础上，构建了测量我国电信行业行政垄断的指标体系。该指标体系包括 4 个一级指标，12 个二级指标，33 个三级指标。在计算二级指标和三级指标时，采用简单算术平均的形式赋权，一级指标在结合专家意见和考虑各项一级指标在反映行业性行政垄断中的重要程度两方面因素的基础上，分别赋予政府指标、结构指标、行为指标和绩效指标30%、20%、30%和20%的权重，对各项一级指标进行加权平均，进而得出我国电信行业的总体行政垄断程度测算值。

第六章　中国电信行业行政垄断程度测度

前一章对我国电信行业存在的垄断形式进行了判断，通过分析可知，我国电信行业存在的垄断主要是行政垄断，并且这种垄断已造成了很多不利的影响。但这种垄断程度到底有多大？下面，就上一章建立的指标体系对我国电信行业的行政垄断程度进行测度。

需要说明的是，由于选取的二级指标中有些是量化的指标，在这里就可以直接选用，其数值间接地表示了行业性行政垄断的程度；而有些指标只能定性地描述，所以需要将定性的描述量化，在这里采用根据实际情况打分的方法，转化为同前一类指标同一数量级别的数值。具体方法就是分别设定100%、75%、50%、25%和0%五个评分等级，特殊指标也可多设置几个等级，以反映其所体现的行业性行政垄断程度的高低，但都遵循分值越高其反映的行业性行政垄断程度越高的原则。

第一节　政府指标

政府指标主要涉及政府相关主管部门在部门设置、法律规范、进入壁垒、价格规制和人事任免方面的情况。这一部分我们主要是采取打分的方法确定其分值，但由于政府政策的制定和实施有连贯性，很难区分连续年份的差别，所以就不对每一年都进行打分，而是将考察时间范围作为一个整体进行打分。

一 行业主管部门

行业主管部门是指按照国家有关规定，负责对所属行业经营者进行管理的行政部门。该指标下设以下三个三级指标：

1. 行业主管部门设置状况

电信行业的上级主管部门有多个，像工业和信息化部、国家广播电视总局、国家发展和改革委员会、国有资产监督管理机构、商务部、文化部等，不同部门在电信行业的发展过程中都发挥了不同的作用，其中发挥主要作用的当数工业和信息化部。因此，我国电信行业的主管部门设置状况为多部门管理，其中以一两个部门管理为主的管理形式。由于主管部门越少，其主管权力越大，产生行业性行政垄断的可能性就越大，所以，根据目前我国电信行业主管部门的设置状况，将该项指标的得分设为75%。

2. 行业主管部门对所属行业的管理权限

工业和信息化部与国家广播电视总局作为电信行业的主管机构，无疑对电信市场内所有各方的影响是决定性的，同时也是我国所有与电信规制有关的主管机构中电信专业知识最丰富、相对信息最多的。所有电信规制方面的政策、法规等基本上都是由工业和信息化部与国家广播电视总局制定或者发起，同时在其中起到决定性作用。国家发展和改革委员会对电信市场规制最重要的影响是批准电信价格和通过宏观政策对固定资产投资以及新技术项目进行规制。国有资产监督管理机构通过对电信运营商的管理层任命以及经营的监督，保证国有资产保值增值，其管理行为间接地影响了电信市场的发展。商务部、文化部对电信市场的规制只是由于在其职责范围内，涉及一些与电信市场有关的职能，如国外资本投资我国市场须经过商务部审批，投资我国电信市场也不例外。互联网涉及文化产业问题，属于文化部的管辖范围，需要取得文化许可证。总体说来，商务部、文化部对电信市场的规制是其所有职能中很小的一部分。所有的政府规制机构都在国务院的领导之下工作，对于重大的行业政策则由国务院制定和进行规制，如曾广泛引起各界关注的手机生产牌照和牌照的政策等。可以看出，工业和信息化部、国家广播电视总局、国家发展和改革委员会对电信行业的管理权限较大，管理职能既有交叉也有重合的地方。由于行业主管部门对所属行业的管理权限越大，该部门越有可能运用公共权力限制和排斥竞争，该行业的行政垄断程度也就越高，所以该项指标的得分设为75%。

3. 行业主管部门对所属行业的管理方式

行业主管部门对所属行业的管理方式主要包括三种：指令性计划、指导性计划和无计划方式，上述三种方式所反映的行政垄断程度由高到低。在我国电信行业，行业主管部门主要是通过指令性计划和指导性计划相结合的方式。所以，该项指标的得分设为75%。

根据上面三级指标的介绍和分析，可以看出我国电信行业主管部门这个二级指标汇总后的分值为75%。

二 限制与排斥竞争的法律法规及数量

行政垄断行业往往是通过国家法律、行政法规的形式取得垄断地位的，因此，限制与排斥竞争的法律法规的数量，以及这些法律法规对竞争限制和排斥的程度也是反映行业性行政垄断程度的重要指标。该指标下设以下两个三级指标：

1. 限制与排斥竞争的法律法规的数量

限制与排斥竞争的法律法规的数量与行政垄断程度成正比，即行业中限制与排斥竞争的法律法规的数量越多，则行业的行政垄断程度越强。在我国，电信行业的主管部门有多个，每年各主管部门都会对所负责管理的部分颁布多个法规，其中就有不少是涉及维护在位运营商垄断利益的法规和条文。但考虑到电信行业近几年的竞争程度有所上升，其中政府主管部门的作用也不能忽略，因此我们将该项指标的得分设为75%。

2. 法律法规限制与排斥竞争的程度

行业行政垄断程度的高低一方面和该行业限制与排斥竞争的法律法规的数量有关，另一方面还和这些法律法规对竞争限制与排斥的程度成正比。像2000年新修订的《中华人民共和国电信条例》，就明确规定了电信领域的进入条件和对外资比例的限制，限制了合理的竞争。《外商投资电信企业管理规定》也明确规定了外商投资电信企业的形式、投资比例、业务范围等内容。由此可见，电信行业的相关法律法规对竞争形成了很强的限制，因此对其该项指标赋予 100% 的得分。

根据上面三级指标的介绍和分析，可以看出，我国电信行业限制与排斥竞争的法律法规及数量这个二级指标汇总后的分值为 87.5%。

三 进入壁垒

进入壁垒可以理解为潜在进入企业或新企业进入某个特定行业时可能遇到的种种不利因素，其高低也是判定一个行业行政垄断程度的重要标准。庞大且处于高度垄断的通信市场是我国所剩不多的几个暴利行业之一，同时政府对该行业实行严格的进入壁垒，如 2005 年 9 月信息产业部发布通知，除中国电信在广东深圳、江西上饶和中国网通在吉林长春、山东泰安能够进行 PC-Phone 方式 IP 电话商用试验外，其他任何单位不得从事网络电话业务，对于私下开通的网络电话（Skype 软件）实行了封杀。类似的案例还有很多，以下我们将从对外资的开放程度、资质要求和进入规制的方式三个方面考察电信行业进入壁垒的高低。

1. 对外资的开放程度

我国现行的外资进入国内电信市场的准入制度在 2000 年 9 月 25 日的《中华人民共和国电信条例》、2001 年 3 月 15 日的《中外合资经营企业法》与 2001 年 12 月 11 日的《外商投资电信企业管理规定》中都有明确规定。根据其规定，外商投资电信企业必须采用中外合资经营形式；外商投资电信企业的注册资本根据业务范围不同而有所不同；投资比例方面，经营基础电信业务的合资企业外方出资最终不得超过 49%，经营增值电信业务的最终不得超过 50%。此外，法规还要求经营基础电信业务的外方主要投资者（指在外方全体投资者中出资最多且占全体外方投资者出资总额 30% 以上的出资人）须具备以下条件：（1）具备法人资格；（2）在注册的国家或地区取得基础电信业务经营许可证；（3）有与从事经营活动相适应的资金和专业人员；（4）有从事基础电信业务的良好业绩和运营经验；（5）经营增值电信业务的外方主要投资者应具有电信业务的良好业绩和运营经验。可以看出，我国电信行业对外资的进入有着较高的门槛，所以该指标设为100%。

2. 资质要求

《中华人民共和国电信条例》中对电信运营商的资质要求做出了明确规定，具体内容如下：

（1）经营者必须是依法设立的公司，公司必须是专门从事基础电信业务的，公司的股权结构中，国有股权或股份不得少于51%，也就是国有股要绝对控股。之所以这样规定，是遵照党的十五大报告指出的，"要从战略上调整国有经济布局，对关系国民经济命脉的重要行业和关键领域，国有经济必须占支配地位"。（2）经营基础电信业务的，必须有所经营业务的可行性研究报告和组网技术方案，其中：可行性研究报告的内容应包括经营服务项目、范围、业务市场预测、投资效益分析、发展规划、工程计划安排、预期服务质量、收费方式和标准等；组网技术方案应包括网络概况及结构、组网方式、网络选用的技术及标准、设备配置等内容。（3）有与从事经营活动相适应的资金和专业人员。由于经营基础电信业务投资较大，需要足够的资金来支撑网络的建设和运行管理等，只有这样才能从资金上保证经营者向社会提供良好的电信服务。同样，由于电信业务的专业性较强且新技术、新业务发展较快，只有具备了适应业务发展与管理的专业人员，才能提供符合各项指标要求的电信服务。（4）有从事经营活动的场地及相应的资源。（5）有为用户提供长期服务的信誉或者能力。即要求经营者在批准的经营许可有效期内有能力或有信誉为用户提供持续的服务，并保证服务质量。为此，申办者需作出有效的承诺和保证。（6）国家规定的其他条件。即根据国家产业政策和基础电信业务发展情况由国家规定其他的条件作为市场准入的条件。

另外，根据《电信业务经营许可证管理办法》第五条，申请经营基础电信业务还需具备以下条件：

（1）在省、自治区、直辖市范围内经营的，其注册资本最低限额为 2 亿元；在全国或跨省、自治区、直辖市范围内经营的，其注册资本最低限额为 20 亿元。（2）最近三年内未发生过重大违法行为。

而根据《中华人民共和国电信条例》第十三条，经营电信增值业务应当具备的条件有：

（1）申办经营增值电信业务者必须是依法设立的公司，即对主体形式的要求，而不能是其他形式的经济组织。（2）对申办经营增值电信业务者所具有的资金和专业人员的要求。（3）要求有为用户提供长期服务的信誉或者能力。（4）国家规定的其他条件。

可以看出，我国电信行业无论是电信基础业务还是增值业务都有着各种各样的要求，一般企业很难进入电信行业，所以我们对该项指标应赋予 100% 的分值。

3. 进入规制的方式

目前，我国政府实行进入规制的方式主要有三种：审批制（行政许可）、核准制和备案制，上述三种方式对潜在进入企业的限制程度从高到低。国家对电信业务经营按照电信业务分类，实行许可制度。经营电信业务，必须依照《中华人民共和国电信条例》的规定取得国务院信息产业主管部门或者省、自治区、直辖市电信管理机构颁发的电信业务经营许可证。未取得电信业务经营许可证，任何组织或者个人不得从事电信业务经营活动。所以，我们对该项指标应赋予 100% 的分值。

根据上面三级指标的介绍和分析，可以看出，我国电信行业进入壁垒这个二级指标汇总后的分值为 100%。

四 价格规制

价格规制是政府经济性规制的主要内容，也是行业性行政垄断得以形成和维系的重要原因。我们将从价格规制中政府参与的方式和程度两个方面来考察这一指标。

1. 价格规制中政府参与的方式

电信资费分为市场调节价、政府指导价和政府定价。基础电信业务资费实行政府定价、政府指导价或者市场调节价；增值电信业务资费实行市场调节价或者政府指导价。市场竞争充分的电信业务，电信资费实行市场调节价。实行政府定价、政府指导价和市场调节价的电信资费分类管理目录，由国务院信息产业主管部门经征求国务院价格主管部门意见制定并公布施行。政府定价的重要的电信业务资费标准，由国务院信息产业主管部门提出方案，经征求国务院价格主管部门意见，报国务院批准后公布施行。政府指导价的电信业务资费标准幅度，由国务院信息产业主管部门经征求国务院价格主管部门意见，制定并公布施行。从上述规定可以看出，我国电信行业主要业务的定价方式大多数属于政府指导性，所以对其赋予75%的得分。

2. 价格规制中政府参与的程度

从新中国成立到改革开放前（1949—1978年）这一时期电信市场属于垄断经营，政府对电信资费实行严格的规制，包括两方面的内容：对资费水平的管理和对资费结构的管理。

我国改革开放以后，国民经济得到迅猛发展，对于通信的需求大幅度提高，使得电信行业一度成为制约国民经济发展的瓶颈。为了加速发展，国家通过宏观政策、调控价格杠杆，逐渐提高电信资费的收取水平，形成了电信资费的高资费结构体系。从改革开放到90年代初，国家陆续批准了电信企业收取电话初装费、邮电附加费等政府性基金，同时多次上调了电话资费水平，包括市内电话资费和长途电话资费，随着汇率的变化又六次上调了国际及港澳台电话资费水平，有效地支持了电信行业的发展。1994年到2001年，是我国电信竞争初步引入的阶段，我国电信市场经营格局也由垄断向竞争过渡。为了解决电信资费的结构性矛盾，国家先后在1996年、1997年、1998年和2001年四次进行电信资费的结构性调整，其核心是降低国际及港澳台电话资费水平，降低长途电话资费水平，降低出租电路资费水平，降低因特网业务的资费水平，降低农村电话费支出，适当提高市话资费水平，降低初装费和附加费收取水平（最终取消了这两项收费）。

这一阶段资费规制的重点是：在资费总水平降低的前提下，逐步减少业务间的交叉补贴，以成本为基础，以市场为导向，对电信资费进行有升有降的结构性调整。适当提高市话资费标准，使市话逐步实现扭亏和减少交叉补贴，是各项电信业务建立全面有效竞争的前提，有利于实现通信资源的合理配置。从上述规定可以看出，我国电信行业资费的调整大多数都是在政府相关部门的指导之下进行的，企业有较少的自主权，所以对其赋予100%的分值。

根据上面三级指标的介绍和分析，可以看出，我国电信行业价格规制这个二级指标汇总后的分值为87.5%。

五 旋转门现象

政府官员因退休下海或其他原因离职进入民间营利性组织或非营利性组织，或者民间营利性组织成员或非营利性组织成员进入政界担任政府官员，这种现象被西方的公共行政伦理专家称为"旋转门现象"，它也是反映行业性行政垄断的一项重要指标。因为政府官员离开政府到私营部门工作时，会通过在政府中供职时得到的知识，特别途径或人脉影响获益；而私营部门高层人员也随着换届选举等机会进入政府，并可能做出有利于前雇主或未来雇主的决策。下面，我们从行政垄断行业对主管部门的影响力和主管部门对行政垄断行业的影响力两个方面来考察这一指标。

1. 行政垄断行业对主管部门的影响力

行政垄断行业对主管部门的影响力可以通过行政垄断行业人员进入主管部门任职的人数及其权力分布来体现。就电信行业而言，由该行业进入工业和信息化部任职的人数不多，但一般担任较为重要的职位。例如，原工业和信息化部副部长、党组副书记奚国华（曾任中国网络通信集团公司总经理、党组书记）。基于上述情况，将该项指标的得分设为75%。

2. 主管部门对行政垄断行业的影响力

主管部门对行政垄断行业的影响力可以通过主管部门人员进入垄断行业任职的人数及权力分布来体现。就电信行业而言，由电信主管部门进入电信运营企业任职的人员较多,以三大运营商为例,现任的主要领导基本上都有过在电信相关主管部门工作的经验,且担任的职务都较高,所以该指标我们赋予100%的分值。

根据上面三级指标的介绍和分析,可以看出,我国电信行业旋转门现象这个二级指标汇总后的分值为87.5%。

最后,得到电信行业行政垄断政府指标汇总结果,见表6.1。

表6.1　　　我国电信行业行政垄断制度指标汇总　　　单位:%

	行业主管部门(0.2)	限制与排斥竞争的法律法规及数量(0.2)	进入壁垒(0.2)	价格规制(0.2)	旋转门现象(0.2)	汇总
得分	75.00	87.50	100.00	87.50	87.50	87.50

资料来源:作者整理。

从表6.1中可以看出,我国电信行业行政垄断政府指标最终得分为87.5%,说明具有较高的行政垄断程度。

第二节　结构指标

该部分设置产权结构和市场结构两个二级指标来考察结构指标。由于这些指标可以量化,并且其数值可以直接反映电信行业行政垄断程度的大小,所以,这里将直接采用其数值,且遵循数值越大,行政垄断程度越大的原则。

一　产权结构

1. 产权集中度

按所有制性质,电信企业分为三类:国有经济、集体经济,其他经济类型。这里选用国有电信企业产值的比重来说明我国电信行业产权集中度。结果见表6.2。

表6.2　　　　　1996—2005年我国电信行业产权集中度

年份	国有电信企业产值（亿元）	电信行业产值（亿元）	产权集中度（%）
1996	1208.75	1211.29	99.79
1997	1628.75	1632.50	99.77
1998	2264.94	2282.88	99.21
1999	3132.38	3152.06	99.38
2000	4559.90	4589.37	99.36
2001	4098.84	4131.75	99.20
2002	5201.12	5344.24	97.32
2003	6478.75	6608.82	98.03
2004	9147.99	9516.06	96.13
2005	11575.30	12098.50	95.68

资料来源：各年《中国通信年鉴》。

根据测算结果可以看到：国有股权占据绝对控制地位，一股独大现象严重，到2005年仍高达95.68%。2006年以来，国有电信企业产值数据有所缺失，无法计算产权集中度，但考虑到2008年进行了电信产业的重组，整个电信产业合并为三大电信运营商，产权集中度肯定不会降低太多，故将2006—2016年的产权集中度近似看成都是95.68%。

2. 行业国有化比重

行业国有化比重是指行业内国有经济的相关指标值在整个行业同类指标中所占的份额，它同样也是反映行政垄断行业产权结构的重要指标。具体到电信行业，这里用电信行业登记注册的国有单位职工人数在整个行业登记注册的职工人数的占比情况说明该指标。具体数值见表6.3。

表6.3　　　　　1993—2016年我国电信行业国有化比重

年份	电信行业全部职工人数（万人）	国有单位职工人数（万人）	国有化比重（%）
1993	100.70	99.20	98.51

续表

年份	电信行业全部职工人数（万人）	国有单位职工人数（万人）	国有化比重（%）
1994	108.80	106.30	97.70
1995	109.50	106.50	97.26
1996	115.40	111.30	96.45
1997	114.40	109.10	95.37
1998	115.10	108.40	94.18
1999	117.70	107.30	91.16
2000	113.20	102.80	90.81
2001	111.30	97.10	87.24
2002	111.40	94.90	85.19
2003	104.00	63.90	61.44
2004	110.60	66.20	59.86
2005	116.80	59.30	50.77
2006	138.20	65.60	47.47
2007	150.20	62.50	41.61
2008	159.50	63.00	39.50
2009	173.80	64.60	37.17
2010	185.80	62.50	33.64
2011	212.80	67.00	31.48
2012	222.80	65.80	29.53
2013	327.30	49.50	15.12
2014	336.30	37.50	11.14
2015	349.90	35.50	10.15
2016	364.10	33.50	9.20

注：2002年以前的数据是"邮电通信业"人数，其他年份数据是"电信和其他信息传输服务业"人数。

资料来源：1994—2017年《中国统计年鉴》。

我国电信行业的行业国有化比重见表6.3最右一列数据。可以看出，随着电信行业制度改革的深入，行业整体的国有化比重有了较大幅度的下降，从1993年的98.51%下降到2016年的9.20%。

二　市场结构

判断一个市场的垄断或者竞争程度，通常使用市场集中度指标，集中度是指市场中规模最大的前几位企业所占的市场份额。集中度的变化将直接反映市场竞争状态的变化，并可通过综合分析，反映一个行业内企业的分布状况以及显示行业内市场垄断和竞争的程度。一般来讲，衡量一个市场集中度的高低主要有两种办法：绝对法和相对法。前者包括行业集中度指数（CR_n）、赫芬达尔—赫希曼指数（HHI）、海纳—凯勒指数等；后者包括洛伦茨曲线和基尼系数及厂商规模的对数方差。二者相比较，绝对法主要反映的是领先企业的集中程度，而相对法则反映了该企业规模的差异程度。这里选用行业集中度（CR_n）来分析我国电信行业的市场结构。

CR_n指数指的是前几家最大企业的有关数值的行业比重，一般来讲，这一指标数值越大，表明行业垄断性也就越大。由于行业集中度指标最常用，也最简单易行，这里我们将主要采用CR_4来说明行政垄断行业的市场集中度，见表6.4。

表6.4　　电信运营商主营业务收入市场占有率及CR_4　　单位：%

年份	中国移动	中国联通	中国电信	中国网通	其他通信	CR_4
1998	—	—	100.00	—	—	100.00
1999	29.29	6.15	64.30	—	0.26	99.74
2000	36.56	8.22	59.40	—	0.32	99.68
2001	37.71	10.64	50.67	0.16	1.12	98.88
2002	36.66	12.34	33.11	16.42	1.43	98.57
2003	36.90	14.30	31.10	16.00	1.70	98.30
2004	37.99	15.67	31.85	12.82	1.67	98.33
2005	40.45	14.50	28.18	14.52	2.35	97.65
2006	44.22	14.12	26.20	13.01	2.45	97.55
2007	48.78	13.08	24.25	11.48	2.41	97.59
2008	55.00	20.00	25.00	—	—	100.00

续表

年份	中国移动	中国联通	中国电信	中国网通	其他通信	CR$_4$
2009	55.44	18.88	25.68	—	—	100.00
2010	55.37	19.55	25.08	—	—	100.00
2011	53.76	21.30	24.94	—	—	100.00
2012	51.30	22.79	25.91	—	—	100.00
2013	50.55	23.66	25.79	—	—	100.00
2014	51.30	22.77	25.93	—	—	100.00
2015	52.35	21.70	25.95	—	—	100.00
2016	53.07	20.54	26.39	—	—	100.00

资料来源：根据中国工业及信息化网站、国家统计局网站、各运营商门户网站整理。

1998年以前，我国电信市场基本由原中国电信独家垄断，1994年成立的中国联通公司由于种种政策和体制限制并无任何实质性的发展，其他诸如后来的中国吉通、中国网通等小公司影响力更可忽略不计。此时，有学者曾计算出1998年我国电信市场按业务量的HHI指数为0.98[1]，这说明1998年电信行业处于独家垄断状态。1999年以来，随着中国联通的日益壮大，以及原中国电信的几次拆分，逐渐形成了中国电信、中国网通、中国移动和中国联通等相互竞争的格局。但由于各电信运营商实力发展不平衡，在固话和移动市场实质形成的是不对称的寡头垄断格局。2008年初进行了电信产业的重组，中国联通和中国网通合并为新的中国联通，原中国联通的C网剥离给中国电信，中国铁通并入中国移动。重组之后，我国电信产业出现三足鼎立的局面，因此从2008年起CR$_4$一直是100。

电信行业行政垄断结构类指标汇总结果见表6.5。

---

[1] 于良春、胡雅梅：《管制、放松管制与中国电信业改革和发展》，《中国工业经济》1999年第4期。

表6.5　　1990—2016年我国电信行业行政垄断结构指标汇总　　单位:%

年份	产权结构（0.5）		市场结构（0.5）	得分
	产权集中度（0.25）	国有化比重（0.25）	市场集中度（0.5）	
1990	99.21	98.51	100.00	99.43
1991	99.21	98.51	100.00	99.43
1992	99.21	98.51	100.00	99.43
1993	99.21	98.51	100.00	99.43
1994	99.21	97.70	100.00	99.23
1995	99.21	97.26	100.00	99.12
1996	99.21	96.45	100.00	98.92
1997	99.21	95.37	100.00	98.65
1998	99.21	94.18	100.00	98.35
1999	99.38	91.16	99.74	97.51
2000	99.36	90.81	99.68	97.38
2001	99.20	87.24	98.88	96.05
2002	97.32	85.19	98.57	94.91
2003	98.03	74.29	98.30	92.23
2004	96.13	72.41	98.33	91.30
2005	95.68	63.06	97.65	88.51
2006	95.68	60.04	97.55	87.71
2007	95.68	56.73	97.59	86.90
2008	95.68	55.53	97.59	86.60
2009	95.68	37.17	100.00	83.21
2010	95.68	33.64	100.00	82.33
2011	95.68	31.48	100.00	81.79
2012	95.68	29.53	100.00	81.30
2013	95.68	15.12	100.00	74.2
2014	95.68	11.14	100.00	76.71
2015	95.68	10.15	100.00	76.46
2016	95.68	9.20	100.00	76.22

注：由于产权集中度和国有化比重指标每年变化较小，数据不全的年份用前一年或后一年的数据代替。

资料来源：作者整理。

从表 6.5 中可以看出，电信行业在结构方面表现出来的行政垄断程度，从 1990 年的 99.43% 下降到 2016 年的 76.22%，27 年内下降了 20 多个百分点，但仍具有较高的行政垄断程度。这主要是由于在我国，电信行业属于关系国计民生的行业，国家对该行业的控制较强，国有股份份额较大，电信运营商较少，使得集中度较高，最终造成在结构方面表现出较高的行政垄断程度。

第三节　行为指标

该部分设置企业利用行政垄断的牟利行为和企业经营活动的自主权两个二级指标来考察电信运营商的行为指标，由于这些指标是描述电信运营商的行为，而不是定量指标，所以，这里通过打分的方式，确定电信运营商的行为指标。同样遵循数值越大，行政垄断程度越大的原则。

一　企业利用行政垄断的牟利行为

1. 不公平收费

垄断定价行为是垄断企业的最重要的垄断行为，电信运营商也不例外。电信运营商利用其具有的市场控制力收取高于成本的价格，从而攫取高额利润。据统计，只是中国移动一家运营商一天的利润就可以达到 3 亿元，而三大电信运营商 2017 年的利润更是高达 1353 亿元。另外，陈凯在《中美电信竞争力比较》一书中利用购买力平价对中美本地电话资费差异的比较当中，其中通话费一项中国就是美国的 2.5 倍，即使考虑中美电信行业生产效率的差异，我国电信行业获取的超额利润也是惊人的。

诚然，造成电信行业如此高额利润的原因有很多，但是垄断高价肯定是其中相当重要的一个因素。下面，通过对电信运营商存在的明显的不公平收费的阐述分析，让我们加深对电信运营商不公平收费、垄断定价的认识。

（1）漫游费。漫游费一直是消费者和电信运营商之间有关降低手机资费这场漫长拉锯战的一个焦点。专家普遍认为手机漫游在技术上成本很低，几乎为零，但是现实中漫游费却很高，一般都是本地通话费的三倍以上，这是电信行业存在的典型的利用垄断地位进行不公平收费的例证。当然，手机漫游费牵涉到各地电信运营商的利益分配问题，解决起来可能也不会很容易，但是这无法改变漫游费作为不公平收费的事实。2017年9月，漫游费已宣布取消。

（2）双向收费。手机双向收费问题是除漫游费以外另外一个民众高度关注的电信行业收费问题。关于手机双向收费是否具有合理性的争论由来已久，而实际上全国很多地区都已经以被叫包月等形式变相实现了单项收费。在呼叫方费用不变的情况下，双向收费显然会给电信运营商带来大量的利润，因此应该看作不公平收费的重要表现形式。

（3）选号费。顾名思义，就是选取号码所需的费用。由于电话号码和手机号码都是用一系列的数字表示的，而由于迷信等原因，带8的或带6的往往比带4的更受人们欢迎，而电信运营商往往就利用人们这种心理收取选号费，数额从数百到数万不等，有的甚至高达百万。选号费的收取，显然应该视作不公平收费。

这里我们只列举这三项，其他诸如过高的月租费等等不逐一论述。总之，电信运营商就是通过诸如此类的不公平收费攫取着高额的垄断利润。

2. 歧视性定价

企业是否可以进行歧视性定价取决于市场是否可以进行分割，在单一收费标准情况下，电信业务市场是无法分割的，因而电信运营商也就无法进行歧视性定价。但是，电信运营商通过推出不同的业务品种及不同的资费套餐（如中国移动的三大品牌——全球通、神州行、动感地带及各自的细分套餐），人为进行市场分割，使得实现歧视性定价成为可能。当然，歧视性定价会使需求弹性高者获得一定好处，使需求弹性低者利益受损，而对于电信运营商来讲，却可以获取更多的利润。

3. 最低消费

电信服务一般都有一个最低消费额，即使用不到某一额度而也收取同样的费用。如短信包月费，比如一个月10元包150条，即使你只发了一条短信，也是收取10元钱；再如打18（元）送18（元），一个月如果没有打满18（元），最低也收取18元的费用；等等。

4. 搭售

电信行业里的搭售行为可以分为两大类：一类是实物搭售，一类是业务搭售。第一类实物搭售，就是电信运营商在提供服务时搭售相关实物商品，主要是电信终端设备如电话、手机甚至电脑等；第二类是业务搭售，就是提供基本电信业务服务时强制提供其他收费业务，如来电显示、彩铃等服务。

5. 接入资费

接入资费可以分两种情况：一种是主导电信运营商对其他电信运营商的网络接入进行一个比较高的收费，从而打击对手的市场竞争力，巩固自己的垄断地位。如中国联通的固话服务一直就存在着网络接入困难的情况；再如以前存在的网间电信资费高于网内电信资费的情况实际上也是一种变相的接入资费，只不过这种接入资费由消费者承担，但是对于居于主导地位的电信运营商来讲，可以很大程度上打击其他电信运营商的竞争力。另一种是针对消费者的接入资费，如电话的初装费等。

6. 转换成本

一个竞争充分的市场，需要消费者可以低成本甚至无成本地在不同企业之间进行变化选择，而电信业市场显然不符合这种条件，我国电信行业存在着很大的转换成本。电信行业内的转换成本既包括选择不同服务商时要支付的实际成本，也包括不愿意改变号码等心理成本。

综合考虑，可以认定目前电信行业内存在着相当繁多和严重的企业利用行政垄断的牟利行为。下面分时间段考察赋值：

（1）1980年以前：此时国家对电话资费实施严格的规制，电信行业基本不盈利甚至亏损，电信业务的经营者同时又是作为政府部门的邮电部，不存在强烈的牟利动机，因此，这段时间电信运营商牟利行为的程度较弱,赋值为50%。

(2) 1980—1993年:1980年开始允许邮电部征收电话初装费,当时的收费标准是:企业1000—2000元/部,行政事业单位500—1000元/部,1990年更是提高到3000—5000元/部,收费相当之高。当然,电话初装费的收取一定程度上缓解了电信行业固定资产投资不足等问题,不能单纯视作不公平接入收费,但是电信服务高价低质是公众的普遍反映,因此,这段时间的企业牟利程度我们仍然认定为较强,赋值为100%。

(3) 1994—1998年:1994年中国联通成立,一定程度的市场竞争格局形成,有效地遏制了中国电信的垄断牟利行为,这段时间的电信运营商牟利行为出现一定程度的降低,赋值为75%。

(4) 1999年至今:1998年我国电信运营商实现了一定程度的政企分开,作为独立盈利主体的电信运营商开始存在,其牟利动机增加,但是随后1999年和2002年两次大的电信行业的分拆重组使得电信市场竞争更加激烈,运营商利用行政垄断牟利的行为客观上受到一定限制,因此这段时间仍然赋值为75%。

二 企业经营活动的自主权

1. 生产

电信运营商的生产过程其实就是一个提供服务的过程,在1998年后政企分开的大背景下,企业享有相当大程度上的生产自主权。《电信条例》规定:"电信业务经营者应当按照国家规定的电信服务标准向电信用户提供服务。电信业务经营者提供服务的种类、范围、资费标准和时限,应当向社会公布,并报省、自治区、直辖市电信管理机构备案。"由此可见,电信运营商的生产自主权较大,只须备案即可,因此赋值为50%。

在1998年以前,政企尚未分开,可赋值100%。

2. 投资

1994年以前,电信行业投资权统一掌握在邮电部手中,赋值为100%。

1994年中国联通的成立在一定程度上使得电信业务的投资权有所放松，但是此时还不存在企业层面的竞争，而主要是政府相关部门间的博弈而已，因此仍然赋值为100%。

1998年以后，政企分开，对于已经存在的电信运营商来讲，其投资具有比较大的自主权；但是由于电信业务许可制度的存在，经营者投资成立新的电信业务，尤其是基础电信业务存在很多苛刻的条件，而且还须向信息产业主管部门报批，企业的投资自主权几乎被完全剥夺。综合考虑，赋值为75%。

3. 定价

《电信条例》规定："电信资费分为市场调节价、政府指导价和政府定价。基础电信业务资费实行政府定价、政府指导价或者市场调节价；增值电信业务资费实行市场调节价或者政府指导价。市场竞争充分的电信业务，电信资费实行市场调节价。实行政府定价、政府指导价和市场调节价的电信资费分类管理目录，由国务院信息产业主管部门经征求国务院价格主管部门意见制定并公布施行。"由此可见，对于行政垄断存在比较严重的基础电信业务资费来讲，为了实现基于成本的定价原则，政府定价和政府指导价的比例要更大一些。此项赋值为100%（但是这里政府定价的目的似乎是防止垄断定价的，赋值100%就尚待考虑）。电信资费的定价权，企业自始至终都没有获得很大的自主权，所以纵向时间上可以一直赋值为100%。

4. 销售

电信运营商的销售自主权和生产自主权相似，因为对于电信运营商来讲，提供服务的过程既是一个生产的过程，同时也是一个销售的过程，因此，1998年以后，这里也赋值为50%。

在1998年以前，政企尚未分开，可赋值100%。

5. 人事

在我国，大型央企老总的任命权在国务院，属于典型的行政任命，电信运营商也是如此，而且很多老总具有政府官员背景。但是企业内的中下级人员的人事权自主性要高很多，因此，企业的人事自主权这里暂赋值为75%，且纵向时间上变化不大。

6. 分配

电信业务经营者多为国有企业或国有控股企业，按道理来讲，分配权应该在国资委。但实际情况是，电信运营商大多存在较严重的内部人控制现象，利润分配严重向内部员工工资福利倾斜，从这个意义上讲，电信运营商又存在很大程度上的分配自主权，似乎应该赋值小些。但是这种自主权却又是不合理的，而且是行政垄断行业的一个很大的问题所在，为此，这里赋值100%似乎更符合衡量行政垄断程度的本意所在，纵向时间上变化不大。

7. 资产处置

国有资产的处置权属于国资委，企业自主权不大，赋值为100%。但是这里同样也存在问题，只要是国有企业，资产处置权就一定会和政府有扯不断的关系，纵向时间上变化不大。

将以上结果汇总，得到电信行业行政垄断行为指标结果，见表6.6。

表6.6　　　　我国电信行业行政垄断行为指标汇总　　　　单位:%

指标		1980年以前	1980—1993年	1994—1998年	1999年以来
企业利用行政垄断的牟利行为（0.5）		50.00	100.00	75.00	75.00
企业经营活动的自主权（0.5）	生产	100.00	100.00	100.00	50.00
	投资	100.00	100.00	100.00	75.00
	定价	100.00	100.00	100.00	100.00
	销售	100.00	100.00	100.00	50.00
	人事	75.00	75.00	75.00	75.00
	分配	100.00	100.00	100.00	100.00
	资产处置	100.00	100.00	100.00	100.00
	平均	96.43	96.43	96.43	78.57
最终得分		73.22	98.22	85.72	76.79

资料来源：作者整理。

从表6.6中可以看出，我国电信行业的行政垄断程度在行为方面经历了先升后降的趋势，在 1980—1993 年达到最高值 98.22%，1994 年以来开始回落，但仍具有较高水平。

第四节 绩效指标

该部分设置配置效率、生产效率和服务质量三个二级指标来考察绩效指标，虽然这些指标可以量化，但由于数量级不同，仍不能直接采用，需要进行相应的调整。调整后的数值可以反映电信行业行政垄断程度的大小，同样也遵循数值越大，行政垄断程度越大的原则。

一　配置效率

1. 投资

选取的指标数值按电信行业的固定资产投资占电信业务收入的比重，一般该比例为 30%—50%，但电信要实现起飞，该比例应达到 50% 以上。1999 年拆分中国电信，原中国电信拆分成新中国电信、中国移动和中国卫星通信公司三家公司，寻呼业务并入中国联通公司，受拆分影响，1999 年的投资占收入的比重下降，但也不低于 50%。2001 年 12 月 11 日，信息产业部再次对现有电信运营商进行重组，此时形成了"5+1"的格局，投资占收入比重继续下降。

我们将固定资产投资占收入的比重划分为以下档次：30% 以下为 50%（在 1992—1994 年这段时间，发达国家的电信行业基本上处在竞争比较充分的时期，它们该阶段的固定资产投资占收入的比重都在 30% 以下），30%—40% 为 62.5%，40%—50% 为 75%，50%—70% 为 87.5%，70% 以上为 100%，得出结果见表 6.7。

表 6.7　**1993—2016 年电信行业固定资产投资占收入的比重及得分**　单位:%

1993 年	1994 年	1995 年	1996 年	1997 年	1998 年	1999 年	2000 年
98.37	121.38	109.21	88.87	74.30	88.28	76.86	73.78

续表

1993 年	1994 年	1995 年	1996 年	1997 年	1998 年	1999 年	2000 年
100.00							
2001 年	2002 年	2003 年	2004 年	2005 年	2006 年	2007 年	2008 年
69.81	49.88	48.23	41.69	35.47	33.69	30.82	36.29
87.50	75.00			62.50			
2009 年	2010 年	2011 年	2012 年	2013 年	2014 年	2015 年	2016 年
44.22	35.57	33.71	33.58	32.12	34.60	40.34	36.58
75.00	62.50				75.00	62.50	

资料来源：各年《中国通信年鉴》。

2. 收入

这里选取电信行业平均工资/社会平均工资、工资最高的行业工资/社会平均工资来确定电信行业由于行政垄断造成的收入不平等程度。将工资最高的行业工资/社会平均工资看作100%，即行政垄断程度较高，将0%看作没有行政垄断程度，进而折算出该指标的得分。具体数据见表6.8。

表6.8　1990—2016年我国电信行业收入不平等程度及得分

指标	1990 年	1991 年	1992 年	1993 年	1994 年	1995 年	1996 年	1997 年	1998 年
电信行业平均工资/社会平均工资	1.13	1.15	1.15	1.27	1.25	1.26	1.27	1.33	1.31
工资最高的行业工资/社会平均工资	1.27	1.26	1.25	1.28	1.48	1.43	1.42	1.50	1.42
得分（%）	89.26	91.30	91.80	98.91	84.77	88.59	89.27	88.35	92.24

指标	1999 年	2000 年	2001 年	2002 年	2003 年	2004 年	2005 年	2006 年	2007 年
电信行业平均工资/社会平均工资	1.32	1.31	1.30	1.29	2.30	2.18	2.13	2.08	1.93
工资最高的行业工资/社会平均工资	1.44	1.45	1.51	1.54	2.30	2.18	2.13	2.08	1.93

续表

指标	1999年	2000年	2001年	2002年	2003年	2004年	2005年	2006年	2007年
得分（%）	91.24	90.44	86.19	83.85	100.00	100.00	100.00	100.00	100.00

指标	2008年	2009年	2010年	2011年	2012年	2013年	2014年	2015年	2016年
电信行业平均工资/社会平均工资	1.90	1.80	1.76	1.70	1.72	1.77	1.79	1.81	1.81
工资最高的行业工资/社会平均工资	1.90	1.87	1.92	1.94	1.92	1.94	1.92	1.85	1.81
得分（%）	100.00	96.28	91.86	87.44	89.81	91.23	93.14	97.62	100.00

资料来源：1991—2017年《中国统计年鉴》。

二 生产效率

1. 普及率

普及率也是反映电信行业生产能力的一个指标，普及率越高，生产效率越高，其中行政性垄断的干预就越少；反之亦然。这里我们选取我国的固定电话普及率和移动电话普及率，将它们分别与世界最高水平比较，分别折算出各自的得分，然后求其平均值作为该指标的得分，结果见表6.9。

表6.9　1990—2016年我国电信行业固话和移话普及率及得分

年份	固话普及率（每千人）			移话普及率（每千人）			得分（%）
	我国	世界最高	得分（%）	我国	世界最高	得分（%）	
1990	11.00	828.86	98.67	0.00	53.88	100.00	99.34
1991	12.90	878.28	98.53	0.00	65.94	100.00	99.27
1992	16.10	975.35	98.35	0.00	76.67	100.00	99.18
1993	22.00	989.32	97.78	0.00	96.65	100.00	98.89
1994	32.00	1000.76	96.80	1.00	157.13	99.36	98.08
1995	44.00	1010.65	95.65	3.00	227.49	98.68	97.17
1996	57.00	1022.89	94.43	6.00	293.02	97.95	96.19
1997	70.00	998.66	92.99	11.00	420.67	97.39	95.19

续表

年份	固话普及率（每千人）			移话普及率（每千人）			得分（%）
	我国	世界最高	得分（%）	我国	世界最高	得分（%）	
1998	86.40	958.21	90.98	18.90	552.27	96.58	93.78
1999	95.00	936.91	89.86	35.00	634.97	94.49	92.18
2000	114.70	934.17	87.72	67.52	796.94	91.53	89.63
2001	141.82	916.27	84.52	113.87	929.40	87.75	86.14
2002	167.31	1032.40	83.79	160.89	1066.46	84.91	84.35
2003	203.93	1016.11	79.93	209.53	1205.83	82.62	81.28
2004	241.05	1014.96	76.25	258.32	1191.03	78.31	77.28
2005	269.60	1005.27	73.18	302.60	1664.75	81.82	77.50
2006	281.00	999.36	71.88	353.00	1850.22	80.92	76.40
2007	278.10	991.06	71.94	416.40	1971.89	78.88	75.41
2008	258.00	980.78	73.69	485.00	1871.87	74.09	73.89
2009	236.20	1189.05	80.14	562.70	2089.36	73.07	76.61
2010	220.50	1164.61	81.07	643.60	2099.15	69.34	75.21
2011	212.60	1194.14	82.20	735.50	2477.12	70.31	76.26
2012	206.00	1217.25	83.08	825.00	2897.82	71.53	77.31
2013	196.20	1238.40	84.16	903.30	3040.82	70.29	77.23
2014	182.40	1329.53	86.28	940.30	3225.92	70.85	78.57
2015	168.00	1281.36	86.89	924.90	3155.21	70.69	79.79
2016	149.40	1209.77	87.85	956.00	3218.03	70.29	79.07

资料来源：各年《中国通信年鉴》及联合国网站数据。

2. 行业利润率

从表6.10中可以看出，和一年期银行贷款利率相比，电信行业投资利润率水平较高，尤其是在2005—2007年达到最高水平，近年来呈现下降趋势，但仍高于同期银行贷款利率，属于高利润行业。一般认为该行业的高利润是由垄断尤其是行政垄断造成的。所以，根据其高投资利润率，我们将其设定为100%。

表6.10 2001—2016年我国电信投资利润率和同期贷款利润率比较

单位:%

指标	2001年	2002年	2003年	2004年	2005年	2006年
电信行业投资利润率	21.28	37.65	33.54	43.59	61.86	56.33
同期贷款利润率	5.85	5.39	5.31	5.36	5.58	5.86
指标	2007年	2008年	2009年	2010年	2011年	2012年
电信行业投资利润率	59.26	50.00	46.28	43.57	43.99	41.87
同期贷款利润率	6.67	7.25	5.31	5.33	6.29	6.31
指标	2013年	2014年	2015年	2016年		
电信行业投资利润率	39.85	34.84	30.64	29.27		
同期贷款利润率	6.00	5.97	4.95	4.35		

资料来源:各年《中国通信年鉴》和《中国统计年鉴》。

三 服务质量

选择的指标是电信服务质量用户满意度指数(TCSI)。电信用户满意度指数是衡量电信服务水平的重要指标,也是目前世界上许多国家和地区测评电信服务质量的通行做法,2001年信息产业部建立我国电信用户满意度指数测评模型,简称TCSI,包括满意度、忠诚度、用户抱怨、预期质量、感知质量、感知价值、感知公平、品牌印象八大指标,以及质量特性分析、用户改进要求等方面内容,目前已经建立起信息产业部和各省通信管理局两级测评体系,每年对国内电信行业主要电信业务进行全面测评,以便从用户角度对电信服务质量进行整体评价,并为企业提供改进服务的意见。

从表6.11中可以看出,我国电信行业的用户满意度大体处在75—80分,变化幅度不大,满意度与国际比较,处在一般偏上的水平,但由于在我国服务质量的提高,大多数是以政府明文规定的形式推进,企业具有较小的自觉性与主动性,所以在这里,我们设定服务质量方面行政垄断程度为75%。

表6.11　1999—2016年我国电信行业用户满意度及得分

指标	1999年	2000年	2001年	2002年	2003年	2004年	2005年	2006年	2007年
用户满意度（分）	75.90	—	76.90	77.60	76.40	76.30	77.00	77.90	78.10
得分（%）	75.00									

指标	2008年	2009年	2010年	2011年	2012年	2013年	2014年	2015年	2016年
用户满意度（分）	78.20	78.30	78.60	—	—	—	78.60	—	78.76
得分（%）	75.00									

资料来源：各年《中国通信年鉴》。

所以，得到电信行业行政垄断绩效类指标的汇总结果，见表6.12。

表6.12　1990—2016年我国电信行业行政垄断绩效指标汇总　　单位：%

年份	配置效率（0.35） 投资	配置效率（0.35） 收入	生产效率（0.35） 普及率	生产效率（0.35） 行业利润率	服务效率（0.3）	总值
1990	100.00	89.26	99.34	100.00	100.00	98.01
1991	100.00	91.30	99.27	100.00	100.00	98.35
1992	100.00	91.80	99.18	100.00	100.00	98.42
1993	100.00	98.91	98.89	100.00	100.00	99.62
1994	100.00	84.77	98.08	100.00	87.50	93.25
1995	100.00	88.59	97.17	100.00	87.50	93.76
1996	100.00	89.27	96.19	100.00	87.50	93.71
1997	100.00	88.35	95.19	100.00	87.50	93.37
1998	100.00	92.24	93.78	100.00	75.00	90.05
1999	100.00	91.24	92.18	100.00	75.00	89.60
2000	100.00	90.44	89.63	100.00	75.00	89.01
2001	87.50	86.19	86.14	100.00	75.00	85.47
2002	75.00	83.85	84.35	100.00	75.00	82.56
2003	75.00	100.00	81.28	100.00	75.00	84.85
2004	75.00	100.00	77.28	100.00	75.00	84.15
2005	62.50	100.00	77.50	100.00	75.00	82.00

续表

年份	配置效率（0.35）		生产效率（0.35）		服务效率（0.3）	总值
	投资	收入	普及率	行业利润率		
2006	62.50	100.00	76.40	100.00	75.00	81.81
2007	62.50	100.00	75.41	100.00	75.00	81.63
2008	62.50	100.00	73.89	100.00	75.00	81.37
2009	75.00	96.28	76.61	100.00	75.00	83.38
2010	62.50	91.86	75.21	100.00	75.00	80.17
2011	62.50	87.44	76.26	100.00	75.00	79.59
2012	62.50	89.81	77.31	100.00	75.00	80.18
2013	62.50	91.23	77.23	100.00	75.00	80.42
2014	62.50	93.14	78.57	100.00	75.00	80.99
2015	75.00	97.62	79.79	100.00	75.00	84.17
2016	62.50	100.00	79.07	100.00	75.00	82.27

资料来源：作者整理。

可以看出，电信行业在绩效方面表现出来的行政垄断程度较高。1993年，在联通成立之前，绩效方面反映出来的行政垄断程度达到最高值99.62%，随着中国联通的成立，南北电信的拆分，绩效方面反映出来的行政垄断程度有所下降，但幅度不大，近几年一直维持在80%左右。

第五节　最终的汇总结果及分析

以上我们结合我国电信行业的相关资料，运用具体数值和打分法相结合的方法，得出了该行业各项具体指标的测度结果。下面我们将对上述各项指标的测度结果进行汇总，以得出1990—2016年我国电信行业的总体行政垄断程度。这里，由于各项指标数据的可得性，我们将考察的时间范围定为1990—2016年，具体测算结果见表6.13。

表 6.13　**1990—2016 年我国电信行业行政垄断指标汇总**　　单位:%

年份	政府指标 (0.3)	结构指标 (0.2)	行为指标 (0.3)	绩效指标 (0.2)	最终得分
1990	87.50	99.43	98.22	98.01	95.20
1991	87.50	99.43	98.22	98.35	95.27
1992	87.50	99.43	98.22	98.42	95.29
1993	87.50	99.43	98.22	99.62	95.53
1994	87.50	99.23	85.72	93.25	90.46
1995	87.50	99.12	85.72	93.76	90.54
1996	87.50	98.92	85.72	93.71	90.49
1997	87.50	98.65	85.72	93.37	90.37
1998	87.50	98.35	85.72	90.05	89.65
1999	87.50	97.51	76.79	89.60	86.71
2000	87.50	97.38	76.79	89.01	86.57
2001	87.50	96.05	76.79	85.47	85.59
2002	87.50	94.91	76.79	82.56	84.78
2003	87.50	92.23	76.79	84.85	84.70
2004	87.50	91.30	76.79	84.15	84.38
2005	87.50	88.51	76.79	82.00	83.39
2006	87.50	87.71	76.79	81.81	83.19
2007	87.50	86.90	76.79	81.63	82.99
2008	87.50	86.60	76.79	81.37	82.88
2009	87.50	83.21	76.79	83.38	82.61
2010	87.50	82.33	76.79	80.17	81.79
2011	87.50	81.79	76.79	79.59	81.56
2012	87.50	81.30	76.79	80.18	81.58
2013	87.50	74.20	76.79	80.42	80.21
2014	87.50	76.71	76.79	80.99	80.83
2015	87.50	76.46	76.79	84.17	81.41
2016	87.50	76.22	76.79	82.27	80.99

资料来源：作者整理。

从表 6.13 中可以看出，我国电信行业的行政垄断程度经历了下降的趋势，从 1990 年的 95.20% 下降到 2016 年的 80.99%，下降幅度较大，但始终保持了较高的行政垄断水平。仅存的三位电信运营商：中国移动、中国电信、中国联通已经形成了寡头垄断的局面，与 90 年代初相比，一枝独秀的时代已经过去，现在是这几家大型的国有企业共同瓜分中国电信市场，但这几家运营商并没有形成一个有效竞争的市场格局。同时，这个数据也说明，近几年来，我国电信行业的改革还是取得了一定的成效，独家垄断格局已经被打破了，但是与许多发达国家相比，我们还有很长的一段路要走。

第六节　本章小结

通过对政府指标、结构指标、行为指标和绩效指标下属的 33 个三级指标进行分析和打分计算，然后按照政府指标、结构指标、行为指标和绩效指标 30%、20%、30% 和 20% 的权重，对各项一级指标进行加权平均，得出我国电信行业的总体行政垄断程度测算值。结果显示：我国电信行业的行政垄断程度经历了下降的趋势，从 1990 年的 95.20% 下降到 2016 年的 80.99%，下降幅度较大，但始终保持了较高的行政垄断水平。虽然我国电信行业的改革还是取得了一定的成效，独家垄断格局已经被打破，但是与许多发达国家相比，我们还有很长的一段路要走。

第七章　中国电信行业行政垄断造成的影响分析

20世纪90年代以来，我国电信行业经历了飞速的发展和巨大的变革。政府先后对电信行业进行了政企分开、破除垄断、企业重组等一系列战略性改革，这些举措在一定程度上促进了市场的竞争，推动了产业的发展。据工业和信息化部统计，截至2017年底，全国电话用户总数已达到16.1亿户，其中，移动电话用户总数达到14.2亿户，三家基础电信企业的固定互联网宽带接入用户总数达3.49亿户，网络规模和用户数量均位于世界前列。与长期以来的中央计划经济体制相适应，电信行业采取的是国有企业纵向一体化的垄断经营方式和低价格、高财政补贴的机制，价格基本不受供求关系和成本变动的影响。近几年来，我国对电信行业进行了一系列的改革，撤销了许多行业主管机构，将调控的职能交给国家宏观经济管理部门。我国电信行业政企不分，行政主管部门或垄断企业既是"裁判员"又是"运动员"的传统框架虽然有了一定变化，但由其造成的垄断格局一直影响着电信行业的发展。多年来，我国政府正是用行政手段维护了电信市场的垄断，政府通过行政命令授权特定部门（原邮电部）或特定国有企业（原中国电信一家独统天下）来经营全国所有的电信业务。

通过上一章内容的分析可知，我国电信行业存在的垄断基本上是行政垄断，而行政垄断会对我国电信行业产生什么样的影响呢？下面，就这个问题进行深入研究。本章安排了五节内容，分别分析了行政垄断对电信企业经营绩效、电信行业技术进步、电信行业经济效率和社会福利四方面的影响，最后进行本章总结。

第一节 行政垄断对中国电信企业经营绩效的影响

从我国电信企业的成立、资费制定、人事任免等方面可以看出，我国电信企业是处在政府相关主管部门的严格控制和调控之下发展起来的，往往这种控制和调控会演变成阻碍竞争的行为，即电信企业自始至终都处在行政垄断的影响之下。本节就分别从电信企业的整体经营绩效和主导电信运营商的动态经营绩效入手，分析行政垄断给电信企业造成的影响。

一 电信企业整体经营绩效分析

对电信企业经营绩效的考察，主要考察电信运营商的经营效率的变化，由于缺乏系统的数据，只能通过个别数据来考察和分析，加之电信企业始终都处于行政垄断的影响之下，可将考察的绩效变化理解成是由行政垄断影响造成的。

我国电信行业全员劳动生产率"八五"期末为4.6万元，1998年上升为20.7万元，2004年达到75.2万元。据统计，2000年我国电信行业全员劳动生产率增长率是世界平均水平的1.24倍，但全员劳动生产率却远远低于最高水平和世界平均水平，还不到日本的1/10、韩国的1/4，仅略高于美国和英国的1/4[1]。而张纪元在《世界先进电信运营商衡量标准实证研究》中，提到电信行业全员劳动生产率的标准是：发达市场≥36万美元/人（300万元/人），发展中市场≥9万美元/人（75万元/人），最高值：78.9万美元（652.6万元/人），平均值：22.9万美元（189.4万元/人）。到2004年，我国电信行业的全员劳动生产率才达到发展中市场的水平，但仍低于世界平均水平。需要说明的是，发达国家生产社会化程度高，专业分工比

---

[1] 朱金周等：《中国电信业2002年度国际竞争力发展报告》，《通信信息报》2002年11月12日，第4版。

较发达，电信总产值重复计算的因素比我国要大。考虑了这个因素，我国电信行业的全员劳动生产率和世界水平的实际差距比上述数据所显示的差距要小些，但差距仍很明显。

表 7.1 列出了最后一次重组以来三大电信运营商的全员劳动生产率。从中可以看出，中国移动具有较高的全员劳动生产率，到 2013 年达到最大值 285.9 万元/人，刚刚达到世界平均水平，但是近几年看，中国移动全员劳动生产率呈现下降趋势。中国电信全员劳动生产率呈现一路上升趋势，到 2016 年达到 122.7 万元/人。中国联通这几年的全员劳动生产率波动比较大，没有明显的波动规律。由于中国移动近两年全员劳动生产率下降幅度比较大，三大电信运营商之间的差距越来越小。

表 7.1　2008—2016 年三大电信运营商的全员劳动生产率

单位：万元/人

运营商	2008 年	2009 年	2010 年	2011 年	2012 年
中国电信	58.70	66.60	70.40	79.10	92.60
中国移动	204.70	210.10	243.00	255.60	275.00
中国联通	85.70	73.10	81.60	100.00	99.20
运营商	2013 年	2014 年	2015 年	2016 年	
中国电信	104.90	107.80	113.60	122.70	
中国移动	285.90	241.50	160.90	153.50	
中国联通	110.70	108.70	101.70	88.50	

资料来源：作者根据信息产业部公布数据整理计算而成。

每员工维护主线数方面，我国电信行业 1990 年每员工维护主线数为 16.45 线，1994 年为 46 线，2000 年为 280 线，2004 年约为 445 线，远远低于外国同类电信公司。尽管我国电信行业的效率同世界先进水平相比仍很低，但比改革前已有了大幅的提高。

尽管我国电信行业已成为高增长、高盈利的行业，但这种高增长、高盈利其实并非完全是电信运营商经营的结果，而是由特定时期、特定市场造成的。在电信需求上涨的强力拉动下，电信运营商即使维持高成本低效率运行，仍然可获取高额利润。

考察我国电信企业成本费用类指标，1995年、1997年、1998年、1999年、2000年年度业务收入分别为：1002.61亿元、1272.36亿元、1838.77亿元、2231.75亿元、2443.40亿元；各年度成本费用为881.42亿元、1131.49亿元、1595.74亿元、1980.65亿元、1584.80亿元。成本费用率分别为87.9%、88.9%、86.8%、88.7%、64.9%[①]。

近几年，我国电信行业得到飞速发展，其净资产收益率也逐步提高。2016年，净资产收益率最高的是中国移动，达到了26.08%，其次是中国电信为10.73%，最后是中国联通为9.57%。统计资料显示，全球主流运营商的净资产收益率平均为14%左右。例如，日本前两大移动运营商NTT Docomo和KDDI近三年平均净资产收益率就分别为15.4%和15.8%。通过横向比较可以发现，四大运营商中，中国移动的净资产收益率远远高于国际平均水平，而中国电信和中国联通的净资产收益率低于国际平均水平。四家运营商中，两家的净资产收益率都未达到国际平均水平，除了客观环境的制约，运营商更应从经营方式和管理模式等方面寻找深层原因。

ARPU注重的是一个时间段内运营商从每个用户所得到的收入。这是一个对于电信运营商至关重要的指标，它不仅反映了一个国家的电信消费水平，同时也是决定一个电信运营商业绩的重要指标。很明显，高端的用户越多，ARPU越高。在这个时间段，从运营商的运营情况来看，ARPU值高说明利润高，这段时间效益好。ARPU是给股东的，投资商不仅看企业现在的盈利能力，更关注企业的发展能力。ARPU值高，说明企业目前的利润值较高，发展前景好，有投资可行性。

从图7.1中可以看出，全球电信运营商的ARPU值呈现下降趋

---

① 根据1997年、1998年、1999年、2000年《中国交通年鉴》邮电统计资料中"通信企业固定资产投资和财务收支情况"整理得到。

势，而 ARPU 值下降是目前世界电信运营商的一个普遍规律。图 7.2 是 2016 年世界主要地区运营商的移动业务情况和 ARPU 值，通过横向比较我们可以发现，中国移动在我国三大运营商中移动业务 ARPU 值算是比较高的，但是和澳大利亚、英国、日本和美国的电信运营商相比，差距还很远。从图 7.3 中可以看出，主要运营商的 ARPU 值常年以来主要处于下滑趋势，但随着用户量增速趋近平缓，ARPU 值也趋于稳定。AT&T 的 ARPU 值相对中国移动的 ARPU 值较为稳定，同时其 ARPU 值常年大幅高于中国移动。运营商 ARPU 值与不同客户群的消费能力和消费意愿有极大的关系。从日本 NTT Docomo 的情况来看，其无线业务 ARPU 值也处于明显的下降趋势。2016 年按照 1 美元＝120 日元的汇率换算，其 ARPU 值约为 37 美元，与 AT&T 相近。而 ARPU 值近年来能够保持稳定的主要原因在于各大运营商在不断地推出新的服务和套餐，随着时间的推移，我们相信 ARPU 值整体下降趋势还会持续，但整体速度趋缓。对比各国主要运营商的 ARPU 值，我们发现发达国家的 ARPU 值偏高，一般在 30 美元以上，而发展中甚至是较落后国家的 ARPU 值则一般在 10 美元以内。

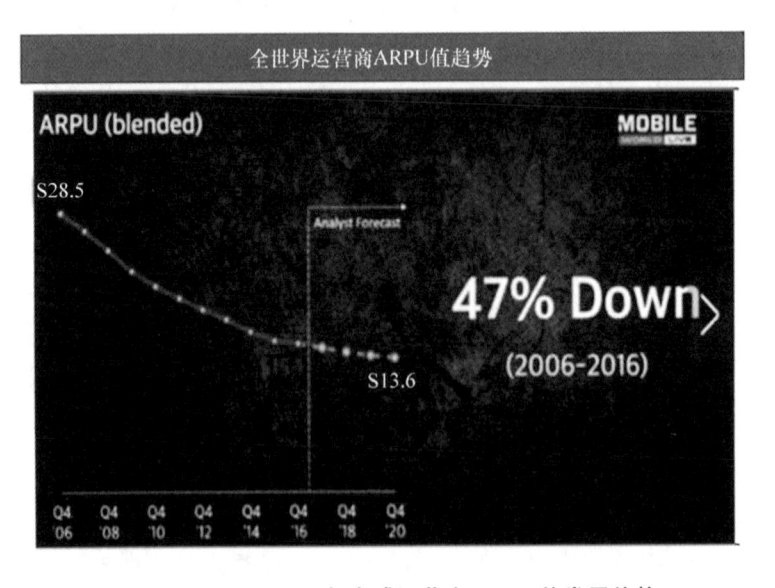

图 7.1　2006—2016 年全球运营商 ARPU 值发展趋势

第七章 中国电信行业行政垄断造成的影响分析

全球主要地区运营商情况（数据截至2016年年报）

中国	移动用户（亿）	收入（亿美元）
中国移动	8.49	1022
中国联通	2.64	396
中国电信	2.15	508
美国	**移动用户（亿）**	**收入（亿美元）**
AT&T	1.47	1638
Verizon	1.14	1260
T-Mobile	0.72	372
Sprint	0.60	333
日本	**移动用户（万）**	**收入（亿美元）**
NTT	7488	382
KDDI	4570	372
SoftBank（日本）	3240	266
韩国	**移动用户（万）**	**收入（亿美元）**
SK电讯	2959	143
韩国电信	1890	135
欧洲	**移动用户（亿）**	**收入（亿美元）**
德国电信	1.65	768
Vodafone	4.62	504
西班牙电信	1.15	546
英国电信	0.31	296

主要运营商2016年ARPU值

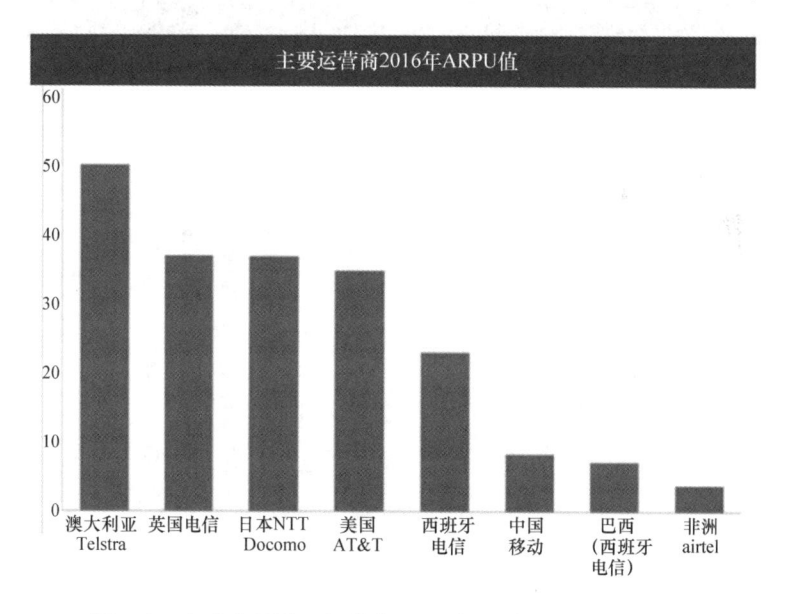

运营商	ARPU值
澳大利亚 Telstra	50
英国电信	37
日本NTT Docomo	37
美国 AT&T	35
西班牙电信	23
中国移动	8
巴西（西班牙电信）	7
非洲 airtel	3

图 7.2 全球主要地区运营商 2016 年移动业务及 ARPU 值

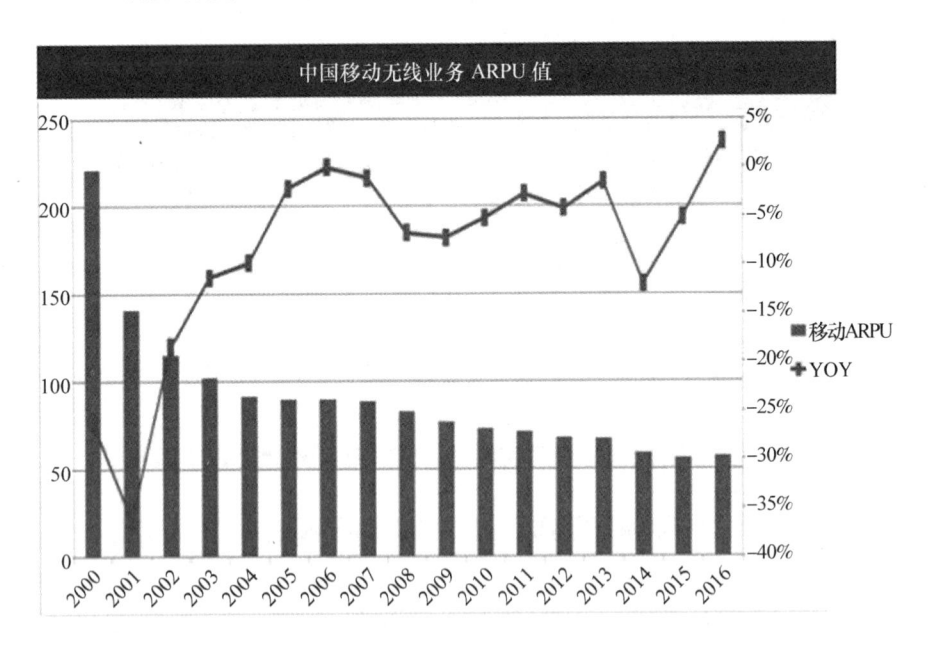

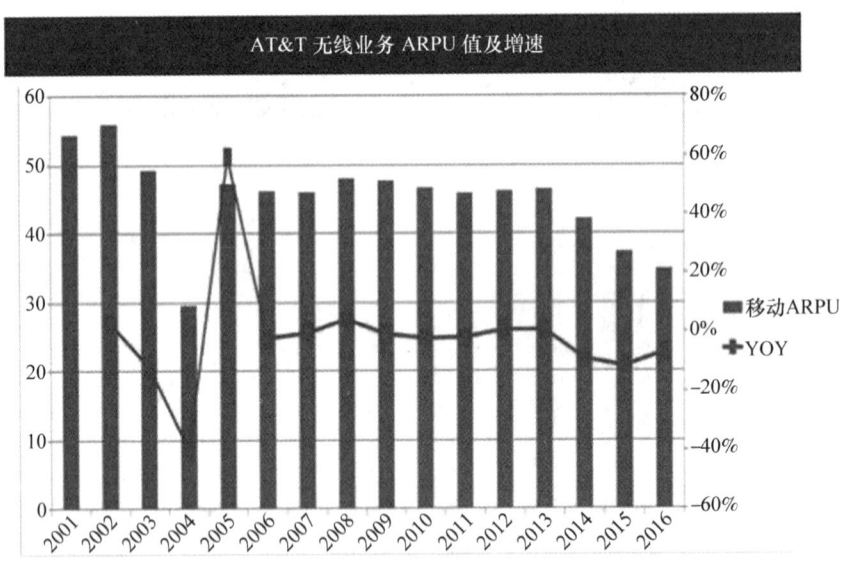

图 7.3　全球主要地区运营商无线业务 ARPU 值发展趋势

NTT Docomo 无线业务 ARPU 值及近年来增速

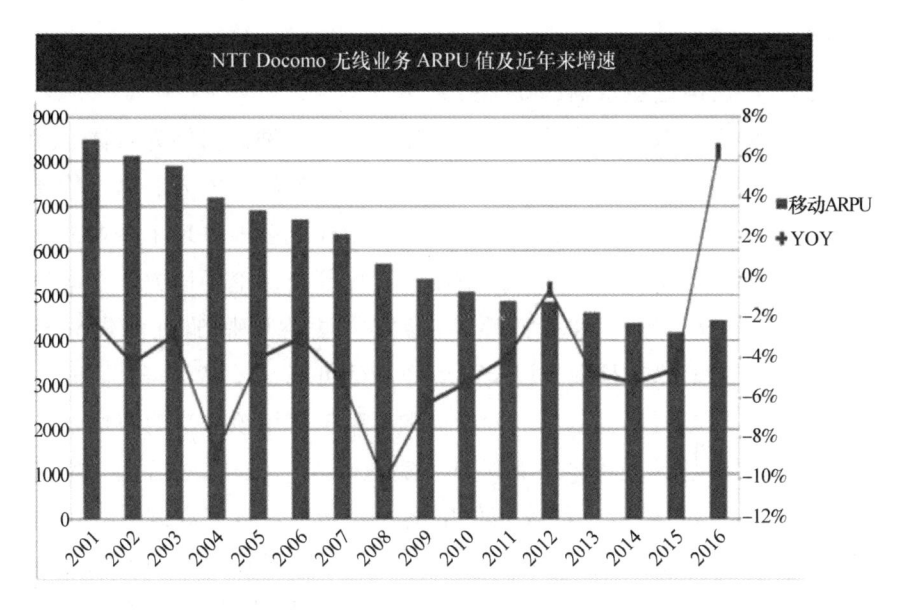

图 7.3　全球主要地区运营商无线业务 ARPU 值发展趋势（续）

当社会需求逐步得到满足，电信市场像其他市场一样，由卖方市场转向买方市场，电信行业的增长速度也必然随之逐步放缓。同时，由于竞争的引入，原来的高额垄断利润也必然会被挤掉一大部分，并最终回归到社会平均利润附近。以 2001 年中国电信为例，2001 年其业务收入增长率仅为 5.66%，这是 1984 年以来第一次低于 GDP 的增长速度，长途通信业务收入竟出现了负增长，各运营商也纷纷出现增量不增收的现象。这一方面是由于 2001 年电信资费下调，另一方面也暴露出了我国电信运营商高成本低效率的经营状况。

尽管缺乏系统的证据，但有证据表明近年来我国电信行业的非生产性投资不断加大，员工的平均薪酬和福利待遇大大高于其他行业，电信行业的运营成本却不能随着技术进步成比例下降。通过对上述指标的比较也可以发现我国电信行业的网络技术水平、设备先进性已经超过了不少发达国家，但运行效率、运行质量和经济效益则相差太远。我国电信运营商在高利润的背后是高成本、高浪费，并且缺乏国际竞争力。

二 三大电信运营商的动态效率

一般而言，电信企业效率评价方法主要有三种：指标评价法、参数法和非参数法。其中，最为常见的是指标评价法，该方法通过构建指标体系来度量效率，但该方法测量出的指标更多地体现了企业的运营效率，而非经济意义上的生产效率。乔均等人讨论了该方法在电信企业效率评价实践中的可行性[①]。参数方法主要指随机前沿分析（SFA），其主要缺点是预先设定的生产函数可能与现实不符，同时在处理多产出问题时存在困难。刘新梅和董康宁使用该方法对我国电信行业市场结构与 X 效率的关系进行了实证研究[②]。非参数方法主要指数据包络分析（DEA），初佳颖使用该方法分析了政府规制对我国电信行业技术效率的影响[③]，顾成彦、胡汉辉研究了我国以四大基础电信运营商为代表的电信行业的生产率增长水平及其变迁[④]，齐长健等人运用数据包络分析（DEA）方法中的 CCR（Charnes，Cooper & Rhodes）模型和 BCC（Banker，Charnes & Cooper）模型从时间和空间维度对我国各地区电信行业的相对效率进行分析[⑤]。

本节以三大电信运营商作为基本决策单元，采用一种可以衡量电信运营商动态效率水平的 Malmquist 指数和面板数据来分析不同时期我国电信企业的效率演化，利用基于产出方向的 Malmquist 指数方法估计出中国电信企业的生产率增长及其构成的变化，以从动态角度研究我国电信企业的效率水平及演化趋势。由于考察的时间范围较短，无法将电信企业的生产效率水平与行政垄断程度做线性拟合以发现两

---

① 乔均、祁晓荔、储俊松：《基于平衡计分卡模型的电信企业绩效评价研究——以中国网络通信集团江苏省公司为例》，《中国工业经济》2007 年第 2 期。
② 刘新梅、董康宁：《中国电信业市场结构与 X 效率的实证研究》，《预测》2005 年第 4 期。
③ 初佳颖：《政府规制下电信产业的技术效率分析》，《经济纵横》2006 年第 4 期。
④ 顾成彦、胡汉辉：《基于 Mqlmquist 指数的我国电信业动态效率研究》，《软科学》2008 年第 4 期。
⑤ 齐长健、吕廷杰：《基于 DEA 方法的我国电信产业经济运行效率研究》，《北京邮电大学学报》（社会科学版）2012 年第 4 期。

者存在的具体数量关系，但前面的分析已表明，电信行业的行政垄断无处不在，可将电信企业生产效率的一部分变动情况理解为是由行政垄断造成的，而不探究到底有多大部分。

（一）DEA 法和 Malmquist 指数模型

1. DEA 法

数据包络分析法（DEA）是一种线性规划模型，1978 年 Charnes A.、Cooper W. W.、Rhodes E. 首次提出了 CCR 模型，用以评价具有多项投入和多项产出的决策单元间的相对有效性，并正式命名为 DEA 方法。数据包络分析是以相对效率概念为基础，对相同类型的决策单元（Decision Making Unit, DMU）进行相对有效性和效益评价的一种非参数统计方法，也是目前最常用的一种前沿效率分析方法。其基本思路是通过对众多决策单元的投入和产出数据进行综合分析，利用线性规划技术确定有效生产前沿，并对各决策单元与有效生产前沿进行比较，进而判断各决策单元是否技术有效或规模有效。此后，研究者们对模型不断进行扩充和完善，将 DEA 方法运用到许多领域，对决策单位的效率进行比较，迄今已发展成为一种比较成熟的方法。

DEA 的基本模型主要可分为 CCR 模型与 BCC 模型两种，CCR 模型的假设是分析主体在固定规模报酬下运营，但实际上并非每一分析主体都在固定规模报酬下生产，若存在变动规模报酬，则导致在衡量技术效率时规模效率亦混杂其中。因此必须考虑变动规模报酬（Variable Returns to Scale）的情况，BCC 模型将 CCR 模型中的固定规模报酬的假设剔除，以衡量处于不同规模报酬状态下（Technology Eficiency, TE）纯技术效率（Pure Technology Efficiency, PTE）和规模效率（Scale Efficiency, SE）。也就是说，技术无效率除了来自资源配置（投入产出）不当的因素外，也可能是源于决策单元的不适度规模，因此我们就可以通过调整决策单元的规模以改进其无效率的状态。

而 DEA 模型又可分为投入导向型和产出导向型两种。投入导向模型是指在产出固定的情况下，使投入最小化的线性规划问题，而产出导向模型是指在投入固定的情况下，使产出最大化的线性规划问题。

采用 DEA 方法具有如下优点：(1) DEA 方法可以处理多投入、多产出的决策单元的运转效率，且不必确定投入和产出间的生产函数关系。(2) 决策单元中投入产出变量的权重，是由 DEA 这种线性规划模型内定的，无须人为主观设定。(3) 具有单位不变性的特点，也就是说 DEA 衡量的决策单元的效率不受投入产出的数据单位的影响。(4) 可以进行敏感性分析、差异分析和效率分析。

2. Malmquist 指数模型

Malmquist 指数是由瑞典经济学家 Sten Malmquist 在 20 世纪 50 年代提出的，最初主要用于消费分析。后来学者对该指数的应用进行了扩展性研究。Caves 首先将该指数应用于生产率变化的测算，此后与 Charnes 等建立的 DEA 理论相结合，逐渐演化出基于成本、规模效率和不变规模收益的 Malmquist 指数模型，在生产率测算中的应用日益广泛。在实证分析中，研究者普遍采用 Fare 等构建的基于 DEA 的 Malmquist 指数。该方法是基于距离函数定义 Malmquist 生产率指数的，利用线性优化方法给出每个决策单元的边界生产函数的估算，从而对效率变化和技术进步进行测度。Malmquist 生产率指数有两个主要的优点：不需要相关的价格信息；可以对 TFP 进行分解，研究 TFP 增长的源泉，Malmquist 生产率指数变动值即为全要素生产率（TFP）变动值。

基于产出的 Malmquist 生产率指数可表示为：

$$M_0^t = \frac{D_0^t(x^{t+1}, y^{t+1})}{D_0^t(x^t, y^t)} \quad (7-1)$$

这里 D_0^t 为距离函数，下标 0 表示基于产出的距离函数，x 和 y 分别表示投入和产出。式（7-1）的 Malmquist 指数测度了在时间 t 的技术条件下，从时期 t 到时期 (t+1) 的全要素生产率的变化。同样可以定义在时期 (t+1) 的技术条件下，测度从时期 t 到时期 (t+1) 的全要素生产率变化的 Malmquist 生产率指数：

$$M_0^{t+1} = \frac{D_0^{t+1}(x^{t+1}, y^{t+1})}{D_0^{t+1}(x^t, y^t)} \quad (7-2)$$

第七章　中国电信行业行政垄断造成的影响分析　165

为避免时期选择的随意性可能导致的差异，可用式（7-1）和式（7-2）两个 Malmquist 生产率指数的几何平均值来衡量从 t 时期到（t+1）时期生产率的变化。该指数大于 1 时，表明从 t 时期到（t+1）时期全要素生产率是增长的。

根据上述处理所得到的 Malmquist 指数具有良好的性质，TFP 可以分解为技术效率变动指数 TE 和技术进步指数 TP 两项。TE 是规模报酬不变且要素自由处置条件下的技术效率变化指数，它测度从时期 t 到时期（t+1）生产决策单元到最佳生产可能性边界的追赶程度，也被称为"追赶效应"。当 TE>1 时，表明决策单位的生产更接近生产前沿面，相对技术效率有所提高，表示其是 TFP 增长的主要源泉。TP 为技术进步指数，它测度了技术边界从时期 t 到时期（t+1）的移动情况，也被称为"增长效应"。当 TP>1 时，说明技术出现了进步或创新，生产前沿面"向上"移动，表示其是 TFP 增长的主要源泉。技术效率变化指数 TE 又可以分解为纯技术效率变化指数 PTE 和规模效率变化指数 SE，而 PTE 和 SE 的高低，则反映了它们对 TE 的影响，如式（7-3）所示。

$$M_0(x^{t+1}, y^{t+1}; x^t, y^t)$$

$$= \left[\frac{D_0^t(x^{t+1}, y^{t+1})}{D_0^t(x^t, y^t)} \times \frac{D_0^{t+1}(x^{t+1}, y^{t+1})}{D_0^{t+1}(x^t, y^t)}\right]^{\frac{1}{2}}$$

$$= \frac{D_0^{t+1}(x^{t+1}, y^{t+1})}{D_0^t(x^t, y^t)} \times \left[\frac{D_0^t(x^{t+1}, y^{t+1})}{D_0^{t+1}(x^{t+1}, y^{t+1})} \times \frac{D_0^t(x^t, y^t)}{D_0^{t+1}(x^t, y^t)}\right]^{\frac{1}{2}}$$

$$= TE \times TP$$

$$= PTE \times SE \times TP \quad (7-3)$$

（二）指标选择和数据说明

模型中投入变量选取了员工数量、总资产、资本支出。产出变量选取了运营利润、EBITDA①（电信公司财务表现标准）、主营业务收

---

① EBITDA 是指未计财务费用、利息收入、股息收入、所得税、折旧及摊销、应占联营公司及共同控制实体亏损及少数股东权益的利润，是电信公司常用的衡量公司财务表现标准的指标。

入和其他收入①，其中，主营业务收入项包括长途呼叫业务收入、本地呼叫业务收入和移动呼叫业务收入，其他收入项具体包括网间互联接入收入、互联网业务收入、增值服务、线路租用和数据传输收入等，对于移动运营商还包括无线数据收入。

Coelli 等指出：在大多数产业中，DEA 模型的方向选择不会对结果产生重大影响（互为倒数）。但电信行业具有典型的网络外部性特征，消费者效用既取决于电信服务本身，还取决于连接到该网络的其他消费者的数量。对于电信运营商，网络规模是一种沉没成本，决策者需考虑的是在现有网络规模（投入）下尽可能多地扩大业务量（产出）。因此针对存在网络外部性的产业应选择产出方向的 DEA 模型。

由于各个电信运营商的分拆和上市时间不同，本书选取中国电信、中国移动和中国联通三大基础电信运营商 2008—2016 年期间的数据作为研究对象。数据来自各电信公司年报：中国电信 2008—2016 年各年年报、中国移动（香港）2008—2016 年各年年报和中国联通 2008—2016 年各年年报。

（三）实证结果及分析

表 7.2 给出了三大运营商的 Malmquist 指数，其中又被分解为技术效率变动指数和技术进步指数。由表可见，三大电信运营商的 M 指数历年的均值为 1.03、1.23、1.24、1.19、1.32、1.04、1.10、1.20，反映了我国电信企业的生产率增长呈现出先升后降再升的变化趋势。进一步，技术效率变动指数历年的均值为 1.17、1.26、1.32、1.34、1.48、1.09、1.14、1.29，其变动趋势与 M 指数的变动趋势相一致。而技术进步指数值在各年份都小于 1，也表现为先升后降再升的波动趋势。可见，我国电信企业的生产率的变动与技术效率密不可分。

---

① 理想的产出指标应包括三项业务收入，即本地呼叫收入、长途呼叫收入和互联互通（接入）收入，但由于部分上市公司年报并未提供互联互通（接入）收入数据，为保证 DEA 模型对数据平衡（Balance）要求，本书将互联收入归并至其他收入之中。

表7.2　电信运营商2008—2016年动态生产率指数及分解

运营商	2008—2009年			2009—2010年			2010—2011年			2011—2012年		
	M指数	TE	TP	M指数	TE	TP	M指数	TE	TP	M指数	TE	TP
中国电信	1.01	1.13	0.89	1.02	1.07	0.95	1.12	1.18	0.95	1.31	1.45	0.91
中国移动	1.21	1.42	0.85	1.58	1.65	0.96	1.33	1.49	0.89	1.30	1.60	0.81
中国联通	0.88	0.95	0.93	1.08	1.07	1.01	1.26	1.29	0.98	0.96	0.97	0.99
均值	1.03	1.17	0.89	1.23	1.26	0.97	1.24	1.32	0.94	1.19	1.34	0.90

运营商	2012—2013年			2013—2014年			2014—2015年			2015—2016年		
	M指数	TE	TP	M指数	TE	TP	M指数	TE	TP	M指数	TE	TP
中国电信	1.24	1.41	0.88	1.05	1.12	0.94	1.14	1.21	0.94	1.10	1.18	0.93
中国移动	1.33	1.48	0.90	1.07	1.08	0.99	1.22	1.36	0.90	1.42	1.49	0.95
中国联通	1.39	1.56	0.89	1.01	1.06	1.05	0.95	0.86	1.10	1.08	1.21	0.89
均值	1.32	1.48	0.89	1.04	1.09	0.99	1.10	1.14	0.98	1.20	1.29	0.92

资料来源：作者计算。

从各运营商的角度看，2008—2016年中国电信的生产率呈增长趋势，但增长幅度先升后降，其中2011—2012年上升得最快（M=1.31）；中国移动的生产率有升有降，但基本上每年都是三大运营商中M值最大的；中国联通的生产率也是有升有降，在2010—2011年达到最大值1.26。从指标分解的角度看，三大电信运营商的技术效率变动指数是不规律的，中国电信和中国移动都是大于1的，说明中国电信和中国移动对现有技术水平的利用率比较高，而中国联通个别年份出现技术效率变动指数小于1的情况，说明技术利用效率有待提升；中国电信和中国移动各年的技术进步指数均小于1，表明其技术是逐年衰退的，而中国联通的技术进步指数表现优于前二者，个别年份还出现大于1的情况，这说明其出现了技术进步。

从表7.3中可以看出，生产率指数均值为1.17，这说明在2008—2016年我国电信企业的生产率保持了年均17%的增速。其中中国移动的生产率水平最高。同时，三大运营商的技术效率变动指数的均值都大于1，而技术进步指数的均值大都小于1，这再次说明我国电信企业的生产率的提高主要来源于技术效率因素而非技术前沿的改变。

表7.3　电信运营商2008—2016年平均M指数及分解

运营商	M指数均值	TE均值	TP均值
中国电信	1.12	1.22	0.92
中国移动	1.31	1.45	0.91
中国联通	1.08	1.00	0.98
均值	1.17	1.22	0.94

资料来源：作者计算。

第二节　行政垄断对中国电信行业技术进步的影响

电信行业是我国经济发展的主导行业，十几年来我国电信行业的飞速发展为世界所瞩目。西方国家自从对电信行业进行产权制度改革以来，管理和技术上的创新不断，生产效率获得显著提高。我国电信行业自20世纪90年代以来也进行了引入竞争、邮电分营、政企分开、电信重组等一系列战略性改革，电信资费不断下降，电信提供的技术服务不断创新，电信业务收入不断增加。然而，在这些发展和进步的背后，是巨大的资本和人力投入以及严格的政府规制，近年来几次重大改革的成效到底怎么样，目前的研究尚缺乏说服力。本节尝试采用索洛余值测算方法，通过对我国电信行业1991—2016年全要素生产率变化的测算，从总体上对我国电信行业的技术进步水平进行评价，探索电信行业飞速发展的主要动力，并结合过去十几年中国电信改革的历程，分析行政垄断对我国电信行业技术进步的影响，为政府制定下一阶段的电信改革和发展政策提供有益的参考。

一 全要素生产率及贡献率的测算

对全要素生产率的认识首先是从技术进步的定义开始的。美国经济学家罗森堡（N. Rosenberg）把技术进步定义为："某种知识，在一给定的资源量上，它能使产量增加，提高产品质量"，这一定义把技术进步与知识联系起来了，即指经济增长中扣除资金投入和劳动力投入因素后，所有其他产生作用因素之和。简单地说，劳动手段、工艺流程的改进、发展和完善，新技术、新设备、新工艺、新材料、新能源的生产、制造与换代，社会生产力的运动发展与提高，都意味着技术上的进步。

测算技术进步程度的方法很多，就生产函数而言，主要有柯布—道格拉斯生产函数、线性函数、索洛余值法等。被国内外学者在实证研究中使用最广泛的是索洛余值法。

美国著名经济学家索洛（Solow）在研究经济增长问题时发现，不能完全用要素投入来解释经济增长，其间的差异就是众所周知的"增长余值"。索洛把它归结为技术进步而产生的，曾一度被称为技术进步率。然而，索洛意义上的"增长余值"是广义的技术进步对经济增长的贡献，既包括生产中使用的硬技术对经济增长的贡献，也包括生产中使用的软技术，如要素配置效率、规模经济、组织管理及经济机制等因素对经济增长的贡献。因此，近年来大多数经济学家认为，把"增长余值"称为全要素生产率增长率似乎比技术进步率更为贴切，除了资本和劳动的投入引起的经济增长外，其他的经济增长都称作全要素生产率，即经济增长率减去劳动力增长率和资本存量增长率的加权平均数后的余值，就是全要素生产率。索洛经济增长模型在当代西方经济学界是被广泛认同的，保罗·萨缪尔森和威廉·诺德豪斯还直接以索洛经济增长模型来计算美国的全要素生产率。因此，本书选择索洛经济增长模型计算我国电信行业全要素生产率的变动情况。

索洛余值法的基本假设是：仅有资本和劳动两个生产要素，而且它们之间是可以相互替代的，并且能够以可变的比例相配合；完全竞争的市场条件，资本和劳动都以其边际产品作为报酬；任何时候，资本和劳动都可以得到充分利用；技术进步是中性的，即当资本劳动比（$\frac{K}{L}$）不变时，技术进步在前后生产函数中的边际产品之比（$\frac{\partial Y}{\partial L}/\frac{\partial Y}{\partial K}$）也保持不变。

索洛的总量生产函数为：

$$Y_t = A_t f(K_t, L_t) \qquad (7-4)$$

其中，L 为劳动力，K 为资本，A 为技术水平，Y 为产出，L、K、A、Y 均是 t 的函数。

总量生产函数反映了产出和投入的依存关系，投入的变化，导致产出的变化。并由此产生了索洛增长方程：

$$\frac{\Delta A}{A} = \frac{\Delta Y}{Y} - \alpha \frac{\Delta K}{K} - \beta \frac{\Delta L}{L} \qquad (7-5)$$

其中，$\frac{\Delta Y}{Y}$ 表示产出增长率，$\frac{\Delta K}{K}$ 表示资本投入增长率，$\frac{\Delta L}{L}$ 表示劳动投入增长率，α 表示产出对资本投入的弹性，β 表示产出对劳动投入的弹性，$\frac{\Delta A}{A}$ 表示全要素生产率或技术进步率。

进一步，我们可以算出资本投入对经济增长的贡献率 $E_K = \alpha \frac{\Delta K}{K}/\frac{\Delta Y}{Y} \times 100\%$，劳动投入对经济增长的贡献率 $E_L = \beta \frac{\Delta L}{L}/\frac{\Delta Y}{Y} \times 100\%$，以及全要素生产率对经济增长的贡献率 $E_A = 1 - E_K - E_L$。

根据历年的《中国通信年鉴》和《中国统计年鉴》可得到 1991—2016 年的电信业务量、固定资产投资数量和劳动力数量，进而算出 1991—2016 年的电信业务增长率、固定资产投资增长率和劳动力增长率，具体数据见表 7.4 前四列。

α 和 β 值的确定是"余值法"的关键，然而，α 和 β 无法从统计资料上直接获取，从以往的研究文献及实践操作来看，α 和 β 的取值方法主要有以下四种：一是回归法，以时间序列回归方程求解；二是份额法,最为典型的是索洛型份额法;三是最大利润法,它是由美国经济学家克莱因提出的,以生产单位追求利润最大化为前提的一种方法;四是经验法,即根据已有研究成果对 α 和 β 确定一个取值范围,国内外学者通过对 α 和 β 的深入研究和实际测算,提出多种估算方法。这里,我们选用第一种方法进行估算。

假设规模报酬不变,即 $\alpha + \beta = 1$,根据已有数据和公式: $\frac{\Delta Y}{Y} = A_0 + \alpha \frac{\Delta K}{K} + \beta \frac{\Delta L}{L}$,可得到回归方程: $\frac{\Delta Y}{Y} = 27.115 + 0.201 \frac{\Delta K}{K} + 0.799 \frac{\Delta L}{L}$,且各项系数和方程都通过检验。所以,$\alpha = 0.201$,$\beta = 0.799$。

根据前面介绍的索洛增长方程和估算的 α 和 β 数值,可以求出电信行业的全要素生产率。再根据贡献率的公式可以算出资本投入、劳动投入和全要素生产率对电信业务量增长的贡献率,具体数据见表 7.4 后四列。

表 7.4　1991—2016 年我国电信行业全要素生产率及各要素贡献率　单位:%

年份	电信业务增长率	资本投入增长率	劳动投入增长率	全要素生产率TFP	E_K	E_L	E_A
1991	32.50	40.09	3.72	21.47	24.79	9.15	66.05
1992	42.00	107.83	5.13	16.23	51.60	9.76	38.64
1993	58.90	146.60	-1.76	30.84	50.03	-2.38	52.35
1994	50.20	96.64	8.04	24.35	38.69	12.80	48.50
1995	42.00	31.99	0.64	35.06	15.31	1.22	83.47
1996	35.40	6.47	5.39	29.80	3.67	12.16	84.17
1997	33.30	8.27	-0.87	32.33	4.99	-2.08	97.09
1998	37.60	42.12	0.61	28.64	22.52	1.30	76.18
1999	33.00	6.96	2.26	29.80	4.24	5.47	90.29
2000	44.10	38.54	-3.82	39.41	17.56	-6.93	89.36
2001	26.20	16.75	-1.68	24.17	12.85	-5.12	92.27

续表

年份	电信业务增长率	资本投入增长率	劳动投入增长率	全要素生产率TFP	E_K	E_L	E_A
2002	23.20	-18.88	0.09	26.92	-16.35	0.31	116.04
2003	29.60	5.29	4.85	24.66	3.59	13.08	83.33
2004	37.40	-0.83	5.91	32.85	-0.45	12.62	87.83
2005	25.40	-5.81	5.17	22.43	-4.60	16.27	88.33
2006	26.10	5.58	6.22	20.01	4.30	19.04	76.66
2007	27.10	4.25	8.71	19.29	3.15	25.68	71.17
2008	21.00	29.55	6.17	10.13	28.29	23.48	48.23
2009	14.40	26.10	8.97	1.98	36.43	49.79	13.78
2010	17.40	14.20	6.88	9.05	16.40	31.59	52.00
2011	15.20	4.20	14.53	2.75	5.55	76.37	18.08
2012	10.70	8.50	4.72	5.22	15.97	35.24	48.79
2013	15.40	3.90	46.91	-22.86	5.09	243.38	-148.47
2014	15.50	6.30	2.74	12.05	8.17	14.11	77.72
2015	28.70	13.70	4.04	22.72	9.59	11.26	79.15
2016	33.90	-4.20	4.06	31.50	-2.49	9.56	92.93

资料来源：作者整理和计算所得。

技术进步因素对电信业务量增长的贡献"举足轻重"。由表7.4可以看出，1991—1995年，我国电信行业开始大规模发展，此时期各电信运营商在政府的大力支持下，扩大固定资产投资，使得资金投入增长率较高，明显高于劳动投入增长率和全要素生产率；1996年以来，除在电信行业重大改革年份（1998年、2000年和2008年）前后固定资产投资增长率较高外，大部分年份都在10%以下。而全要素生产率的变化幅度不大，2008年以前基本都处在15%—40%，但2008年重组以后，全要素生产率下降到10%以下，甚至个别年份降到-22.86%，近两年全要素生产率有所回升。经过多年的持续努力，我国电信行业由小到大，实现了跨越式发展，电信技术创新取得了显著进步。1991—2016年，电信业务量增长的50%以上是由技术进步带来的,尤其是2002年,全要素生产的贡献率超过了110%,达到最高值116.04%。由此可见,技术进步与创新是电信行业竞争战略的核心,持续创新对电信行业的成功至关重要。电信行业要生存和发展,就要不断采用新技术,开拓新市场,为市场提供优质产品和服务。

二 考虑到行政垄断影响的全要素生产率贡献率

垄断对技术进步会产生怎样的影响,不同的学者得出不同的结论。以熊彼特和加尔布雷思为代表的观点认为,较集中的市场结构有助于技术进步。主要观点有:(1)垄断企业比竞争企业能更好地筹集研究和开发经费。技术进步需要的研发资金主要从企业内部筹集,只有存在超额利润的垄断市场可以随时提供这种资金。(2)研究活动也存在规模经济问题。集中性产业中的企业具有研究规模的优势,小企业消耗不起时间,缺乏大规模研究开发的财力,而大企业则可把风险投资分摊到大量的项目中。(3)其他优势。如垄断企业具有保护技术专利的优势,技术创新是大企业压制竞争对手提高进入壁垒的重要策略和手段,大企业能以更高的待遇吸引科研人员,等等。以谢勒为首的学者们持相反的观点,他们认为:(1)垄断企业与完全竞争企业相比,更无效率、松懈、结构臃肿,不能抓住研发时机,因而在高度集中的市场上较少出现创新。(2)垄断企业只有较少激发创新的因素。

具体到我国电信行业,由于其存在的垄断形式是行政性垄断,对技术进步的影响就变得更加复杂。两者之间到底存在一个怎样的关系,目前学者们研究较少。而运用传统的经济计量方法直接运用变量的水平值研究经济现象之间的均衡关系容易导致谬误结论,加之对数据进行差分变换后进行回归却可能丢失长期信息。近年来,发展起来的处理平稳数据的方法——协整可用于检验经济时间序列变量水平数据是否存在长期均衡关系。下面我们就对电信行业的全要素生产率的贡献率和行政垄断程度进行协整分析以考察两者之间的长期均衡关系。为了数据年限范围的统一,这里选用1991—2016年的数据进行下面所有的分析。行政垄断程度（AM）数据选用第六章中测得的数据。

进行协整分析以前，必须先检验变量是否是平稳的。采用Dickey-Fuller的ADF检验方法，对E_A、AM及一阶差分ΔE_A、ΔAM进行平稳性检验，结果见表7.5。

表7.5　　　　　　　　　　ADF平稳性检验

变量	ADF值	检验类型（C，T，L）	1%临界值	5%临界值	是否平稳
E_A	−2.37	（C，T，1）	−4.62	−3.71	非平稳
AM	−3.21	（C，T，1）	−4.62	−3.71	非平稳
ΔE_A	−3.44	（C，0，1）	−3.92	−3.07	平稳
ΔAM	−3.97	（C，0，1）	−3.92	−3.07	平稳

注：检验类型C、T和L分别表示单位根检验方程包括常数项、时间趋势项和滞后阶数，0表示不包括C或T，Δ为差分算子。

由表7.5可知，在包括常数项和时间趋势的条件下，E_A和AM滞后1期时，ADF值均大于1%和5%的临界值，说明接受原假设，变量存在单位根，即这两个变量是非平稳的；在包括常数项不包括时间趋势的条件下，ΔE_A和ΔAM滞后1期时，ADF值均小于1%和5%的临界值，说明否定原假设，变量不存在单位根，即这两个变量是平稳的。满足协整检验的要求，可以进行下面的Johansen协整检验。

运用Johansen协整检验法对1991—2016年我国电信行业全要素生产率的贡献率和行政垄断程度进行协整关系检验，检验结果见表7.6。

表7.6　　　　　　　　　　协整检验结果

特征值	似然比统计量	5%临界值	零假设（H_0）	零假设成立的概率
0.8491	28.37	15.89	没有协整关系	0.0003
0.5205	11.02	9.16	至少有一个协整关系	0.0220

由表 7.6 可知：在 5% 的显著水平下，对于没有协整关系的零假设成立的概率为 0.0003，是小概率事件，表明原假设不成立，即存在协整关系。对于至少有一个协整关系的零假设成立的概率为 0.0220，同样也是小概率事件，表明原假设不成立，即只存在一个协整关系。所以说，在 5% 的显著水平下，全要素生产率的贡献率和行政垄断存在协整关系，且只存在唯一的协整关系。

因此，我们可以写出 E_A 和 AM 的长期均衡方程为：
$$E_A = 190.115 - 1.327 AM \qquad (7-6)$$

从上面的方程我们可知：在长期，电信行业行政垄断程度对全要素生产率贡献率的贡献系数为 -1.327。从方向来看，两者成反方向变动，行政垄断程度越高，越会造成全要素生产率贡献率的降低，这与我们平时的认识一样，行政垄断会阻碍科学技术在电信行业中的应用；从数值上看，行政垄断每加强 1 个单位，全要素生产率的贡献率就会降低 1.327 个单位，影响程度较大。根据第六章计算的电信行业行政垄断程度呈现逐渐变小的趋势，所以会促进技术进步的加快，但由于行政垄断下降速度较为缓慢，其自身对技术进步的阻碍影响势必会抵消掉其呈下降趋势带来的技术进步，从而使技术进步总体上受到不利影响。

电信行业是未来信息社会的支柱行业，随着高新技术在电信行业的应用，电信技术进步与创新对电信业务量增长具有最重要的作用，对国民经济发展也起着非常重要的作用。特别是技术进步与创新的贡献逐年增加，标志着社会向知识经济社会、信息社会方向发展。与此同时，电信行业存在的行政垄断必然会对其技术创新以及业务发展产生不利的影响。这就要求在加快电信行业技术进步与创新的同时，转变政府职能，完善电信监管体制，确保电信监管部门执法工作的独立性；降低进步壁垒，引入竞争，使电信运营商在有利竞争的环境中成长和发展。

第三节　行政垄断对中国电信行业经济效率的影响

尽管我国的电信业务量增长迅速，但在发展过程中还存在着许多无效率现象，如电信网互联互通不畅、恶性价格竞争屡禁不止等。与此同时，网络融合正在对电信行业传统的网络结构和商业模式形成巨大的冲击。在此背景下，分析行政垄断对我国电信行业的经济效率及其变动趋势的影响就显得十分迫切。

一　方法介绍

近年来，有关我国整体和各行业经济效率分析的研究越来越多，涉及的方法主要有指标评价法、非参数法和参数法等。指标评价法是指选定一个或数个单指标或综合指标，通过连续观察该指标与规模收益变化的关系来确定经济规模，具体方法主要有会计分析法、生存技术法。指标评价法虽然简单方便，但单纯使用一个或数个指标来度量规模经济不够全面和科学，因此这种方法在使用上还存在较大局限性。非参数方法主要有数据包络分析法（Data Envelopment Analysis，DEA）、无界分析法（Free Disposal Hull，FDH）、指数法（Index Numbers，IN）、混合最优策略法（Mixed Optimal Strategy，MOS）。目前，运用非参数方法研究经济效率的成果也很多。参数法是指使用一定的方法建立生产函数或者成本函数，通过分析生产函数或者成本函数确定经济规模的方法，主要可以分为生产函数法和成本函数法。随着经济研究中数学知识的融入，学者们对参数方法进行了不断的丰富，本书运用的随机前沿生产函数模型就是目前较先进的生产函数方法，它不仅可以分析技术进步效率，还可以分析研究对象的资源配置效率和规模经济性改善。

随机前沿生产函数模型理论由 Aigner、Lovell、Schmidt[①]和 Meeusenm、Van Den Broeck[②]最初提出。随机前沿生产函数认为由于组织、管理与制度等非价格因素会导致生产过程中经济效率损失,从而达不到最优的前沿技术水平。

Nishimizu 和 Page 提出全要素生产率的变化分解为前沿技术变化和相对前沿技术效率变化[③]。Bauer 提出将全要素生产率的变化分解为前沿技术进步、相对前沿技术效率变化与规模经济改善等[④]。Kumbkakar 提出将全要素生产率(Total Factor Productivity,TFP)的变化分解为前沿技术进步(Frontier Technology Progress,FTP)、相对前沿技术效率(Technical Efficiency Relative to the Frontier,TERTF)的变化、资源配置效率(Allocative Efficiency,AE)的变化、规模经济性(Scale Economy,SE)[⑤]。所谓前沿技术进步,是指在投入要素保持不变的条件下,前沿产出随时间的变化率。所谓相对前沿技术效率,是指在某一技术水平下,一组要素投入得到的实际产出与相同要素投入下的前沿产出之间的比例。相对前沿技术效率的变化,是指相对前沿技术效率随时间的变化率。所谓资源配置效率的变化,是指要素投入结构的变化对全要素生产率贡献的变化。所谓规模经济性改善,是指在其他条件不变的条件下,要素投入的规模报酬对全要素生产率贡献的增加。

在应用上,不少学者运用截面数据或面板数据来研究经济效率或全要素生产率及其分解。姚洋和章奇采用随机前沿生产函数模型估计

[①] Dennis Aigner, C. A. Knox Lovell, Peter Schmidt, "Formulation and estimation of stochastic frontier productionfunction models", *Journal of Econometrics*, Vol. 6, No. 1, 1977.

[②] W. Meeusenm and J. Van Den Broeck, "Efficiency Estimation from Cobb-Douglas Production Functions with Composed Error", *International Economic Reviews*, Vol. 18, No. 2, 1977.

[③] M. Nishimizu and J. M. Page, "Total Factor Productivity Growth, Technical Progress and Technical Efficiency Change: Dimension of Productivity Change in Yugoslavia, 1965 – 1978", *The Economic Journal*, Vol. 92, 1982.

[④] Bauer, "Recent Developments In the Econometric Estimation of Frontiers", *Journal of Econometrics*, Vol. 46, No. 2, 1990.

[⑤] S. C. Kumbkakar, "Estimation and Decomposition of Productivity Chang when Production is not Efficient: Apanel Data Approach", *Econometric Review*, Vol. 19, 2000.

生产函数，利用1995年工业普查的数据对影响企业技术效率的所有制形式、企业规模、外溢效应、公共研究机构和企业的R&D、地理位置五个因素进行了检验[①]。Yanrui使用1981—1995年27个省市的面板数据分解了生产率[②]。涂正革、肖耿选择随机前沿生产函数，采用中国大中型工业企业1995—2002年期间的年度企业数据，系统地研究了37个两位数工业行业的全要素生产率，并按照Kumbkakar提出的方法进行分解[③]。王志刚、龚六堂、陈玉宇选取超越对数生产函数的随机前沿模型，利用我国1978—2003年各省统计数据，对改革开放以来中国东、中、西部地区生产效率演进进行了研究[④]。然而，他们的注意力主要集中于制造业与农业，对于成本次可加性较强的电信行业研究较少。本节采用对数形式的时变技术效率随机前沿生产函数模型，将全要素生产率分解为前沿技术进步、相对前沿技术效率变化、资源配置效率变化、规模经济性改善四个因素，以更全面、更深入、更细分地探讨我国电信行业的动态经济效率变化，最后再分析行政垄断对其影响。

二 对数形式时变技术效率随机前沿生产函数模型与数据选择

随机前沿生产函数模型有很多种，为了刻画技术非效率、技术效率、技术非中性的存在及其变化特征，所以选择如下对数形式的时变技术效率随机前沿生产函数模型。

$$\ln y_i = \alpha_0 + \alpha_L \ln x_{Li} + \alpha_K \ln x_{Ki} + \beta_{TL} i \ln x_{Li} + \beta_{TK} i \ln x_{Ki} + v_i - \mu_i \quad (7-7)$$

其中，y_i是行业产出，用经过价格调整的行业业务量表示；x_{Li}是劳动要素投入量，用行业从业人员年均人数表示；x_{Ki}是资本要素投入量，用行业生产用固定资产净值年平均余额表示；时间趋势变量 i =

[①] 姚洋、章奇：《中国工业企业技术效率分析》，《经济研究》2001年第10期。

[②] Yanrui Wu, "Is China's economic growth sustainable? A productivity analysis", *China Economic Review*, Vol. 11, 2000.

[③] 涂正革、肖耿：《中国的工业生产力革命——用随机前沿生产模型对中国大中型工业企业全要素生产率增长的分解及分析》，《经济研究》2005年第3期。

[④] 王志刚、龚六堂、陈玉宇：《地区间生产效率与全要素生产率增长率分解（1978—2003）》，《中国社会科学》2006年第2期。

1，2，3，…，T，反映技术变化；误差项 μ_i 是行业技术非效率造成的行业损失（不可观测），要求大于或等于0，统计误差 v_i 与 μ_i 相互独立。

根据随机前沿生产函数模型（7-7）与前沿技术进步的定义，前沿技术进步对产出与全要素生产率的贡献为：

$$FTP_i = \frac{\partial f(x_{ki}, x_{li}, i)}{\partial i} = \beta_{TL} \ln x_{Li} + \beta_{TK} \ln x_{Ki} \quad (7-8)$$

在随机前沿生产函数式（7-7）下，劳动与资本的产出弹性为：

$$\varepsilon_{Li} = \alpha_L + \beta_{TL_i} \quad (7-9)$$

$$\varepsilon_{Ki} = \alpha_K + \beta_{TK_i} \quad (7-10)$$

设总规模报酬弹性 $RTS_i = \varepsilon_{Li} + \varepsilon_{Ki}$，那么规模经济性改善为：

$$SE_i = (RTS_i - 1)(\lambda_k \times \dot{x}_{Ki} + \lambda_L \times \dot{x}_{Li}) \quad (7-11)$$

其中，$\lambda_{ki} = \frac{\varepsilon_{Ki}}{RTS_i}$，$\lambda_{Li} = \frac{\varepsilon_{Li}}{RTS_i}$，$\dot{x}_{Ki} = \frac{\partial \ln x_{Ki}}{\partial i}$ 为资本投入要素增长率，$\dot{x}_{Li} = \frac{\partial \ln x_{Li}}{\partial i}$ 为劳动投入要素增长率。

资源配置效率的变化为：

$$AE_i = (\lambda_{ki} - S_{Ki}) \times \dot{x}_{Ki} + (\lambda_{Li} - S_{Li}) \times \dot{x}_{Li} \quad (7-12)$$

其中，S_{Ki}、S_{Li} 分别是资本要素与劳动要素在要素总成本中的份额，且两者之和为1。

设相对前沿技术效率的变化为：

$$\dot{TE}_i = -\frac{du_i}{di} \quad (7-13)$$

定义产出增长率为 $\dot{y} = \frac{d\ln y_i}{di}$，将其分解为前沿技术进步、投入要素增长对产出增长的贡献、相对前沿技术效率的变化，即

$$\dot{y}_i = \frac{d\ln f(x_{Li}, x_{Li}, i)}{di} - \frac{du_i}{di} = FTP_i + \varepsilon_{ki} \dot{x}_{Ki} + \varepsilon_{Li} \dot{x}_{Li} - \frac{du_i}{di} = FTP_i + \varepsilon_{ki} \dot{x}_{Ki} + \varepsilon_{Li} \dot{x}_{Li} + \dot{TE}_i \quad (7-14)$$

按照增长核算方法，全要素生产率为：

$$TFP_i = \dot{y}_i - S_{Ki} \dot{x}_{Ki} - S_{Li} \dot{x}_{Li} \quad (7-15)$$

将式 (7-14) 代入式 (7-15), 整理可得:

$$TFP_i = FTP_i - \frac{du_i}{di} + (\varepsilon_{Ki} - S_{Ki})\dot{x}_{Ki} + (\varepsilon_{Li} - S_{Li})\dot{x}_{Li}$$

$$= FTP_i - \frac{du_i}{di} + (\lambda_{Ki} - S_{Ki})\dot{x}_{Ki} + (\lambda_{Li} - S_{Li})\dot{x}_{Li} + (RTS_i - 1)(\lambda_{Ki}\dot{x}_{Ki} + \lambda_{Li}\dot{x}_{Li})$$

$$= FTP_i + \dot{TE}_i + AE_i + SE_i \qquad (7-16)$$

新中国成立以来,我国电信行业取得了令人瞩目的成就。新中国初建时,我国电信行业总体水平较低。经过多年恢复和建设,电信行业有了一定程度的发展,但直到改革开放前,电信生产力仍然落后。改革开放以后,电信行业发展速度明显加快,尤其是20世纪90年代以后,其增长速度远远大于国民经济增长速度,成为国民经济增长最快的行业之一。所以,本书选取1991—2016年的数据为研究对象,即电信行业业务收入（y）、电信行业固定资产投资额（k）和电信行业就业职工人数①。为了消除价格因素对全要素生产率及分解的影响,以1990年的价格为基准,用商品零售价格指数对电信行业业务收入进行处理,用固定资产价格指数对固定资产投资额进行处理。为了便于同其他垄断行业中的完全垄断经营的产业进行比较,以中国37个两位数行业的总体情况为参照系。这些代表企业每年创造的增加值占全产业增加值的50%以上,具有统计分析意义上的代表性。

三 全要素生产率增长及其分解的结果与分析

根据选取时间段的有关数据,可得到我国电信行业对数形式的时变技术效率随机前沿生产函数模型的拟合结果 [式 (7-17)]、全要素生产率的分解 (表7.7) 以及作为参考的37个两位数行业全要素生产率总体分解结果 (表7.8), 分别如下:

$$y_i = 15.95 - 2.8545\ln l_i + 0.3895\ln k_i + 0.0719 i\ln l_i - 0.0088 i\ln k_i$$

$$(7-17)$$

---

① 包括其他信息传输服务业职工人数。

第七章 中国电信行业行政垄断造成的影响分析

表 7.7　　　　电信行业全要素增长率及分解情况　　　单位:%

年份	TFP	FTP	TE	AE	SE	RTS
1991	-1.60	-0.02	5.85	-9.15	1.71	-240.18
1992	-1.60	-0.02	5.87	-9.15	1.70	-233.86
1993	-0.18	-0.13	3.47	-11.22	7.70	-227.54
1994	0.65	0.05	8.46	-5.70	-2.17	-221.23
1995	3.67	-0.01	5.11	-2.25	0.82	-214.91
1996	1.46	0.05	5.99	-2.49	-2.09	-208.59
1997	2.22	-0.04	2.92	-2.62	1.96	-202.27
1998	0.59	-0.04	3.16	-4.57	2.03	-195.95
1999	4.32	0.04	5.08	1.18	-1.98	-189.64
2000	0.65	-0.11	1.36	-5.95	5.35	-183.32
2001	0.85	-0.05	1.36	-2.90	2.44	-177.00
2002	5.00	0.03	3.46	3.08	-1.57	-170.68
2003	1.95	0.06	4.59	-0.10	-2.61	-164.37
2004	3.66	0.09	5.87	1.54	-3.84	-158.05
2005	2.70	0.08	4.42	1.56	-3.36	-151.73
2006	1.45	0.08	4.27	0.26	-3.16	-145.41
2007	1.67	0.12	5.02	1.06	-4.53	-139.10
2008	-0.87	0.06	2.97	-1.99	-1.91	-132.78
2009	-1.26	0.10	3.12	-1.12	-3.35	-126.46
2010	2.65	0.11	3.70	2.92	-4.08	-120.14
2011	0.34	0.18	4.57	1.94	-6.36	-113.82
2012	0.00	0.05	1.82	-0.13	-1.73	-107.51
2013	-0.77	0.51	9.30	6.22	-16.80	-101.19
2014	0.67	0.03	1.71	-0.26	-0.81	-94.87
2015	1.00	0.04	2.75	-0.82	-0.97	-88.55
2016	2.84	0.05	3.33	1.12	-1.66	-82.24
平均	1.23	0.05	4.21	-1.52	-1.51	-161.21

注：在计算 AE 时，用到的 S_k 和 S_l 分别是资本要素与劳动要素在要素总成本中的份额，由于电信行业属于高科技含量的行业，资本投资较大，即资本要素在要素总成本中的份额较大，按照以往经验，S_k 和 S_l 两者的比例大体为 3:1，即 S_k 为 0.75，S_l 为 0.25。

资料来源：作者计算所得。

表 7.8　　　　　　　我国 37 个两位数行业的总体情况　　　　　单位:%

年份	TFP	FTP	TE	AE	SE
1997	-0.7	5.94	-6.5	0.198	-0.63
1998	3.0	9.01	-6.6	-0.205	-0.07
1999	7.5	12.30	-6.7	-0.046	-0.04
2000	11.2	15.30	-7.0	0.370	0.06
2001	8.2	18.90	-7.4	-0.260	-0.53
2002	14.0	22.60	-7.9	0.285	-0.52
平均	7.5	13.95	-7.11	0.019	-0.33

资料来源：涂正革、肖耿：《中国的工业生产力革命——用随机前沿生产模型及对中国大中型工业企业全要素生产率增长的分解及分析》，《经济研究》2005 年第 3 期。

1. 全要素生产率（TFP）

1991—2016 年，我国电信行业的全要素生产率的波动比较频繁，大体经历先升后降再升的趋势（见图 7.4）。在 1995 年、1999 年和 2002 年分别出现了全要素生产率的较大值，这主要是由于在这三个年份之前，电信行业进行了重大的电信改革，促使行业全要素生产率有所提高。在 1994 年中国联通成立以前，电信行业处于完全垄断阶段，以及 2008 年的电信业重组，电信行业形成三大电信运营商，这

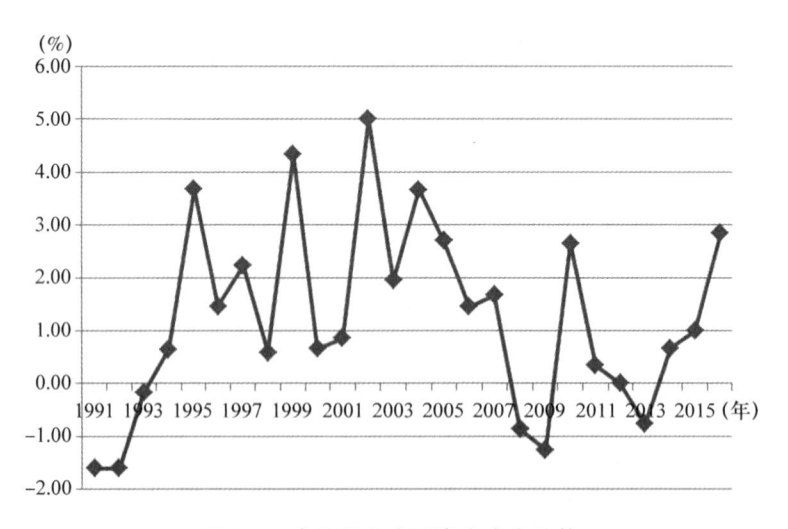

图 7.4　电信行业全要素生产率趋势

些年份的全要素生产率都是负值,说明这些年份由于行业垄断对电信行业的全要素生产率造成了不利影响。1991—2016 年电信行业全要素生产率的平均值为 1.23%,而 1997—2002 年 37 个两位数行业全要素生产率的平均值为 7.5%,同时段我国电信行业的全要素生产率的平均值为 2.27%。可见,电信行业的全要素生产率的增长低于全国总体水平。整体呈现上升趋势主要是由于近年来,电信行业加大管理体制和运行机制的改革,激发工作员工主动性、积极性和创造潜能的竞争机制、激励约束机制逐渐形成。在逐渐加剧的企业竞争压力下,电信企业纷纷采取新技术来确保市场份额,所以,电信行业由技术进步带来的产出增长仍有较高水平。

2. 前沿技术进步(FTP)

1991—2016 年,26 年来我国电信行业的前沿技术进步平均水平为 0.05%。而 1997—2002 年 37 个两位数行业的前沿技术进步的总体增长率平均为 13.95%。电信行业的前沿技术进步总体水平明显低于全国总体水平。从每年数值可以看出,电信行业前沿技术进步大多数都呈现正值,说明由于行业内部的竞争使得我国电信企业积极促进前沿技术进步,且前沿技术进步呈现上升趋势(见图 7.5),表明电信企业

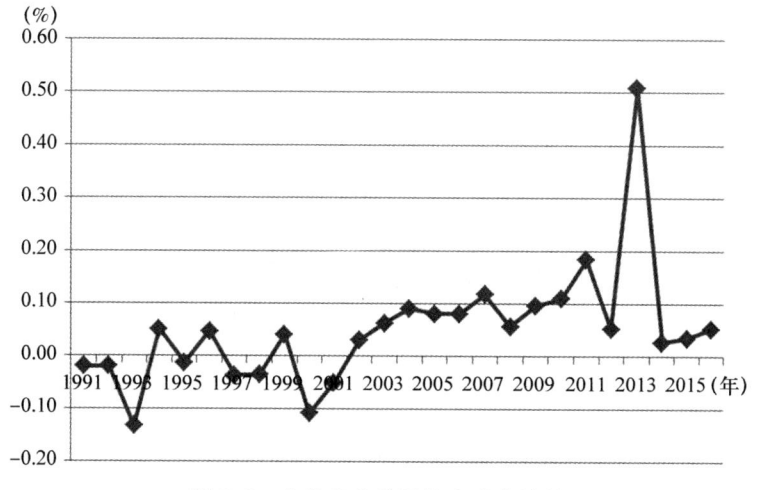

图 7.5 电信行业前沿技术进步趋势

在外部竞争压力逐渐加大的背景下，积极采取提高前沿技术进步的措施，如采用新的网络连接设备、采用新技术增强网络信号等。从信息技术普及的 S 型曲线来看，第四代移动通信逐渐进入稳定期，5G 时代很快就要来临，需要新的技术来推动移动通信的进一步快速发展。

3. 相对前沿技术效率的变化（$\widetilde{TE}$）

1990—2008 年，我国电信行业的相对前沿技术效率的变化率呈现波动式下降的趋势（见图 7.6），而 26 年的平均变化率为 4.21%。1997—2002 年 37 个两位数行业的相对前沿技术效率的变化率平均为 -7.1%，且每年数值均为负值。由于相对前沿技术效率表示的是在既定技术条件下，实际产出占随机前沿产出的比例，如果随机前沿技术进步快，即使实际产出较原来有所增加，但增加的幅度没有随机前沿技术进步的幅度大，那么相对前沿技术效率的变化率便会是负数。所以，竞争性越强的行业，随机前沿技术进步越快，其增长的幅度超过了实际产出的增长幅度，因此相对前沿技术效率的变化率就越低，甚至为负数。1994 年，相对前沿技术效率变化达到 8.46%，1994 年中国联通的成立加剧了电信行业的竞争，致使相对前沿技术效率变化呈现下降态势，但由于我国电信行业有效竞争程度有限，相对前沿技

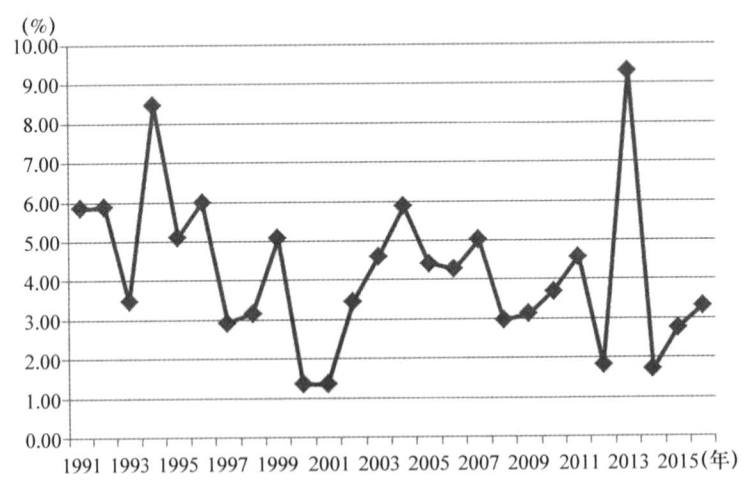

图 7.6 电信行业相对前沿技术效率变化趋势

术效率变化始终未出现负值，说明电信行业目前的垄断现象比较严重，垄断的产业结构造成了随机前沿技术进步幅度有限。

4. 资源配置效率的变化（AE）

1991—2016 年，我国电信行业的资本配置效率的变化呈现上升的趋势（见图 7.7），且由负值逐渐上升到正值。由于早期资源配置效率负值水平较低，致使 26 年的平均变化率为 -1.52%。而 1997—2002 年 37 个两位数行业的资本配置效率的平均变化率为 0.19%。由于在完全竞争的理想情况下，资本要素和劳动要素能够充分地、自由地流动，资源配置效率对全要素生产率增长的贡献应该趋近于零。但是完全竞争的理想状态在现实经济运行中不存在，所以资源配置效率对全要素生产率增长的贡献可正可负。从我国电信行业资源配置效率的发展来看，近年来逐渐趋向于零，说明资源配置效率在不断提高，但仍有改善资源配置效率的空间。

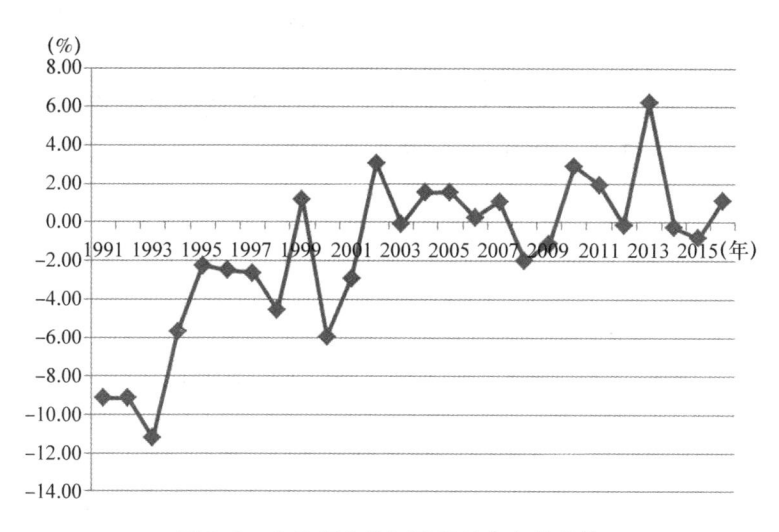

图 7.7 电信行业资源配置效率变化趋势

5. 规模总报酬与规模经济性改善（RTS 与 SE）

1991—2016 年，我国电信行业的规模总报酬呈现逐渐上升的趋势（见图 7.8），从 1991 年的 -240.18% 增长到 2016 年的 -82.24%，26

年的平均规模总报酬为-161.21%，说明电信行业一直处在规模报酬递减的状态。

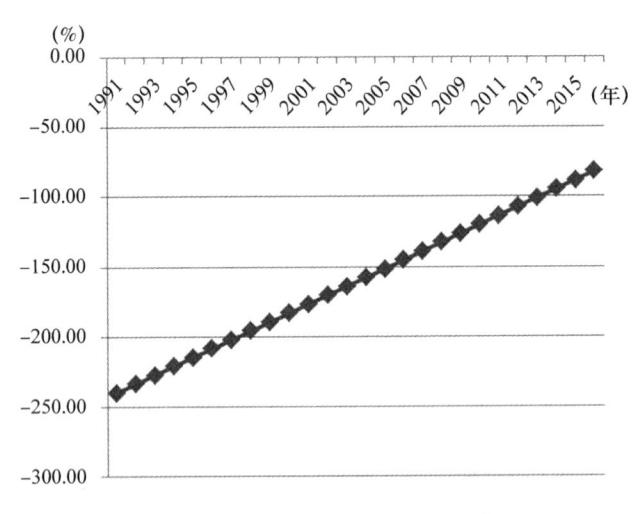

图7.8 电信行业规模总报酬趋势

1991—2016年，我国电信行业的规模经济性改善呈现波动下降的趋势（见图7.9）。2002年以前除个别年份外，电信行业规模经济

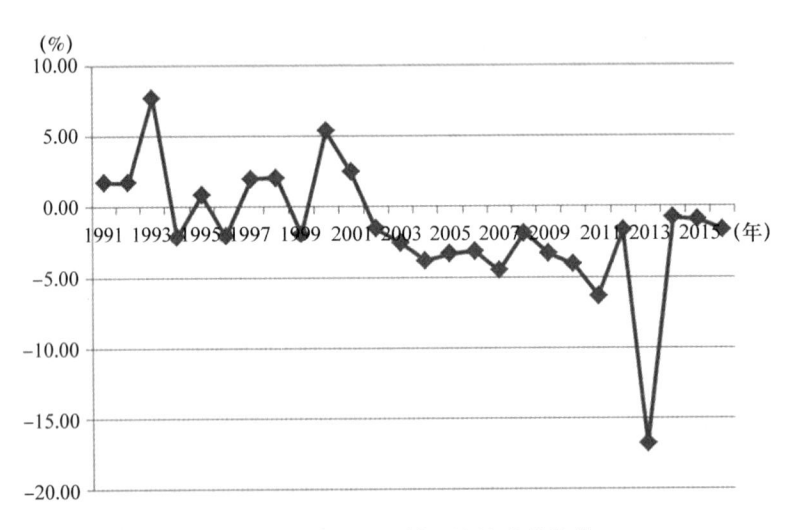

图7.9 电信行业规模经济性改善趋势

性改善基本上为正值,说明其对全要素生产率的贡献为正;2002年以来,电信行业规模经济性改善基本为负值,除个别年份波动较大以外,大部分年份都比较接近于零,说明其规模经济性改善对全要素生产率的贡献为负,但负面影响越来越小。

四 行政垄断对我国电信行业经济效率影响的实证分析

电信行业是大众普遍认为垄断程度较高的行业,其较高的垄断程度造成了电信行业整体的低效率和电信用户社会福利的净损失。随着学者们研究的深入,人们开始从垄断形成的规模经济、范围经济等角度切入,尤其是探讨行政垄断在降低成本、技术创新过程中所起的作用。电信行业存在的行政垄断会对其经济效率产生什么样的影响呢?下面,就对这个问题进行研究。

从图 7.4 到图 7.9 全要素生产率和各分解指标的走势以及电信行业改革情况我们知道,1994 年、1999 年、2002 年和 2008 年对我国电信行业的发展有着特殊的意义。为了更全面地反映行政垄断对我国电信行业经济效率的影响,本书设置了四个时间虚拟变量 D_{94}、D_{99}、D_{02} 和 D_{08}。下面将第六章中测算得到的行政垄断程度(AM)、时间虚拟变量作为自变量,分别将全要素生产率(TFP)、前沿技术进步(FTP)、相对前沿技术效率的变化($\dot{TE}$)、资源配置效率的变化(AE)、规模总报酬(RTS)和规模经济性改善(SE)作为因变量进行分析。计量过程中根据拟合程度对时间虚拟变量进行取舍,拟合结果如式(7-18)至式(7-23)。

$$TFP = 26.04738 - 0.2769 AM - 2.95719 D_{08}$$
$$\qquad (0.0019) \quad (0.0031) \quad (0.0016) \qquad (7-18)$$
$$F = 7.0946, \text{Prob}(F) = 0.0040$$

$$FTP = 1.2535 - 0.014 AM$$
$$\qquad (0.0015) \ (0.0021) \qquad (7-19)$$
$$F = 11.8478, \text{Prob}(F) = 0.0021$$

$$\dot{TE} = 14.4374 - 0.1012 AM - 2.2079 D_{99}$$
$$\qquad (0.3943) \quad (0.5798) \quad (0.2399) \qquad (7-20)$$

$F = 1.3943$,Prob（F） $= 0.2682$

$AE = 75.4999 - 0.8873AM - 2.2709D_{08}$

　　　$(3.03E-7)$　$(1.65E-7)$　(0.0676) 　　　　(7-21)

$F = 36.1564$，Prob（F） $= 7.94E-8$

$RTS = 1046.361 - 13.4247AM - 42.676D_{94} - 30.9813D_{99} + 14.4371D_{08}$

　　　$(3.24E-6)$　$(1.61E-7)$　(0.0006)　(0.0092)　(0.0437)

(7-22)

$F = 215.8923$，Prob（F） $= 9.86E-17$

$SE = -51.2141 + 0.5785AM$　　　　　　　　　　　(7-23)

　　(0.0005)　　(0.0006)

$F = 15.3777$，Prob（F） $= 0.0006$

可以看出，在5%的置信水平下，行政垄断程度和全要素生产率（TFP）、前沿技术进步（FTP）、资源配置效率的变化（AE）、规模总报酬（RTS）和规模经济性改善（SE）具有明显的线性关系，参数和方程均能通过检验；而相对前沿技术效率的变化（TE）未通过检验。从影响程度上看，电信行业行政垄断对规模总报酬、资源配置效率的变化和规模经济性改善有较大的影响，对全要素生产率、前沿技术进步、相对前沿技术效率的变化影响较小。从影响方向上看，电信行业的行政垄断程度的降低会促进全要素生产率、前沿技术进步、相对前沿技术效率的变化、资源配置效率的变化和规模总报酬提高与改善，但会造成规模经济性改善的下降和恶化。

根据第六章的分析结果可知，随着电信行业规制改革的深入和完善，电信行业行政垄断程度呈现逐渐降低的趋势。根据以上分析，电信行业行政垄断程度降低的同时，它会造成全要素生产率的增长速度加快，前沿技术进步加快，相对前沿技术效率提升，资源配置效率加强，规模总报酬递增，规模经济性改善降低。从它们各自影响系数的大小和方向可以大体判定，随着我国电信行业行政垄断程度的降低，电信行业的整体经济效率是逐步提高的。

第四节　中国电信行业行政垄断对社会福利的影响

传统经济学认为，完全竞争市场是更优于垄断市场的。其原因是完全竞争市场能够使全社会资源达到最有效的配置，实现社会福利的最大化，而垄断市场由于存在超额垄断利润不可能实现社会资源的最优配置，存在社会福利损失。而有些经济学家对此提出了不同的意见，认为在考虑福利损失的同时，也要考虑垄断的福利创造，例如垄断对技术的推动，给社会创造的无形福利，等等。其中比较有影响的是威廉·姆森的研究，他提出适当程度的垄断给社会带来的收益可以抵消由于垄断而导致的社会成本。垄断增强了企业的规模经济，规模经济的效率收益抵消了由于垄断使得市场力量的增强所产生的社会成本。这也就是我们常说的"马歇尔冲突"。

由于我国长期以来一直实行苏联模式的计划经济体制和高度的国有化，在公共服务领域和主要基础设施部门早已形成根深蒂固的行政垄断，它们依靠行政资源，以国家名义占有和瓜分属于全社会共有的资源，导致垄断部门的少量从业人员占有惊人的经济资源，社会福利损失严重。市场化改革后，在权力下放和法制不健全的情形下，一些区域性、行业性的部门利用非市场力量控制资源配置，进而形成排他性的利益集团。电信行业也是在政府的控制和保护下发展起来的，其行政垄断程度比较高。这里主要从电信行业的垄断福利、管制机构非正式开支、电信企业的寻租成本，以及行政垄断造成的社会净福利损失四方面入手来分析电信行业行政垄断对社会福利的影响。

一　垄断福利

电信行业的高薪高福利，一直遭国人口诛笔伐。其收入到底高到什么程度，据原劳动保障部副部长步正发披露，目前电力、电信、金融、保险、水电气供应、烟草等行业职工的平均工资是其他行业的2倍至3倍，加上工资外收入和职工福利待遇，实际收入差距可能更大。据2006年的一份调查,电信行业的薪资水平居各行业的首位,年薪均值达到了55770元。据厦门市统计局对2005年职工工资的统计,在国民经济各行业中,年人均工资水平最高的三个行业是:烟草制品业108076元、银行业88310元、电信和其他信息传输服务业60112元,分别是全市在岗职工人均工资的4.79倍、3.03倍和2.66倍。2018年国家统计局公布了2017年我国各行业的人均收入情况,在城镇非私营单位中,年平均工资最高的三个行业分别为:信息传输、软件和信息技术服务业133150元,金融业122851元,科学研究和技术服务业107815元,分别是全国平均水平的1.79倍、1.65倍和1.45倍;在城镇私营单位中年平均工资最高的三个行业分别是:信息传输、软件和信息技术服务业70415元,科学研究和技术服务业58102元,金融业(主要是各种保险代理、典当行和投资咨询公司)52289元,分别是全国平均水平的1.54倍、1.27倍和1.14倍。可见,电信行业的工资水平较之全国平均水平差距在缩小,但仍高出全国平均水平很多。此外,高收入的同时是高福利的存在,电信职工在装电话、打电话、上网等方面都享有免费待遇。

从垄断形成原因上来看,市场垄断和自然垄断是自由竞争形成的,受到市场竞争过程的约束,所以不管它给职工多高的福利,都不会侵害到社会福利。而行政垄断结构的形成大多数情况下不是由于经济规律和行业的经济技术特性造成的,而是来自行政权力的主导,这种靠政府力量或权威获得的垄断地位很少或不受市场规律的约束。在行政垄断的强化下,电信职工高福利、高收入居高不下并且呈现刚性增长。在经济体制改革后,电信行业一脚"踩"在财政资金上,利用其提供公共产品的特殊性,争取政策倾斜和大量资源,享受着资源配给的优先权;另一脚"踩"在市场上,通过种种手段追求垄断利润,挤占消费者剩余,从市场上获利。无偿占有公共资源,把高额垄断利润转化为工资和福利则是一种社会福利的净损失,被称为福利腐败问题。电信行业利用自身经营管理公共资源的特权之便,把本应花钱购买的公共资源免费或低价提供给本行业职工支配。这种福利表面看来是电信运营商赏赐给职工的,与外人无关,其实不然,因为福利成本最终会被电信运营商计算到生产成本中去，继而转嫁到消费者头上，由消费者来承担。易中天教授将其定义为"非典型腐败"，就是看起来不像是腐败，或不认为是腐败的腐败①。

电信行业垄断福利的蔓延和扩散，违背了市场经济规律，严重地破坏了社会公平，加大了行业运行成本，损害了政府公共管理部门的信用，也造成了国有资产的流失。其存在的不合理的高收入，在一定程度上扭曲了我国的收入分配制度，这种现象任其发展，必然伤及社会的公平正义。电信行业凭借其垄断地位就能获得垄断福利，其技术进步的动因也就消失了。同时由于诱人的高收入，大量的人才不顾自身的优势都挤进该行业，这一方面造成了人才的浪费，另一方面也加重了全社会的行业歧视，使原本相对落后的农林牧渔业更加丧失人力资本。掌权者也会将自己的关系户安插入该行业，使人员素质不断下降。另外，电信运营商的领导也会利用垄断利润与政府部门拉关系，以保持其垄断地位。所以，电信行业存在的行政垄断必然产生腐败，妨碍社会进步。

二 非正式开支

非正式开支是指电信主管部门（1998年以前是邮电部，1998年成立信息产业部，2008年以后改为工业和信息化部）用于非电信业务管理的支出。每年电信主管部门的管理费用除了用于正常的运作外，还有一部分会在部门内部消耗掉，形成非正式开支。这里借助于目前国际上对腐败问题研究较为权威和全面的"透明国际"每年发布的有关全球腐败指数②的数据进行估算。在"透明国际"公布的腐败指数中，10分为最高分，表示最廉洁；0分表示最腐败；8.0—

---

① 吴应海：《"福利腐败"怎么打》，东方网，2006年3月5日。
② "透明国际"对腐败的定义是：公务员滥权谋私。腐败指数评定的是公共机构的腐败现象，调查所问问题都是跟公务员滥用职权牟取私利有关，特别是公务员在公共采购领域里索贿受贿，这些调查包括行政腐败和政治腐败。腐败指数反映的是全球各国商人、学者及风险分析人员对世界各国腐败状况的观察和感受，其测量采用了全世界13个独立研究机构的17项普查资料，如世界经济论坛的《世界竞争力评估报告》、瑞士洛桑管理学院的《全球竞争力年报》，等等。

10.0分表示非常廉洁；5.0—8.0分为轻微腐败；2.5—5.0分为腐败比较严重；0—2.5分则为极端腐败。我国从90年代前的5.13分、4.73分直降到1995年的2.16分、1996年的2.43分，得分波动较大。1997年以后，中国得分大致稳定在3分左右。2012年以后该指标以百分制表示，当年中国以39分位列第80，2013年达到40分列第80位，2014年得36分排名跌至第100位，2015年得37分排名第83位，2016年得40分排名提升到第79位。在此基础上，这里将电信行业行政管理费用的30%作为电信管理部门非正式支出的大致估计值，其中电信行业行政管理费用的数据是根据全国行政管理费用与GDP的比值乘以电信业务收入估算获得，具体估算结果见表7.9。

表7.9　　1998—2016年我国电信行业行政管理费用估算

单位：亿元、%

年份	国内生产总值	国内行政管理费用	电信业务收入	电信行政管理费用	非正式开支	非正式开支占GDP的比重
1998	85195.50	1600.27	2296.50	43.14	12.94	0.0152
1999	90564.40	2020.60	2787.90	62.20	18.66	0.0206
2000	100280.10	2768.22	3074.00	84.86	25.46	0.0254
2001	110863.10	3512.49	3571.90	113.17	33.95	0.0306
2002	121717.40	4101.32	4115.80	138.68	41.61	0.0342
2003	137422.00	4691.26	4610.00	157.37	47.21	0.0344
2004	161840.20	5521.98	5187.60	177.00	53.10	0.0328
2005	187318.90	6512.34	5799.00	201.61	60.48	0.0323
2006	219438.50	7571.05	6483.80	223.70	67.11	0.0306
2007	270232.30	9312.39	7280.00	250.87	75.26	0.0279
2008	319515.50	9795.92	8139.90	249.56	74.87	0.0234
2009	349081.40	9164.21	8424.30	221.16	66.35	0.0190
2010	413030.30	9337.16	8988.00	203.19	60.96	0.0148
2011	489300.60	10987.78	9880.00	221.87	66.56	0.0136
2012	540367.40	12700.46	10762.90	252.96	75.89	0.0140

续表

年份	国内生产总值	国内行政管理费用	电信业务收入	电信行政管理费用	非正式开支	非正式开支占GDP的比重
2013	595244.40	12753.67	11689.10	250.45	75.13	0.0126
2014	643974.00	13267.50	11541.10	237.78	71.33	0.0111
2015	689052.10	13547.79	11251.40	221.22	66.37	0.0096
2016	744127.20	13581.37	11893.00	217.06	65.12	0.0088
Σ	—	—	—	—	1058.36	—

注：由于2007年政府收支分类改革，故2007年以后的行政管理支出用一般公共服务支出数据代替。

资料来源：作者根据2017年《中国统计年鉴》及工业和信息化部网站数据整理。

　　从图7.10中可以看出，19年来，伴随电信业务收入的迅速增长，每年的非正式开支呈现"M"型的增长趋势，前期增长较快，直到2007年达到最大值75.26亿元，随后有个小幅下降，2012年又达到新的最大值75.89亿元，此后缓慢下降。1998年到2016年，19年形成的非正式开支高达1058.36亿元。这种变化趋势与我国电信行业主管部门演变发展和电信市场结构变化有着密切的联系，1998年电信主管部门由原来的邮电部变为信息产业部，管理权限和范围有所增大，相应的非正式开支也逐渐加大；2000年中国电信一分为三——中国电信、中国移动、中国卫通，与1994年成立的中国联通共同组成我国的电信市场，信息产业部的管理对象增多，相应的工作量加大，非正式开支的机会加大；2002年，中国电信再次拆分成中国电信和中国网通，中国电信市场形成"5+1"格局，信息产业部工作量进一步加大，电信行业非正式开支继续加大。2008年电信行业拆分，由原来的多家电信运营商合并为三家，电信主管部门行政管理费用下降，相应的非正式开支有所下降。

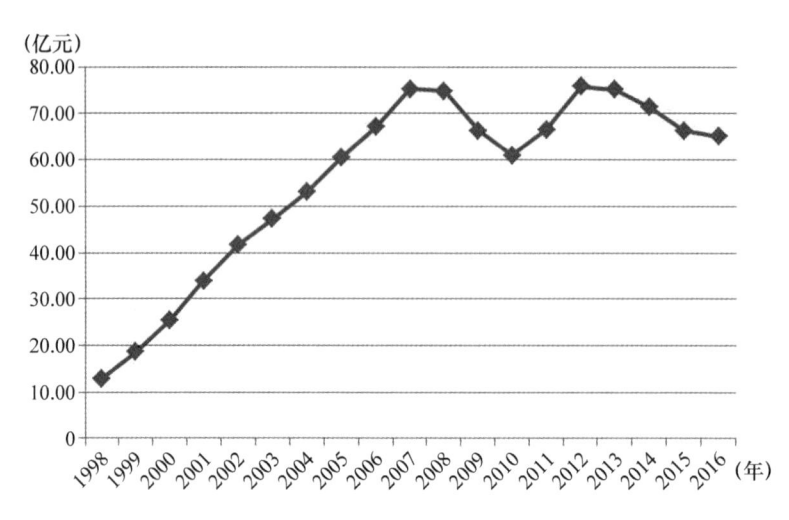

图 7.10　我国电信行业非正式开支趋势

从图 7.11 中可以看出，每年电信行业的非正式开支占 GDP 的比重经历了先增后减的趋势，在 2003 年达到最高，2003 年以来下降幅度明显，到 2016 年跌至 0.0088%。

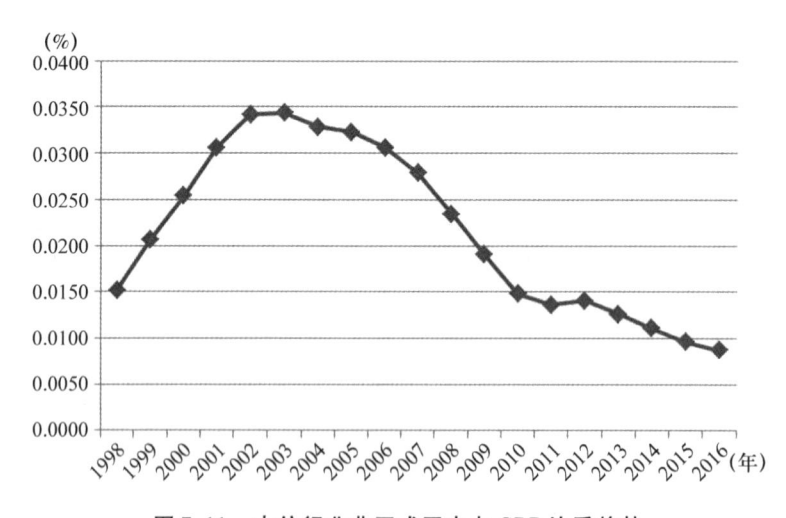

图 7.11　电信行业非正式开支占 GDP 比重趋势

三 寻租成本

寻租是指人类社会中非生产性的追求经济利益的活动，即是维护既得经济利益或对既得利益进行再分配的非生产性活动。从政治学角度来看，租金泛指在政府干预中，由于行政管制市场竞争而形成的级差收入，而一切利用行政权力牟取私利的行为都被称为寻租行为。按照布坎南的解释，所谓寻租活动，是指人们在某种制度环境下，凭借政府保护而进行的寻求财富转移的活动，这种努力的结果不是创造社会剩余而是导致社会浪费。对于经济当事人而言，寻租就是用较低的贿赂成本获取较高的收益或者超额利润。这种寻租活动寻求的是非生产性的直接利润。它并不是通过创造物质财富来增加利润，而是通过各种合法或非法努力，如游说与行贿等，促使政府出面干预经济活动来获取高额垄断利润。对于政府官员而言，寻租就是运用自己手中的行政权力来牟取私人经济利益。政府官员在寻租活动的过程中不仅仅是扮演一个被动的角色，而往往是主动地去进行"政治创租"和"抽租"。所以寻租往往表现为非法形式，是维护或追求个人既得的经济利益，而不利于或有碍于国家经济的发展，是利用法律或行政的手段，更或者是非法的手段来阻碍各生产要素在不同商品或服务之间的自由流动和自由竞争，以维护既得的经济利益或对既得的经济利益进行再分配，如行贿、受贿、利用行政手段干预、偷税漏税以及走私等。

与自由竞争条件下有可能将个人的利己行为转化为社会福利相反，在政府干预情况下为谋私利的寻租活动带给社会的将是纯粹的浪费。在寻租状态下，人们为了获取个人利益，往往不是通过扩大生产或降低成本的方式来增加利润，而是把大量的人、财、物用于争取政府的种种优惠上，如获取政府的垄断许可、平价物资、低息贷款、减免税收和无偿投资等。从经济学的观点看，这些活动都耗费了大量稀缺的社会资源，降低了全社会的经济福利。所以，寻租活动是一场就社会整体而言损失大于收益的竞争，其结果是导致社会经济的内耗，资源的浪费，落得两败俱伤，谁都不是赢家。近年来，信息产业部封杀网络电话，电信网通宽带变相涨价，中国电信单方面大幅上调国际长途电话的接入费率等事实无疑是我国电信行业政府主动创租、企业自主寻租的最好例证。

寻租成本由三部分构成：寻求垄断所耗费的成本，垄断本身所造成的福利损失，寻租所失去的技术创新的机会及其福利。对于寻租者来讲，在这三部分成本中，他所承担的主要是第一部分成本，也就是寻求垄断所耗费的成本，它可以看成一种私人成本。至于后面的两部分成本与寻租者并没有直接的关系，这些成本会外化为一种社会成本，由全社会来承担，计算起来较为复杂。寻求垄断所耗费的成本主要包括搜集潜在垄断租的信息成本、对政府官员的游说成本、贿赂有关人员的成本，以及维持垄断租的成本等。在这里特别需要强调的是，寻求垄断所耗费的成本往往与寻租人对垄断利润的预期有关。也就是讲，寻租人对未来垄断利润的预期越大，那么他的前期寻求垄断所耗费的成本就越大。此外，从短期来看，寻求垄断所耗费的成本可能大于其所获得的垄断利润。但是从长期来看，寻求租金的收益大于其寻租成本。

理论上讲，企业寻租活动的私人成本应与其预期到的垄断利润相等，而垄断利润往往是难以预期和估算的，故可以把电信运营企业的净利润作为寻租成本第一部分的参照。2001—2016年我国主要运营企业净利润数据如表7.10所示，16年间净利润总和高达18436.02亿元。而每年寻租成本占GDP的比重基本维持在0.17%—0.55%，且有不断下降的趋势。

表7.10　2001—2016年我国主要电信运营企业净利润数据

单位：亿元、%

年份	中国移动	中国联通	中国电信	中国网通	合计	占GDP的比重
2001	280.00	44.88	162.50	—	487.38	0.4396
2002	327.00	46.00	169.00	—	542.00	0.4453
2003	356.00	42.20	246.00	-296.00	348.20	0.2534

续表

年份	中国移动	中国联通	中国电信	中国网通	合计	占 GDP 的比重
2004	420.00	43.90	280.20	92.53	836.63	0.5169
2005	535.89	49.30	279.10	138.90	1003.19	0.5356
2006	661.14	61.29	271.00	129.60	1123.03	0.5118
2007	871.00	93.17	225.17	121.00	1310.34	0.4849
2008	1127.90	143.30	200.66	—	1471.86	0.4607
2009	1152.00	95.60	144.22	—	1391.82	0.3987
2010	1196.00	38.50	157.59	—	1392.09	0.3370
2011	1258.70	42.30	164.04	—	1465.04	0.2994
2012	1293.00	71.00	149.22	—	1513.00	0.2800
2013	1217.00	104.00	175.00	—	1496.00	0.2513
2014	1093.00	121.00	177.00	—	1391.00	0.2160
2015	1085.00	105.60	200.50	—	1391.10	0.2019
2016	1087.00	6.30	180.04	—	1273.34	0.1711
合计	—	—	—	—	18436.02	—

资料来源：作者根据各运营商年报及相关网站数据整理。

四 社会福利净损失

行政性垄断依托资源优势，以高物耗、低水平、规模不经济为代价获取了超额垄断利润，降低了市场配置资源的效率，最终影响市场经济制度的正常运行。由于缺乏竞争机制，导致产品供应单一，消费者没有太大的选择余地，处于一种被动的地位。滥用权力的另一后果是极大地损害了公共利益。根据寻租经济学，垄断会扭曲资源有效配置，从而造成两类损失：一类是社会福利净损失，另一类是消费者损失，即消费者转移给垄断生产者的剩余。寻租和护租所造成的庞大成本，租金最终将会耗散，结果也造成了社会福利净损失。行政垄断作为垄断的一种，其也造成了严重的社会福利净损失。

图 7.12 中较为平滑的曲线 AC_1 是市场竞争条件下的成本曲线，略为陡峭的曲线 AC_2 是在行政垄断条件下的成本曲线（行政垄断下的成本曲线高于前者很多）。P_m、Q_m 分别为垄断价格、垄断产量，P_1、

Q_1 分别为正常价格、正常产量。根据塔洛克的观点,垄断导致的损失包括塔洛克四边形(四边形 BCED 部分)、哈伯格三角形(三角形 ABC 部分)、追加的社会成本三者之和。其中追加的社会成本为寻求垄断特权的成本,即寻租成本,它近似于垄断利润,即塔洛克四边形的面积。考虑到哈伯格三角形的机会成本,垄断的"无谓损失"还应包括行政垄断制度而导致的厂商成本的提高部分,即行政垄断造成的社会福利损失为 ADF 部分。

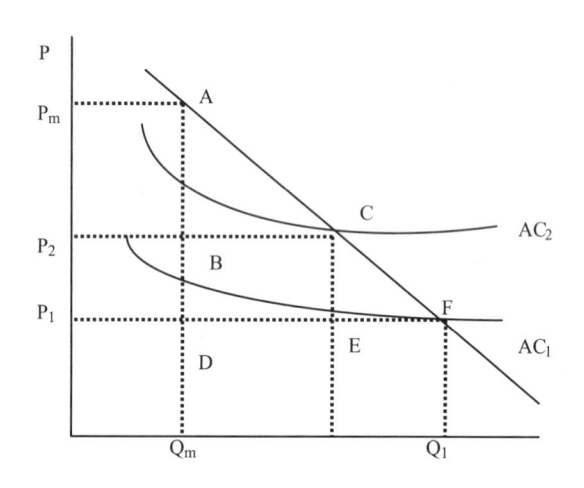

图 7.12 行政垄断的社会福利净损失

根据 Amold Harberger 的开创性研究(Harberger,1954), $\int_{Q_m}^{Q_1} D(X)dx - (Q_1 - Q_m) \times P_m$ 可以用 $0.5r^2 P_m Q_m E$ 来近似替代。在替代式中,r 称为以销售收入为分母的潜在利润率,可表示为 $(P_m Q_m - P_1 Q_m)/P_m Q_m$,其中 P_1 为电信产品的美国价格,这里作为潜在最小成本;P_m 为同种电信产品的国内价格,这里作为实际价格;Q_m 为国内该电信产品的实际产量,在具体计算过程中我们引用于良春教授对 r 的取值为 0.6[①]。E 为价格弹性的绝对值,用公式表示为 $(\Delta Q/Q)/$

[①] 于良春、于华阳:《自然垄断产业的"自然性"探析》,《中国工业经济》2004 年第 11 期。

（ΔP/P），其中 Q 用电信业务总量来衡量，P 用电信业务收入与业务总量的比值来衡量，即电信业务收入/电信业务总量作为价格，通过对中国电信行业 1996—2016 年的相关数据估算得到电信产品的价格弹性 E 约等于 8.29，具体如表 7.11 所示。因此电信行业行政垄断造成的社会福利净损失 $CC = 0.5 r^2 P_m Q_m E = 0.5 \times 0.6^2 \times 8.29 \times P_m Q_m = 1.4922 P_m Q_m$。

表 7.11　　1996—2016 年中国电信行业价格弹性估算表

年份	1996 年	1997 年	1998 年	1999 年	2000 年	2001 年
电信业务总量①（亿元）	1208.75	1628.95	2264.94	3132.4	4559.9	4098.84
收入/总量	0.98	0.95	1.01	0.89	0.67	0.87
弹性绝对值	15.12	13.81	6.25	3.13	1.88	0.35
年份	2002 年	2003 年	2004 年	2005 年	2006 年	2007 年
电信业务总量（亿元）	5201.12	6478.75	9148	11403.02	14595.4	18591.3
收入/总量	0.79	0.71	0.57	0.51	0.44	0.39
弹性绝对值	2.93	2.44	2.03	2.39	2.21	2.31
年份	2008 年	2009 年	2010 年	2011 年	2012 年	2013 年
电信业务总量（亿元）	22247.7	25553.6	29993.18	34642.12	38487.4	41835.8
收入/总量	0.37	0.33	0.30	0.29	0.28	0.28
弹性绝对值	3.00	1.50	1.91	3.21	5.70	100.06
年份	2014 年	2015 年	2016 年	均值		
电信业务总量（亿元）	48571.37	61928.49	95493.73	—		
收入/总量	0.24	0.18	0.12			
弹性绝对值	1.08	1.17	1.72	8.29		

资料来源：根据信息产业部统计信息整理。

通过计算，可得到我国电信行业 1996—2016 年的社会福利净损失，见表 7.12。数据表明，21 年间，社会福利损失增长速度较快，从 1996 年的 1765.72 亿元增长到 2016 年的 17746.73 亿元，增加了 9

---

① 各年电信业务总量均以 2000 年单价计算。

倍左右。而社会福利损失占 GDP 的比重经历了先增后减的趋势，从 1996 年的 2.46% 增长到 2002 年的 5.05%，增加了近 1 倍，并在 2003 年达到最高值，随后逐渐下降，到 2016 年下降到 2.38%，略低于 1996 年的比重。

表 7.12　　1996—2016 年我国电信行业社会福利净损失

单位：亿元、%

年份	1996 年	1997 年	1998 年	1999 年	2000 年	2001 年	2002 年
社会福利净损失	1765.72	2319.62	3426.84	4160.10	4587.02	5329.99	6141.60
占 GDP 的比重	2.46	2.91	4.02	4.59	4.57	4.81	5.05
年份	2003 年	2004 年	2005 年	2006 年	2007 年	2008 年	2009 年
社会福利净损失	6879.04	7740.94	8653.27	9675.13	10863.22	12146.36	12570.74
占 GDP 的比重	5.01	4.78	4.62	4.41	4.02	3.80	3.60
年份	2010 年	2011 年	2012 年	2013 年	2014 年	2015 年	2016 年
社会福利净损失	13411.89	14742.94	16060.40	17442.48	17221.63	16789.34	17746.73
占 GDP 的比重	3.25	3.01	2.97	2.93	2.67	2.44	2.38

资料来源：根据信息产业部统计信息整理。

第五节　本章小结

本章首先分析了行政垄断对电信企业经营绩效的影响。主要从两方面进行了分析：一方面，从全员劳动生产率、每员工维护主线数、成本费用率、净资产收益率和 ARPU 值等指标描述了电信企业的整体绩效，发现我国电信行业的网络技术水平、设备先进性已经超过了不少发达国家，但运行效率、运行质量和经济效益则相差太远，我国电信运营商在高利润的背后是高成本、高浪费，并且缺乏国际竞争力。另一方面，本章以三大电信运营商作为基本决策单元，采用一种可以衡量电信运营商动态效率水平的 Malmquist 指数和面板数据来分析不同时期我国电信企业的效率演化，利用基于产出方向的 Malmquist 指数方法估计出中国电信企业的生产率增长及其构成的变化，力求从动态角度研究我国电信企业的效率水平及演化趋势。结果显示，三大电信运营商的 M 指数历年的均值为 1.03、1.23、1.24、1.19、1.32、1.04、1.10、1.20，反映了我国电信企业的生产率增长呈现出先升后降再升的变化趋势。而生产率指数均值为 1.17，这说明在 2008—2016 年我国电信企业的生产率保持了年均 17% 的增速。其中，中国移动的生产率水平最高。同时，三大运营商的技术效率变动指数的均值都大于 1，而技术进步指数的均值大都小于 1，这再次说明我国电信企业的生产率的提高主要来源于技术效率因素而非技术前沿的改变。

第二节采用索洛余值测算方法，通过对我国电信行业 1991—2016 年全要素生产率变化的测算，从总体上对我国电信行业的技术进步水平进行评价，探索电信行业飞速发展的主要动力，并结合过去十几年中国电信改革的历程，对电信行业的全要素生产率的贡献率和行政垄断程度进行协整分析以考察两者之间的长期均衡关系。结果显示，1991—2016 年，电信业务量增长的 50% 以上是由技术进步带来的，尤其是 2002 年，全要素生产的贡献率超过了 110%，达到最高值 116.04%。由此可见，技术进步与创新是电信行业竞争战略的核心，持续创新对电信行业的成功至关重要。并且在长期，电信行业行政垄断程度对全要素生产率贡献率的贡献系数为 –1.327。从方向来看，两者成反方向变动，行政垄断程度越高，越会造成全要素生产率贡献率的降低，从数值上看，行政垄断每加强 1 个单位，全要素生产率的贡献率就会降低 1.327 个单位，影响程度较大。根据第四章计算的电信行业行政垄断程度呈现逐渐变小的趋势，所以会促进技术进步的加快，但由于行政垄断下降速度较为缓慢，其自身对技术进步的阻碍影响势必会抵消掉其呈下降趋势带来的技术进步，从而使技术进步总体上受到不利影响。

第三节采用对数形式的时变技术效率随机前沿生产函数模型，对我国电信行业的全要素生产率进行了分解与实证研究，并与 37 个两位数行业的总体情况进行了对比。结果显示：全要素生产率的波动比较频繁，大体经历先升后降再升的趋势；前沿技术进步波动范围也较小且基本都为正值，其呈现正值说明由于行业内部的竞争使得我国电信企业积极促进前沿技术进步，但其上升的趋势，表明电信企业在外部竞争压力逐渐加大的背景下，积极采取提高前沿技术进步的措施，如采用新的网络连接设备、采用新技术增强网络信号等；相对前沿技术效率变化呈现波动式下降的趋势，且每年数值均为负值，说明电信行业内部竞争程度逐渐加强；资本配置效率的变化呈现上升的趋势，且由负值逐渐上升到正值，说明资源配置效率在不断提高，但仍有改善资源配置效率的空间；规模总报酬呈现逐渐上升的趋势，说明电信行业资本和劳动投入的增加，先进技术的采用，行业规模报酬逐渐由规模报酬递减进入了规模报酬递增区域；规模经济性改善呈现波动下降的趋势，2002年以前除个别年份外，电信行业规模经济性改善基本上为正值，说明其对全要素生产率的贡献为正；2002年以来，电信行业规模经济性改善基本为负值，除个别年份波动较大以外，大部分年份都比较接近于0，说明其规模经济性改善对全要素生产率的贡献为负，但负面影响越来越小。接着分析了行政垄断与经济效率之间的关系，结果显示电信行业的行政垄断程度的降低会促进全要素生产率的增长、前沿技术进步、相对前沿技术效率的变化、资源配置效率的变化和规模总报酬提高与改善，但会造成规模经济性改善的下降和恶化。

第四节从电信行业的垄断福利、管制机构非正式开支、电信企业的寻租成本，以及行政垄断造成的社会净福利损失四方面入手分析了电信行业行政垄断对社会福利的影响。电信行业利用自身经营管理公共资源的特权之便，把本应花钱购买的公共资源免费或低价提供给本产业职工支配，形成电信行业的高垄断福利，这种福利成本最终会被电信运营商计算到生产成本中去，继而转嫁到消费者头上，由消费者来承担。每年电信主管部门管理费用除了用于正常的运作外，还有一部分会在部门内部消耗掉，形成非正式开支，1998—2016年，19年共形成的非正式开支高达1058.36亿元，可见数值之大。而电信行业存在的寻租活动也造成了很大的损失，本书计算了2001—2016年我国主要电信运营商的净利润作为寻租成本的上限，数据显示，16年间净利润总和高达18436.02亿元，而每年寻租成本占GDP的比重基本维持在 0.17%—0.55%，且有不断下降的趋势。本节最后一部分计算了 1996—2016 年我国电信行业的社会福利损失，21 年间，社会福利损失增长速度较快，从 1996 年的 1765.72 亿元增长到 2016 年的 17746.73 亿元，增加了 9 倍左右。而社会福利损失占 GDP 的比重经历了先增后减的趋势，从 1996 年的 2.46% 增长到 2002 年的 5.05%，增加了近 1 倍，并在 2003 年达到最高值，随后逐渐下降，到 2016 年下降到 2.38%，略低于 1996 年的比重。

第八章 中国电信行业竞争政策研究

根据第六章的分析和测算，我国电信市场是具有较高行政垄断程度的市场。根据经济学的一般理论，垄断行为（特别是行政垄断行为）容易产生四个明显的缺陷：限制产量和获取高额利润，管理松懈，缺乏技术进步的动力，倾向于进行具有浪费性的寻租支出。我国电信市场也正是因为这些缺陷而效率不高，因此我国电信行业进一步改革的目标是打破电信行政垄断，逐步形成电信市场真正的竞争格局。

第一节 中国电信行业竞争现状

一 我国电信行业竞争现状

20世纪90年代后，我国政府对电信行业的发展实施了一系列政策倾斜，如增收电话初装费、"三个倒一九"、电信设施快速折旧等。面对国内巨大的市场需求，电信行业进入了一个超常规发展阶段。电信行业先后经历了组建中国联通，引入竞争机制；邮电分营；移动业务从中国电信分离；中国电信南北拆分等一系列具有重大历史意义的变革。通过这些重大变革，初步奠定了我国电信市场的竞争格局，为我国电信行业的大发展提供了良好的市场环境。

2008年重组之前，我国电信运营市场基本呈两大（中国移动、中国电信）、两中（中国网通、中国联通）、两小（中国铁通、中国卫通）的格局。经历了多年的高速发展，电信运营市场近年来出现了平缓发展的态势，增长速度有所放缓。2005年上半年，电信业务收入同比增长 11%，略高于同期国内生产总值的增长速度，而低于去年同期电信业务收入增长水平，而到 2008 年，电信业务收入同比增长只有 7%，明显低于同期国内生产总值的增长速度（9.6%）。在基础电信领域，各大运营商的用户份额和业务收入份额基本保持稳定。四大运营商在我国电信市场居于主导地位。从四大运营商的盈场份额上看，2007 年，中国电信占 24.25%，中国网通占 11.48%，中国移动占 48.78%，中国联通占 13.08%。中国移动的业务收入份额仍居首位，其次为中国电信、中国联通、中国网通。从四大运营商的盈利能力看，2007 年中国电信净利润为 225 亿元，中国网通净利润为 121 亿元，中国移动净利润为 871 亿元，中国联通净利润为 93 亿元。中国移动一家独大的现象越来越明显。下面分业务介绍一下各类市场的竞争状况。

在移动通信市场竞争严重不足。中国移动和中国联通基本呈现双寡头竞争的局面，但竞争格局不对称，中国移动凭借其早期强大的网络优势，在市场中一直处于领先地位。中国电信和中国网通在未拿到移动经营许可证之前，以移动市话（PHS）业务出击移动市场，借助其资费优势，抢占市场份额。小灵通全面进入市场，掀起了移动市场上新一轮的价格战，使移动 ARPU 值快速下降。2008 年 5 月，六大电信运营商成功重组为三大全业务电信运营商，经营业务更加趋同，移动市场上更大规模的价格战将不可避免。

在固定电话市场中，2008 年重组之前，固定长话市场相对于移动通信市场来说，竞争比较充分，已经形成了竞争性的市场结构，而固定本地电话市场虽然形成四家竞争主体并存的格局，貌似竞争，却因本地电话的自然垄断性特点，无法产生实质性的竞争，处于"准垄断"的状态。中国电信和中国网通网络覆盖地域不重叠，真正的竞争难以展开，中国联通和中国铁通由于实力太弱，无法与中国电信和中国网通竞争。总之，固定电话在我国电信行业中相对移动通信市场而言，处于劣势地位，但是中国电信却是劣势中的绝对优势。

在数据通信业务市场，早在 2001 年，从事该业务的企业已经很多，互联网骨干网单位已有九家，互联网信息服务企业达 520 家。而目前，我国互联网服务提供商总数已经超过500家，可以说我国数据通信市场多元化竞争的格局已经形成。

在增值业务市场，电信增值业务经营者超过2.2万家，跨省的有1700家，跨省占比为7.7%，北京、广东、上海三地集中了全国50%左右的增值电信业务经营者。目前，增值业务种类已超过30种。电信增值业务的发展催生了ISP、ICP、ESP、ASP等增值服务提供商，繁荣了增值服务市场。因此，增值业务市场形成了有效的竞争格局。但是由于整个电信行业全业务竞争格局还没有形成，产业链尚不完整等问题存在，影响了增值业务市场的进一步发展。

2008年重组之后，中国移动、中国联通和中国电信分别获得3G牌照，可以同时从事移动业务和固话业务。此次目的是促进电信业充分竞争，形成电信行业三足鼎立的局面，但总是事与愿违。移动通信方面，中国移动占据绝对领先地位。截至2017年6月底，中国移动、中国联通和中国电信移动用户数量分别为8.67亿、2.69亿和2.30亿，市场份额依次为63%、20%和17%；4G用户数量分别为5.94亿、1.39亿和1.52亿，市场份额依次为67%、16%和17%。增量上，2017年上半年中国移动、中国联通和中国电信移动用户净增数量分别为1761万、563万和1485万，4G用户净增数量分别为5861万、3426万和3015万，中国移动优势显著。固定通信方面，中国移动固网宽带用户数已于2016年10月超越中国联通位列第二，并不断缩小与中国电信的差距。截至2017年6月底，中国移动、中国联通和中国电信固网宽带用户数分别为9304万、7692万和1.28亿，市场份额依次为31%、26%和43%。增量上，2017年上半年中国移动固网宽带用户净增数量达到1542万，同期中国联通和中国电信则仅为169万和498万。

我国将于2020年实现5G网络的正式商用，与发达国家保持一致步伐。目前三大运营商均提出自身的5G推进日程，其中中国移动推进速度最快，投入也最大，处于领先地位。2016年初，中国移动在青岛建立5G联合创新中心，2017年开展较大规模的5G外场实验，2018—2019年推动5G试商用，2020年实现全国范围内5G商用。中国电信计划至 2018 年提出 4G 向 5G 演进技术方案，2018—2020 年实现部分成熟 5G 技术的试商用部署，2020—2025 年持续开展后续研究和预商用推进工作。中国联通计划 2017 年完成 5G 实验室环境建设，到 2018 年完成 5G 关键技术实验室验证，2019 年完成 5G 外场组网验证，2020 年正式商用。

2017 年是 NB-IOT 商用元年，自 2016 年 6 月核心标准冻结以来，国内三大运营商对物联网部署及商用进程全面提速。中国电信基于 800MHz 频段 NB-IOT 网络的建设，不仅领先于中国移动和中国联通，同时在全球 NB-IOT 网络覆盖方面也具有绝对优势。800MHz 和 900MHz 是全球 NB-IOT 的主流频段。中国电信于 2016 年下半年启动了 800MHz 频段 LTE 重耕工程，截至目前已基本完成。2017 年 5 月，中国电信基于 800MHz 频段建成全球首个覆盖最广的商用 NB-IOT 网络，全网 31 万基站同步升级，2017 年 7 月实现 NB-IOT 正式商用，并同步推出 NB-IOT 业务套餐。中国移动计划于 2017 年开启 NB-IOT 商用化进程。中国联通虽然在 2015 年最早建成全球第一个 NB-IOT 示范点，但是建设进程缓慢；2017 年 5 月举行 NB-IOT 网络试商用发布会，预计到 2018 年将具有千万级连接的支持能力。

二　阻碍我国电信行业竞争格局形成的主要问题

我国电信行业在经历了高速发展之后，暴露出一些突出问题，如行政垄断严重、恶性竞争、国有资产流失、互联互通不畅等。这些情况表明，我国电信市场并未形成良好的竞争环境，前些年的强劲需求掩盖了电信市场的一些深层次矛盾。随着市场需求进入平缓期及竞争强度的加剧，这些矛盾会变得日益尖锐，严重制约我国电信市场竞争格局的形成。

1. 行政垄断严重

行政垄断的实质是行政权力的滥用，即由来自市场之外，与市场运行机制和构成要素没有直接联系的行政强制力量引起的垄断。我国电信行业自发展之初就处在电信主管部门的严格控制之下，尤其是市场准入、价格调整等方面，这就形成了电信行业的高行政垄断现象。

根据第六章的测算，1990年以来，我国电信行业行政垄断程度虽然呈现逐年下降的趋势，但仍具有较高的水平，2016年，我国电信行业行政垄断程度仍高达80.99%。这种高行政垄断保护了在位电信运营商的既得利益，但这种保护是以牺牲电信行业长远的整体利益作为代价的。一旦失去了竞争压力，在位电信运营商就会不思进取，安于现状，致使电信市场的竞争机制被减弱或消除，实际上使落后的电信运营商得到了保护，使其免受市场竞争的压力，得以继续存在。在很大程度上阻碍了全国统一、开放、竞争、有序的现代电信市场体系的形成，破坏了公平的竞争秩序，使电信市场的竞争格局更加难以形成。

2. 恶性竞争

近年来，我国电信行业已通过网络资源、业务牌照、用户资源的重新分配构建了新的市场格局，竞争与合作也正在向多领域、深层次渗透。在这样的制度框架下，电信运营商要寻求发展空间，就必须通过服务和价格的优势来争夺消费者。事实上，目前的电信市场已经被推到了电信运营商竞相降价的怪圈之中。四川、广东、河南几家电信公司互相破坏通信设施、人为设置技术壁垒，让人们目睹了当前电信市场恶性竞争的"硝烟"与"战火"。从表面上看，电信市场产生恶性竞争，很大程度上是由于"技术原因"，即那些拥有网络、用户优势的垄断企业缺乏与新兴企业进行互联互通的经济动力。因为在垄断企业与新兴企业具有同样业务的情况下，垄断企业给新兴企业提供畅通的互联互通，就意味着为竞争对手"贡献"了自己的网络，意味着竞争对手可从自己的手中争夺用户。虽然它们都是国有资产，但又分属于不同的企业，那么它们追求自身利益就具有合理性。但恶性竞争造成了很多不良后果，影响了我国电信市场竞争格局的形成。

3. 国有资产流失

电信分拆所消耗的人力、财力和物力大量增加，重复建设投资，增加了行业的运营成本，使网络效率低下，电信资源的有效利用大打折扣，造成了国有资产的流失。电信企业自身的流程问题、信用管理问题和网间结算错误等原因都造成运营商收入的下滑，导致电信行业资产的流失。这使得原本可以用来加快竞争的资金减少，延缓了竞争格局的形成。

4. 互联互通不畅

网间互联互通已成为目前我国电信行业竞争中最突出的问题，各个电信运营商将互联互通当成了竞争武器，互联互通的难点由难联、难通转为通而不畅，并且日趋严重。小网络在发展初期必须能够接入主导运营商的大网络；相反，对于大的网络而言，假使他们的客户不能接通那些小网络的客户，也不会给他们造成什么损失。为了排挤对手，主导运营商拒绝其他网络运营商与自己网络的相互连接或者用苛刻的条款允许连接，加剧了各运营商间的不平等发展，也影响了竞争格局的形成。

第二节　中国电信行业竞争的博弈分析

在我国电信行业的现实中，各电信运营商彼此提供的业务相近或替代，利益相互冲突，某一运营商的竞争策略也影响着竞争对手策略的制定和发挥，这些特点反映出我国电信市场处于多寡头市场。2008年5月，我国电信行业进行了最新一次的重组，组建了三个全业务电信运营商，但在每种业务市场，各运营商的营运能力和市场份额存在明显差别，是比较明显的不对称寡头市场。

一　价格竞争的博弈分析

根据我国电信行业的实际情况来构造电信行业价格竞争的博弈模型。各家电信运营商是进行博弈的局中人，其博弈过程有如下四个特点：（1）完全信息的博弈，由于运营商的定价行为是公开的，最终要面向消费者，竞争对手很容易获取价格信息；（2）先后次序的博弈，价格战之所以会打响，很大程度上就是竞争者之间不断互相降价，这一过程可以看作有先后次序的；（3）重复博弈，由于价格是不断变动的，而且价格竞争也是持续的，所以可以看作重复博弈；（4）零和博弈，虽然现在运营商们都意识到了竞争与合作都是很必要的,但实际上在相关市场上主要还是竞争,合作居于次要地位,因此可以看作零和博弈。

为了论述方便,我们假设市场中有两个电信运营商 A 和 B,他们在某一领域展开竞争,一开始的价格都是 P_0。A 是老牌企业,实力雄厚,占有较大的市场份额;B 则刚刚成立不久,是政府为了打破垄断鼓励竞争而设立的。

第一轮博弈:由于 B 是政府扶植起来鼓励竞争的,所以 B 得到了政府的一些优惠,其中就有 B 的价格可以比 P_0 低 10%。这一举动,还不会对 A 产生多大的影响,因为 A 实力雄厚、根基牢固。在这样的市场分配下,A、B 可以达到平衡,但由于 B 在价格方面的优势,市场份额逐渐壮大,到了一定程度,就会对 A 造成影响。这时候,A 该怎么做?不妨假定四种情况,见表 8.1。

表 8.1　　　　两电信运营商降价竞争的博弈分析

		B 降价	B 维持
A	降价	−8　　−8	20　　−8
	维持	−10　　20	8　　10

从表 8.1 可以看到,对于 A 降价而 B 维持,则 A 获利 20,B 损失 8,整体获利 12;A 维持且 B 也维持,则 A 获利 8,B 获利 10,整体获利 18;A 维持而 B 降价,则 A 损失 10,B 获利 20,整体获利 10;A 降价且 B 也降价,则 A 损失 8,B 损失 8,整体损失 16。

从 A 的角度看,显然降价要比维持好,降价至少可以保证比 B 好,在概率均等的情况下,A 降价的收益为 $20 \times 50\% - 8 \times 50\% = 6$,维持的收益为 $8 \times 50\% - 10 \times 50\% = -1$,为了自身利益的最大化,A 就不可避免地选择了降价。从 B 的角度看,效果也一样,降价同样比维持好,其降价收益为 6,维持收益为 1,它也同样会选择降价。在这轮博弈中,A、B 都将降价作为策略,因此各损失 8,整体损失 16,整体收益是最差的。这就是典型的纳什均衡现象,各个局部都寻求利益的最大化，而整体利益却不是最优，甚至是最差，就像我们构造的模型那样。

第二轮博弈：在第一轮博弈中，双方分别为了自身利益的最大化而降价，结果却得不偿失。说到底这种最大化行为是"损人不利己"的。按理说，局部利益的最大化会使得整体利益最大化，即应该 1+1>2，但在这里却是相悖的，只有局部牺牲一些利益，整体才可能获得最大利益。当他们都降价后，A 价格为 P_1，B 则比 P_1 低 10%（这里我们假定他们降价的幅度是相等的，这样的假定是为了简化模型，但对实际研究没有影响）。第一轮博弈的结果，A、B 和政府三方都不满意，三方的利益都是有损失的。这时政府就会出面进行协调，让他们多考虑整体利益，而他们自己也意识到降价是行不通的。这样的情况下，A、B 的价格下降行为就会终止，但是由于运营商业务的发展，这时候整体的客户量激增，但整体利益没有得到保障，这就出现了我们常说的"增量不增收"现象。由于损失是相对的，有损失不等于企业没有收入，只是收入相对下降了。

在进行协调后，A、B 都保证不降价，但这样的约定在市场竞争条件下是无法长存的。因此他们会采用套餐、优惠、打折等诸多变相手段进行降价，但效果是一样的。这些变相手段使降价行为变得隐蔽起来，让竞争对手维持，而自己获得最大利益，但这样的动机在 A、B 之间是同等存在的，因此他们都会通过变相降价试图获取最大利益，但两个行为的发生，又打破了刚刚建立的平衡，双方都受到损失。

重复博弈：在陷入纳什均衡的怪圈后，运营商的降价行为就无法自拔，在市场竞争条件下，这样的价格不断下降是无法避免的，降价成了不断重复的过程。纳什均衡告诉我们只有当价格下降到与边际成本相等时，才会达到稳定的平衡态。在还没有下降到边际成本以前，A、B 的互相降价行为是市场规律作用以及为了自身利益最大化的必然行为。这样，A、B 的降价行为就会不断地重复进行下去，直到当价格等于边际成本时。在重复博弈中，A、B 的出发点都是利益最大化，但整体利益却是不断下降的。

根据纳什均衡的理论，我们可以设想存在这样一种状态，参与市场竞争的各电信运营商不愿意单独改变已有的竞争策略，因为单独改变其原有的竞争策略，不会给本公司带来更大的收益。而原有的策略就是降价，这样价格战就打响了，价格战的结果只会使双方利润下降。从博弈论的观点看，价格战是一种毁灭性的恶性竞争，长期而言对大家都是不利的，因为竞争对手也会模仿降价，先前抢来的市场又会被夺走，最后必然造成两败俱伤。并且，价格战的结果造成了目前电信行业 ARPU 值（平均每月每户收益）和 MOU 值（每户每月通话时间）明显下降，直接影响了电信行业的长远利益和持续发展。而且，我国电信行业有自己的国情特色，所有资产都是国有资产，因此我们既要保证市场经济的竞争，又要保证整体利益的最大，防止国有资产流失。由于市场规律不可违背，根据博弈论的理论，只有借助政府这个外力的作用才会打破纳什均衡下的重复博弈，也就是说，从根本上改变非合作博弈的状况，才能真正实现"竞合"。

二 非价格竞争的博弈分析

我国移动通信市场是典型的多寡头市场，下面，以我国移动通信市场为例，选取中国移动和中国联通为对象来进行非价格竞争博弈分析。假设中国移动和联通都准备提供两种不同的创新产品（或服务）A 和 B。当两运营商同时提供的创新产品相同时，共同分享同一市场，各自所占的市场份额相等，均为整个市场的一半，各自获得的收益相等均为 R/2；当两运营商各提供的创新产品不同时，分别独自占有各个市场，各自获得的收益相等均为 R（表 8.2）。通过比较收益水平可以看出：在给定中国联通采取 A 策略时，中国移动选择 B 策略好，也就是说，B 策略是中国移动的最优策略；在给定中国联通采取 B 策略时，中国移动选择 A 策略好，也就是说，A 策略是中国移动的最优策略。同样给定中国移动采取 A 策略时，中国联通的最优策略也是 B 策略；给定中国移动采取 B 策略时，中国联通的最优策略也是 A 策略。于是（A，B），（B，A）构成了这个博弈的纯策略纳什均衡，（R，R）是相应的均衡收益。

表 8.2　　　　　　　　两运营商创新竞争的博弈分析

		中国联通	
		创新产品（或服务）A	创新产品（或服务）B
中国移动	创新产品（或服务）A	R/2　　R/2	R　　R
	创新产品（或服务）B	R　　R	R/2　　R/2

结果表明，如果竞争中的运营商不盲目跟风，用策略互动的方法思考，采取非价格的竞争策略，如有的运营商率先提供某种创新产品或市场营销策略时，其他运营商提供差异化的另一种创新产品或采取不同的营销策略，而不是盲目跟风，简单模仿，就能达到双赢，消费者也能从创新竞争中分享成功的果实，最后实现多赢，形成一种全新的互惠型竞争模式。

实践中，在 2008 年重组之前，中国移动和中国联通都是朝这个方向努力的。中国联通为避免与中国移动在 GSM 网上同质的竞争，推出全新的"新时空"CDMA，欲凭借其通话质量好，在上网、传输数据等方面较 GSM 网的明显优势而胜出。中国移动不甘落后，也积极地打造介于第二代 GSM 和第三代 WCDMA 的 2.5G 的 GPRS，这两个网络都在 2003 年形成了一定的用户规模，建立在不同技术优势上的用户争夺战也在 2003 年进入白热化。这说明两方都意识到若要在将来的竞争中处于不败之地，单一的价格战以及在原有业务和技术水平上营销策略的创新是不够的。关键要紧跟技术进步，不断推陈出新，通过服务和产品的升级换代来满足消费者的新需要。这是从长期动态发展的角度寻找各自不同竞争优势的竞争战略。它既能促进整个电信行业有效竞争格局的形成和整个行业竞争力的提升，又可以满足消费者使用更优更好的产品和服务的要求，从而提高整个社会的福利水平，这是一种多赢的策略。

目前，从整体上说，我国电信行业开始进入平缓增长的调整期。用户规模不断扩大和消费能力相对降低的矛盾日益突出。靠打单一的价格战只能使目前电信运营商面临的"增量不增收"问题更严重。

而以强调营销策略组合、提供优质服务为中心异质化的竞争策略是价格竞争较好的替代方式。但随着用户需求的日益多样化以及市场竞争的白热化,仅在原有运营网络基础上的营销和服务的创新是不够的。作为服务和业务提供商,网络质量和服务是电信运营商生存、发展壮大的基础。因此电信运营商必须建设或升级更好的网络,并靠网络开发更多的增值服务才能在长期中取得持续竞争优势。面对经济全球化和入世的新形势,电信运营商也必须利用技术提高企业综合素质,提升企业核心竞争力,形成独特的不易被模仿的知识与能力,在成本、质量、服务、营销上与对手展开全方位竞争。从长远来看,在国外电信巨头未进入国内市场之际,运用先进技术打造电信网络优势,提升服务水平,提高网络质量,培植核心竞争力,是应对保护期过后国际电信竞争的必然选择。

第三节 国外电信行业竞争格局形成的经验借鉴

纵观世界发展,全球化浪潮日益激烈,我国电信行业越来越受到来自国际竞争对手的挑战。这个过程也是我国电信运营商向国外先进运营商学习的契机,以下是世界一些国家电信行业促进竞争发展的经验和启示,相信能为我国电信行业促进竞争格局形成方面提供参考和借鉴。

一 发达国家电信行业竞争格局形成经验

1. 美国

美国电信行业曾被世界各国作为楷模,但其竞争格局的形成并非一帆风顺,中间也经历了危机、调整与再发展的曲折历程。

第一阶段:AT&T 垄断电信市场时期。

由于电信行业固定资产投资巨大,电信运营具有巨大的网络外部性和规模效应,因而电信行业被认为是典型的自然垄断行业。1984年以前,世界各国的电信行业都采取垄断和垂直一体化结构,通常的做法是授权某家企业垄断电信行业的全部生产或服务,由政府规制来维持这家企业在市场上的垄断地位；或者以国有企业的形式提供电信服务。美国采取前一种方式。美国电信行业的监管由联邦通信委员会（FCC）负责，各州的公益事业委员会（PUCs）负责管理州内通信业务，各规制机构主要通过进入规制和价格规制对电信行业进行管理。FCC 是一个地位独立、权力集中的管制机构，独立于政府，只对议会负责。其核心管理层来自不同领域，由议会任命。AT&T 在联邦政府和州政府的规制之下，独家垄断了美国电信市场近 70 年。

第二阶段：分拆 AT&T，长话市场竞争、市话市场垄断的时期。

1984 年，为打破美国电信行业的过度垄断局面，美国联邦通信委员会（FCC）将其电信行业巨头美国电话电报公司（AT&T）一分为八，实行长话与市话分离，初步形成业务领域互相隔离的竞争格局。到 1996 年，克林顿签署新电信法，旨在建立一个开放的电信市场，促进电信企业的竞争和创新。1996 年的新电信法进行了两项实质性改革：开放本地电话市场和打破电信、信息、有线电视业之间的界限，美国电信与信息业由此进入全面竞争的时代。但是，美国电信行业的发展并没有实现预期目标，反而陷入了困境。终于到 2002 年初，美国电信行业全面崩溃，给美国经济带来了沉重的打击。分析原因，美国电信行业的崩溃主要在于美国政府当局对电信行业的干预过度与监管不力并存。首先，以 1984 年为标志的强制性分割使得不同电信运营商的业务被严格限制在规定范围内，部分公司被隔离在高利润之外而难以生存，实质上是一种业务区间的分割，而不是真正意义上的竞争；其次是监管不力。尽管 1996 年新电信法制定了鼓励全面竞争的政策，但是竞争没有得到相关配套制度的监督和保护。由于缺乏监管，这种竞争并非经济良性发展所需的有效竞争，而是纯市场机制下的过度竞争。进而，这种缺乏管制的过度竞争导致了一种悖论：为谋求优势竞争地位，占据主导地位的原电信企业采取各种措施阻挠同类电信运营商进入市场，实质上并没有完全达到政府对促进竞争的预期。更为严重的是，许多公司为消灭竞争对手，不惜大量借贷进行盲目收购兼并，不仅使电信行业投资过度，还隐伏了日后企业做假账甚至毁灭的危机。

第三阶段：美国电信行业的调整与再发展期。

鉴于新电信法的缺陷和当时面临的困境，FCC 于 2003 年出台了系列措施试图力挽狂澜。这些措施实行两年多来，美国电信行业逐渐有了起色，运营商的财务状况好转，开始着力推动宽带和 3G 等新业务的发展。2006 年，FCC 投票一致通过美国电话电报公司 AT&T 对南方贝尔公司的收购议案。合并成功后，美国电信市场初步形成 AT&T 绝对主导下的寡头竞争格局。美国一直鼓励自由开放的市场竞争体制，而这次合并从市场结构上显然违背了这一原则。主要原因在于美国电信管理部门对竞争的监管目标已经调整。传统的电信公司不再只是彼此竞争，而是直接同有线电视运营商竞争，如 2006 年底，美国 FCC 通过了一项对电信公司提供视频业务非常有利的新规则，新的特许规则禁止本地政府对视频新进入者采取比传统有线电视公司更严格的要求；其次，美国电信公司不只是在国内竞争，而且在全球范围内进行竞争。这一阶段，美国电信行业之所以能逐步恢复元气并重新开始良性发展，主要原因在于美国政府当局对电信行业监管力度的加强。在政府的有效监管下，各电信企业的行为得到了规范，并依据自身的优劣势进行理性并购，使得原来杂乱无序的恶性竞争转变为几家集各种业务于一身的大电信企业之间的良性竞争。

2. 英国

英国是欧美国家中进行电信行业改革的先锋。从政企不分到"双寡头垄断竞争"，再过渡到全面竞争，英国电信行业为世界电信改革提供了参考的样板。1981 年英国通过了新电信法，决定在电信服务业开展竞争，依据新电信法英国政府对原电信总局进行改组，将政企分开，组建国有的英国电信公司（简称 BT），继承原电信总局的经营业务；为开展竞争，同时还批准成立了一家私营电信公司（Mercury）。1984 年，英国修改电信法，决定将 BT 公司改为私营，50% 的股份向个人出售，政府控股 21.8%。同时，成立英国电信管理局（OFTEL），负责电信管理。1991 年 3 月英国电信管理局发表《竞争和选择——90 年代通信政策白皮书》，宣布结束 BT 和 Mercury 两家公司垄断电信市场的局面，批准更多的电信公司参与经营，但暂不开放国际业务。到 90 年代初，英国经营各种电话业务的公司有 100 多家。1993 年 7 月，将 BT 股票全部售出。又于 1996 年开放国际电信业务。这样，最终全面开放了电信市场。值得一提的是，自放松规制以来，Vodafone 公司凭借移动电信业务飞速崛起，十来年时间即成为世界上规模最大的电信公司之一。

3. 德国

以德国为代表的欧洲大陆国家的邮电部体制与我国较为相似，其改革从 20 世纪 80 年代晚期做准备，1989 年实行政企分开和邮政分家，并在增值业务和移动业务引入竞争。德国电信的改革经过了独立核算、企业化经营和股份制改革三个阶段，1995 年转化为私人股份公司，1996 年在全球上市，售出 26% 的股份，集资 137 亿美元，成为欧洲历史上最大的上市集资案。由于德国的法律体系是大陆法系，民间也基本没有反垄断传统，在相当程度上德国电信体制改革的进程是德国政府主动控制的。到 1996 年上市之前，德国电信所做的改革主要是加强市场化运作，强化其对市场信号的反应，并积极引进新的技术，如用 ISDN 为用户提供上网服务等。德国电信市场在 1998 年全面开放以来，监管部门 Reg TP 以非绑定本地环路的出租作为引入竞争的重点工作。2004 年修订的德国电信法中允许美国在线等国外竞争者从德国电信购买宽带接入服务经营权，并进行包装销售。德国电信行业竞争格局逐渐形成，但由于经营上较为保守和陈旧，面对激烈的市场竞争，德国电信陷入了转型期的困境。

4. 日本

1952 年日本成立国有电信公司——NNT 公司，独家垄断日本国内电信业务；同时成立 KDD 公司，独家垄断日本的国际电信业务。从 1985 年起，日本开始对电信服务业进行改革。首先，日本政府对 NNT 公司进行私有化改造，出售该公司的部分股份，但不允许外资企业持有 NNT 的股份。与此同时，开放国内电信业务市场，允许 CATV 公司以及其他一些公司参与竞争，前提条件是要遵守电信法规，并取得营业许可证。到 90 年代，日本电信市场上已有大小电信公司 1400 多家。1992 年日本对电信法进行了修改，规定从 8 月份起允许外资持股在20%以内。为了加速改革进程，邮政省对NNT的改革采取了行政干预，把其分解成长距离通信事业部和11个地区通信事业部以及若干个专业通信事业部，并将移动通信从NNT划分出去，成立了NNT移动通信网公司。1997年日本政府与NNT达成协议，规定到1999年3月底，NNT将解散，分解为一家长途电话公司，分管国际和国内市场；两家独立的地方公司，分管东日本和西日本的业务。禁止NNT进入国际市场的禁令也被取消，NNT可以经营国际电话业务；KDD则可以经营国内电话业务。1997年起日本又开办了计算机网络通话服务。在经历了破除垄断、引入竞争的阶段之后，自1995年以来，日本政府逐步把市场格局从管理竞争引向自由竞争，放宽市场准入、废除外资限制和供求调整、放宽对资费价格和设备使用的限制。政府针对市场结构，进一步完善法规，在法规的约束下促进自由竞争。

　　日本电信产业规制的主要特征有：（1）分类管制。在电信运营商市场准入管制政策上，日本政府对第一类电信运营商（自己建有通信设施提供电信业务的经营者）采取了许可制度，而对第二类电信运营商（自己未建有通信设施提供电信业务的经营者）则采取了较为宽松的政策（登记和通报制），从而有效地避免了非效率的市场进入。（2）建立以NTT为主导和多家运营商相互竞争的市场结构。日本电信行业在引入竞争后，NTT作为特殊的公司在《NTT法》的约束下运行，但政府通过规制制度的设计从侧面来保护NTT的主导运营商的地位和利益，使NTT开展有效率的经营。同时日本政府也通过不对称规制和相关的资费管制，寻求新老运营商间利益的平衡，使新的电信运营商也得到快速发展，日本电信运营商从1995年到2001年就净增了1170家。这种以NTT为主导和多家运营商相互竞争的市场结构关系可以轻易地避免日本电信行业出现恶性竞争和过度竞争。（3）资费管制。日本电信资费规制的法律是《电信事业法》，对不同类型的运营商施行不同的管制政策，同时对电信资费进行了一系列的改革：改许可制为通报制；保留邮政省命令改变资费的权力；终端用户和竞争供应商可以就服务收费、服务条件或其他的事项向邮政省提出意见和建议；引入价格上限管制。(4) 成立电信事业争端解决委员会，解决电信运营商间互联互通的争端问题。该委员会是一个独立于总务省（掌管许可和批准权）的部门，主要职责是：协调和仲裁；咨询和报告；建议。(5) 为了给新进入者提供资金帮助、提升公共服务，并充分利用私人资金资源，1998 年 5 月，日本建立了电信风险事业基金。当时日本的电信改进组织（Telecommunication Advancement Organization in Japan，TAO）向该基金投资了 10 亿日元，帮助该基金为进行领先技术的创新研究和开发的企业提供风险资金，为通信广播事业的高度化提供财力支撑。通过该基金的实施，日本迅速地培养了较多的市场主体参与市场竞争，促进经营效率的提高。(6) 普遍服务规制。在 2002 年 3 月，总务省（MPHPT）向电信委员会提交了一份关于引入普遍服务基金的内阁法案，适用该项法案的电信服务范围包括固定电话、公用电话和紧急消息。通过对不经济的业务的交叉补贴来实施，通过获利领域来补偿不获利的领域，以保证亏损的部分能够获得补贴。该基金机制在 2002 年 6 月有效实施。

二 发展中国家电信行业竞争格局形成经验

1. 阿根廷

1989 年 8 月 17 日阿根廷制定了《国家改革法》，由此拉开了电信服务业改革的序幕。梅内姆政府根据《国家改革法》修改了 1972 年《国家电信法》，取消了政府对电信服务业的专营权，允许私人和外国企业经营电信业务。同时，准备将国有电信公司——安普瑞萨国民电信公司（ENTeL）实施私有化。1990 年 10 月阿根廷政府决定将 ENTeL 公司分割成两部分出售，即"北方"公司和"南方"公司，这两家公司享有在有限期限内提供基础电信服务的特许权。另外，又新成立了两家电信公司，一个是在有限期内独家开办的国际电信业务公司，另一个是提供竞争开放业务的公司（如数据传输、发送电报等）。两家公司分属"北方"和"南方"公司控制。1990 年 11 月 8 日阿根廷政府正式将"北方"公司 60% 的股权卖给由法国广播电报公司和 Stet 公司共同控制的 Nortel 财团。同样"南方"公司 60% 的股权出售给西班牙电话公司控制的 Cointel 财团。阿根廷政府则保留 40％的股权，其中 25％向社会公开发售，5％卖给合作伙伴，10％留作 ENTeL 公司内部职工股。在出售公司股权的同时，阿根廷政府创建了一个电信管理部门——国家电信委员会。该委员会负责电信服务业的监督、管理工作，保证电信业务的规范性、公平性和广泛性，促进电信服务的合理定价，鼓励竞争。到 1992 年底，该委员会已向 300 家独立电话公司发放了经营许可证，阿根廷的电信服务业已由垄断走向竞争。

2. 新加坡

长期以来，新加坡电信服务业一直由政府机构垄断经营。1992 年新加坡政府开始对本国电信服务业实施改革，将经营电信业务的政府机构转变成电信公司——新加坡电信公司，由它控制着本国电信市场。另外，成立新加坡电讯管理局负责电信业务的管理。1997 年 4 月 1 日，新加坡政府允许私人公司经营电信业务，包括移动电话、网络服务、传呼服务等，但新加坡电信公司在提供基本电信服务方面仍然享有垄断权。此后，新加坡电信市场上除新加坡电信公司之外，又增加了一家移动电话服务公司、两家网际网络服务公司和三家传呼机经营服务公司，从而打破了新加坡电信公司一家垄断电信行业的局面。1999 年新加坡电讯管理局又决定提前结束新加坡电信公司的垄断权，批准星河电讯公司经营公共基础电信服务，开放了固定电话市场。电讯管理局还增发执照，允许更多公司经营话音电话、国际直播电话、专用线路、公用转播信息与数据服务等，这预示着新加坡电信服务业已经完成由垄断向竞争的转变。2000 年电信市场全面开放后，政府不再限制电信经营许可证的发放数量。目前，共有 16 个基于设施的经营者，88 个基于业务的专门经营者和 102 个基于业务的分类经营者。

3. 印度

1985 年，印度与英国、日本几乎同时启动了第一波改革，不同的是印度只实行邮电分离，邮政和电报部门分成电信部（DOT）和邮政部，而 DOT 又同时是国家电信运营商、电信管制部门和电信许可证颁发者，所以是政企不分的。这种政企不分的状况一直延续到2000年。由于DOT在电信业务提供方面效率差，1987年又成立了一家电信运营公司MTNL，开始在孟买和德里提供基本固定电信业务。该公司与1986年成立国际电信业务的垄断运营商VSNL公司均成为印度政府和DOT全资拥有的公司。

为改变通信设施和通信技术比较落后、电信业发展基础较差、垄断性强的局面，印度电信大力推进改革，旨在推动电信自由化，打破垄断、引进竞争。1994年5月，印度政府向私人资本开放本地基本电信业务和电信增值业务。1994年9月，印度政府又通过了一份有关基本电话业务参与市场竞争规定的概要。根据这两个政策，印度各地的基本电话业务市场开放，只有在印度注册的企业才可以参与市场竞争，注册企业中外国资本不得超过49%。同年11月，移动业务也开始放开竞争，并于此时将印度分为21个"电信区"。印度电信部主持通过竞标来发放数字移动许可证，中标者可在印度四个最大城市经营移动业务。

1997年2月，印度政府颁布了"印度电信行业管制法"（TRAI法），成立了电信管制局（TRAI）。根据TRAI法，TRAI是一个独立的行业管制机构，管制印度电信行业。但是，印度政府又保留了电信管理局DOT颁发许可证和制定电信政策的权力。尽管TRAI可以决定是否颁发许可证、颁发时间及数量，但发放许可证的具体工作还是要由DOT来做。这种电信市场的行政监管职权的分离和交叉覆盖埋下了DOT与TRAI之间矛盾的隐患。

1999年10月，印度成立了"电信服务部门"（DTS），负责提供电信服务。但由于其与DOT仍有职责重叠的情况，于是又成立了"电信委员会"来协调DOT与DTS的活动，包括推进DTS私有化，使之成为"印度电信公司"。

为了有效推进电信改革与管制工作，印度政府于2000年1月24日颁布了《2000年度电信管制修订法令》，将原来的TRAI变成无司法权的小型TRAI，并明确了TRAI的顾问职能和管制职能。该法令还规定设立一个独立的纠纷解决与受理上诉的机构"电信纠纷解决与受理上诉法庭"，对许可证颁发者与许可证持有者之间、两家或多家业务提供者之间，以及业务提供者与消费者之间的任何纠纷作出裁定，并且听证和处理对新的 TRAI 决定的任何上诉。

总之，近年来印度政府的通信政策有了积极的转变。2000 年 8 月，国内长途通信市场已对私营电信公司开放。印度政府还降低了有线和无线电话设备的关税和营业税，并大幅度降低了光缆的关税。这些积极的政策，有力地加快了印度电信市场自由化进程。

三 各国电信行业竞争格局形成经验对我国的启示

第一，在各国电信市场的发展进程中，政府部门一直在扮演一个重要的角色。制度的创新、市场准入的放松、培育市场竞争等一系列措施的出台，使各国电信业竞争程度不断加强。而且，这些政策直接吸引了外资，培育了健康快速发展的市场格局，极大地优化了各国电信行业的投资环境。

第二，政府部门的干预和监管应当适当。各国电信经验表明，监管部门的监管力度要把握好，既不能过度干预，也不能监管不力，应该结合各国电信行业的发展战略有序进行，既不能不作为，也不能立求一步到位。

第三，电信监管部门具有独立的监管权力。从各国电信经验发现，在打破电信垄断之前，各国电信行业都成立了独立的监管部门。但我国电信行业的监管部门是广电部门和工业与信息部等部门并存，在今后不同电信业务交叉融合的发展趋势下，很容易导致政出多门，互相扯皮，使电信企业无所适从或造成监管真空。因此，我国电信行业需要一个单一的监管部门。

第四，引入信息产业基金和建立普遍服务基金。引入信息产业基金，有利于改善我国电信产业过于单一和集中的融资结构，弥补我国电信产业投资资金的不足，同时也有利于引入新的电信运营商，促进竞争，增强我国电信企业的国际竞争力。但是，电信产业基金只是一种有效的融资方式，它比较适用于发达地区电信产业的发展，而当我们向农村和边远地区提供电信服务时，便应设立普遍服务基金，这也是世界大多数发达国家解决其落后地区和边远地区发展电信产业困难的有效方式。

第五，适当地运用不对称规制。不对称规制政策是一项旨在保护新进入的弱小竞争者的有效政策，许多率先进行电信改革的国家广泛采用了这一政策。我国电信行业改革中也有不同程度的运用，包括分拆主导运营商的市场、限制其经营范围、强制其无条件或有条件地与新运营商互联互通，给予新进入者资费优惠等。但因缺乏整体、系统的设计和法律效力，效果很不理想，出现了诸如价格战、联而不通、通而不畅等一系列不正常现象。在我国目前市场还不完全开放、竞争还不充分、各种机制还未完善的情况下，适当地运用不对称规制，是有利于我国电信产业的发展的。

第六，电信监管人才队伍适度多元化。由于历史、政治和电信行业发展阶段的原因，一直以来，我国电信监管队伍除最高领导来自其他行业外，其余绝大部门人才来自电信技术相关专业，基本由技术人才构成。近年来，随着政府人才体制改革，这种状况有所改变，但人才问题仍然是电信监管机构的一个大问题，尤其存在于地方电信监管机构之中。在政治体制改革新的发展阶段，应加大经济和法律类等专业人才的引进和培养力度，继而努力打造电信监管所需要的复合型人才队伍。

第九章　结论、政策建议及研究展望

第一节　本书主要结论

改革开放以前,我国一直将电信行业视作公益性行业。与长期以来的中央计划经济体制相适应,电信行业采取的是国有企业纵向一体化的垄断经营方式和低价格、高财政补贴的机制,价格基本不受供求关系和成本变动的影响。近几年来,我国对电信行业进行了一系列的改革,撤销了许多行业主管机构,将调控的职能交给国家宏观经济管理部门。我国电信行业政企不分,行政主管部门或垄断企业既是"裁判员"又是"运动员"的传统框架虽然有了一定变化,但由其造成的垄断格局一直影响着电信行业的发展。多年来,我国政府正是用行政手段维护了电信市场的垄断,政府通过行政命令授权特定部门(原邮电部)或特定国有企业(原中国电信一家独统天下)来经营全国所有的电信业务。对中国电信行业行政垄断程度及其影响的研究不仅是中国电信行业未来管理体制改革的重要前提和依据,同时可以为中国其他行政垄断行业的研究和行业政策的制定提供借鉴。

在具体研究中,首先介绍了与本书内容密切相关的几个经济理论:产业组织理论及 SCP 范式内容、电信管制理论和有效竞争理论。这样为下面章节的分析打下理论基础。

然后,从体制成因和经济主体原因两方面分析了我国行政垄断形成的原因。通过对市场失灵、政府规制和规制失灵相关理论的回顾,提出行业性行政垄断的形成机理:在市场经济体制下,由于市场机制自身的缺陷,会出现市场经济不能完全发挥作用的环节,这时就需要政府出面进行规制和调控,以实现资源的优化配置。然而,政府也不是万能的,会在其规制和调控过程中出现这样或那样的问题,即规制失灵,这发生在一些行业中就形成了行业性行政垄断问题。并在新产业组织理论的基础上,将政府因素内生到整个系统中来,构成对行政垄断分析的 G-SCP 研究框架。G-SCP 框架认为在产业发展过程中,政府的政策和行为会对市场结构、市场行为和市场绩效产生影响,在政府因素的影响之下,市场结构、市场行为和市场绩效相互作用。

接着,描述了我国电信行业的发展状况和未来的发展趋势。我国电信行业自发展之初的邮电部一家垄断到目前的中国移动、中国联通和中国电信三家全业务运营商共同经营,主要经历了四个阶段。目前,我国电信行业的发展具有以下四个特点:电信用户规模居世界首位,通信能力不断增强,业务种类不断增多;电信行业已形成新的竞争格局;电信行业多元化投融资体制也已初步形成;电信行业发展中面临的主要矛盾日益突出。尽管我国电信行业发展速度较快,但通信网的容量仍然满足不了巨大的市场需求,并且与国际电信行业相比,电信密度、主干线容量、网络资源综合利用效果、人均通信水平等指标均处于较低水平,远远落后于世界平均水平。本书又在多元线性回归模型、曲线拟合模型、时间序列模型、指数模型、Logistic 模型和灰色系统模型六个单项模型的基础上,运用组合加权的方法建立了我国电信业务量的预测模型,并对 2018—2030 年的电信业务量进行了预测。结果显示,到 2030 年电信业务量将达到 24069520.16 亿元,说明我国电信市场具备一个巨大的发展空间。

然后,从存在类型和造成的原因及后果对我国电信行业的行政垄断问题进行了研究,并构建了测量电信行业行政垄断程度的指标体系。从世界范围看,在电信行业整个发展过程中,存在着三种垄断形式:自然垄断、经济垄断和行政垄断。基于电信行业的网络性,学者们普遍认为电信行业存在的垄断形式是自然垄断。但随着科学技术的发展与进步,电信行业各业务的自然垄断性逐渐减弱。在我国,由于电信行业的发展关系到国计民生和国家整体实力,政府一直较为重视其发展,以至于对其实行严格的控制和管理。在这一过程中就出现了规制不当或规制失灵的地方，在管理体制和管理方法上行政化，人为地设置壁垒阻碍市场竞争，形成了电信行业的行政垄断性。电信行业行政垄断的存在造成了价格昂贵、服务质量差、阻碍技术进步、削弱运营商竞争力和滋生腐败等不良后果。通过以上分析并结合新产业组织理论 SCP 范式内容，将政府因素内生到整个系统中来，构建了本书测量电信行业行政垄断程度指标体系：政府指标、结构指标、行为指标和绩效指标四个一级指标，并下设 12 个二级指标和 33 个三级指标。

接着，本书对我国电信行业的行政垄断程度进行了具体测度。通过对各级指标分别进行分析和打分计算，估算出我国电信行业 1990 年至 2016 年行政垄断程度的大体趋势：从 1990 年的 95.20% 下降到 2016 年的 80.99%。下降幅度虽然较大，但始终保持了较高的行政垄断水平。这表明，虽然我国电信行业的改革还是取得了一定的成效，独家垄断格局已经被打破，但是与许多发达国家相比，我们还有很长的一段路要走。

然后，本书从行政垄断对电信企业的经营绩效、电信行业技术进步、电信行业经济效率和社会福利的影响四方面进行了分析。运用 M 指数得出三大电信运营商的 M 指数历年的均值为 1.03、1.23、1.24、1.19、1.32、1.04、1.10、1.20，反映了我国电信企业的生产率增长呈现出先升后降再升的变化趋势。而生产率指数均值为 1.17，这说明在 2008—2016 年我国电信企业的生产率保持了年均 17% 的增速。其中，中国移动的生产率水平最高。同时，三大运营商的技术效率变动指数的均值都大于 1，而技术进步指数的均值大都小于 1，这再次说明我国电信企业的生产率的提高主要来源于技术效率因素而非技术前沿的改变。通过对我国电信行业 1991—2016 年全要素生产率变化的测算，发现电信业务量增长的 50% 以上是由技术进步带来的，尤其是 2002 年，全要素生产的贡献率超过了 110%，达到最高值 116.04%。由此可见，技术进步与创新是电信行业竞争战略的核心，持续创新对电信行业的成功至关重要。并且在长期，电信行业行政垄断程度对全要素生产率贡献率的贡献系数为 -1.327。从方向来看，两者成反方向变动,行政垄断程度越高,越会造成全要素生产率贡献率的降低,从数值上看,行政垄断每加强1个单位,全要素生产率的贡献率就会降低1.327个单位,影响程度较大。通过采用对数形式的时变技术效率随机前沿生产函数模型,计算了我国电信行业的经济效率情况,接着分析了行政垄断与经济效率之间的关系,结果显示,电信行业的行政垄断程度的降低会促进全要素生产率的增长、前沿技术进步、相对前沿技术效率的变化、资源配置效率的变化和规模总报酬提高与改善,但会造成规模经济性改善的下降和恶化。而从对电信行业垄断福利、管制机构非正式开支、电信企业寻租成本,以及行政垄断造成的社会净福利损失四方面入手分析的电信行业行政垄断对社会福利的影响也表明,电信行业存在的行政垄断造成了巨大的经济损失和社会不良影响。

最后,本书对我国电信行业的竞争情况进行了研究,以便在下一章提出打破行政垄断,促进竞争政策的建议。截止到2008年5月重组前,我国电信行业各业务市场的竞争情况为:在移动通信市场竞争严重不足;在固定电话市场中,固定长话市场相对于移动通信市场来说,竞争比较充分,已经形成了竞争性的市场结构,而固定本地电话市场虽然形成四家竞争主体并存的格局,貌似竞争,却因本地电话的自然垄断性特点,无法产生实质性的竞争;数据通信市场多元化竞争的格局已经形成;增值业务市场形成了有效的竞争格局。2008年重组以来,形成三大全业务电信运营商,在移动业务、宽带业务、增值业务等领域展开了一定程度的竞争,但三者各方面的差距较大,中国电信和中国联通无法与中国移动抗衡,使得有效竞争格局作用发挥有限。但也存在着像行政垄断严重、恶性竞争、国有资产流失、互联互通不畅等问题阻碍着电信市场竞争格局的形成。通过博弈分析可知,价格竞争带来的结果是恶性的价格战,长期而言对大家都是不利的,只有紧跟技术进步,不断推陈出新,通过服务和产品的升级换代来满足消费者的新需要,从长期动态发展的角度寻找各自不同竞争优势的竞争战略,才能促进整个电信行业有效竞争格局的形成和整个行业竞争力的提升。最后一节通过论述国外电信行业在促进竞争方面的经验，以对我国电信市场竞争格局的形成提供启示。

第二节　中国电信行业打破行政垄断和促进竞争的政策建议

在我国，行政垄断是一切垄断的根源，它是以企业的高成本和行业低效率为代价的，不能产生新的社会资源，只是重新转移了社会财富，所以反行政垄断是放松规制后的必然选择。而我国电信行业有效竞争态势的形成过程，同时也是一个反电信行政垄断的过程。目前我国电信发展已具备反行政垄断的技术前提及其最基本的制度前提；竞争机制已经引入，中国电信已重组为三大独立的全业务通信集团公司；有线电视网和计算机网络发展很快，只要政府允许，很快就可以加入电信经营；电信经营利润较高，有吸引投资兴建新电信企业的条件。但由于电信行业是涉及国家经济安全及国民经济命脉的重要行业，打破电信行业的行政垄断，促进电信行业竞争格局的形成就必须保持积极而谨慎的态度，采取行之有效的措施，重点可以从以下几方面着手：

1. 完善电信政策法规，规范电信市场运作

从国际经验看，欧美经济发达国家和一些发展中国家在进行电信改革之前，首先制定、颁布电信法，作为政府进行改革的纲领性文件，并对整个电信行业的政府规制体制的框架作出法律规定，从而为政府的电信改革和新规制体制的运行奠定法律基础。如英国1984年制定了电信法，加拿大1993年制定了电信法，美国1934年就出台了电信法，1996年又由克林顿总统颁布了新的电信法，法国1996年也重新修订了电信法。这些电信法律的制定和修改为各国进行电信改革提供了法律保障，使各项改革措施有法可依，有法可行，避免了各种非正当行为的发生，从而保证了各国电信改革的顺利进行。

从我国电信立法的情况看，1982年《国务院、中央军委关于保护通信线路的规定》和1986年《邮政法》的颁布实施，结束了我国邮电通信无法可依的状况，随后各省、自治区、直辖市也出台了不少

邮电通信管理条例、通信市场管理办法等地方性法规；国家通信主管部邮电部《关于加强通信行业管理和认真整顿通信秩序的请示的通知》《关于进一步加强电信业务市场管理的意见》的两个规范性文件，也由国务院批转。后来又发布了《从事开放经营电信业务审批管理办法》等。这些法律、法规对电信行业的建设和发展曾起到积极的作用，但是这些毕竟只是一些以通知、文件形式下发的暂行规定，而且这些规定不仅法律效力低，而且带有明显的"头痛医头、脚痛医脚"的特征，使得我国电信改革缺乏一个明确的改革目标和具有可操作性的改革程序。因此，我们迫切需要针对电信行业的市场竞争、资费标准、资源配置、体制规范等内容，制定全面和切实可行的法律规范。因为单凭监管机构的仲裁，而没有法律的保护的市场必将是不稳定的市场，只有通过法律约束政策的随意性，才能保证电信行业平稳有序地发展。在政策法规制定阶段，必须经过各利益相关方参与的听证会的审议，以增加政策制定阶段的透明度。通过相关的法规与政策，对电信业务的使用、收费等进行规范化管理，防止运营商利用基础电信业务的弱需求弹性来提高用户使用电信业务的成本。只有依靠法律武器，促进电信市场形成有效竞争的格局，才能确保电信改革的顺利进行。

2. 放松进入规制，调节市场结构

从电信行业市场格局来看（截止到 2008 年 5 月），固话市场仍处于寡头垄断格局，与过去不同的是，由两家电信运营商对不同地域的市场分别实行垄断；在移动电话市场，中国移动和中国联通两家运营商之间的竞争常常表现为价格战。总的来说，我国电信市场的寡头垄断市场是明显的不对称的寡头垄断，在各业务领域中，主导运营商具有绝对优势。通过前面的分析可知，这种不对称的寡头垄断格局是由行政垄断造成的，要改变这种不对称的寡头垄断格局就需要逐步消除电信行业的进入壁垒，构建众多电信市场潜在竞争者和潜在进入威胁的格局，这样可以在一定程度上削弱主导运营商滥用垄断地位的动机。因此，必须进一步改善市场结构，促进有效竞争。有学者认为像电信这种沉淀成本较大的行业，增加竞争会带来不必要的重复建设。

但各国实践表明，电信竞争并不完全等同于重复建设，它反而是消除不必要的重复建设的重要手段。避免重复建设并非只能由政府实行经济调控的手段实现，可以通过各运营商在政府宏观指导下，在市场这只"无形的手"的驱使下，通过竞争引起的兼并、重组等动态调整出来。因此，我们强调要维护有效竞争，用有效竞争来克服重复建设的问题。

由于存在规模经济和投资壁垒，基础电信业务在现有条件下还不可能形成完全竞争，同时，从我国电信行业原有的政企不分、垄断经营的实践来看，完全垄断存在着价格高、服务质量低等问题，因此，要使电信行业良性有序地展开竞争，其市场结构应向着多寡头垄断的方向发展。

3. 加强监管机构的独立性和监管力度

这里说的独立不是表面上的独立，而是实质性的独立。随着电信企业公司化和私有化的发展需要，必然要求电信运营职能与电信政策制定和规制职能的分离。在一个国家打算在市场上引入新的竞争者时，规制职能与运营职能的分离显得尤为必要。只有这样，监管机构才可能不偏不倚地对待电信市场上的多个运营商。监管机构的独立一方面是 WTO 基础电信协议的要求，另一方面也是各国在电信全球化环境下谋求发展的必需之策。目前，除了非洲少数国家以及罗马尼亚等国以外，世界上绝大多数国家已实现 WTO 所要求的监管机构独立。然而，更深层次的规制独立则要求规制机构尽可能地摆脱来自政府的政治压力的影响。我国虽有独立的电信监管机构，但实际上我国的电信监管还属于多部门参与决策的形式。工业和信息化部作为名义的监管机构存在严重权责分离，职责集中在工业和信息化部，但权力分散在各相关部门。

并且，我国现有的各级电信监管机构存在执法人员少、任务重、手段单一等问题，对各地不断出现的价格违规行为监管措施不坚决，行政处罚力度不够。在眼下电信运营商之间的竞争越来越激烈的情况下，有些通信管理局大部分人员经常来往于各个运营商之间，调解各种事件还忙不过来。尽管如此，并不是所有的事情都能直接地去调查处理。而且，一些案件的处理需要大量的数据作依据，而从监管机构有限的人员中很难再单独安排出技术人员对一些技术细节进行深入的考察和取证，因而有些时候也会影响到处理问题的公正性。所以，加大监管力度的首要前提就是逐步加强监管队伍建设，同时提高监管机构的人员素质及技术能力。

4. 加强产权资本治理，实行股份制改革

国内电信企业无论上市与否，股权结构存在的一个共同特点是股权构成相对单一，少数大股东的持有比例大于其他股东的股权相加之和，存在明显的超强控制，国有股权占据绝对控制地位，严重的一股独大现象。目前，我国电信行业已经进入规模发展阶段，如果现在电信行业的投资主体只有国家一家的话，重复建设必然使国家利益受损，因此要用多元化的投资来改善电信行业的融资环境，减少风险。各国电信改革的实践证明，股份制具有多重积极功效。首先，推行股份制，对增强电信企业的投资能力具有特殊意义。这是因为，与其他基础设施行业相比，电信行业有以下特点：一是随着社会经济的发展，对电信服务需求有加速增长的趋势；二是电信行业的科技进步率较高。同时，中国的电信市场与国际市场接轨只是时间问题，国内外电信企业之间的竞争最重要的就是科技竞争。所有这些都要求对电信行业不断进行巨额投资。但从投资能力看，由于财政限制，政府不可能对电信行业进行大量投资，而只靠电信企业积累也无法满足电信行业的投资需要。这样，推行股份制，通过资本市场融资，以增强电信行业的投资能力，这便成为一种现实选择。其次，推行股份制，有利于实现政企分开，提高电信企业经营管理效率。股份制的一个重要特征是资本所有者和经营者的分离，这就有利于建立政企分离的现代电信企业制度。同时，由于经营者一般具有专业技术知识和管理经验，能有效地开展经营管理活动；而且，经营者的地位、收入都取决于经营业绩的大小，这有助于激励经营者努力提高经营管理效率。此外，推行股份制还有利于促进电信行业的持续发展。

5. 完善现有业务，降低行政垄断带来的负面影响

我国电信行业发展到今天已经初具规模，但由于行政垄断的原因

产生了一些比较突出的问题。这些问题如不及时解决，会给电信行业的健康发展带来不利的影响。一是有效地解决互联互通问题。互联互通问题一直是我国电信行业行政垄断中比较突出的问题，各个电信运营商将互联互通当成维护垄断地位的武器，互联互通的难点由难联、难通转为通而不畅，并且日趋严重。只有实现真正意义上的互联互通，才能为各个电信运营商提供一个公平的市场竞争平台。基于电信行业全程全网联合作业的特性，有效的互联互通可以抑制借助于通信服务产品质量要求和特殊性所构建的垄断现象，防止不当障碍影响整体行业发展。二是逐步实行号码可携带运营方式。目前，我国电信号码实行的是不同电信运营商拥有不同号码段的使用权，电信消费者转换电信运营商不能沿用原来的号码，这无形中捆绑了电信消费者的消费自由。号码可携带使电信消费者在考虑价格、服务质量等因素之后可以自由地选择业务提供者，且不会带来额外的费用和困扰，从而降低主导运营商锁定消费者的能力，给消费者以最大的便利。

6. 开拓市场，积极创新

根据电信行业本身的特点可知：电信运营商的投入是一笔固定支出，在一定的规模下，它不会随着产品产量即消费者的增多而发生较大的变化。高科技企业面临的是一条下降的供给曲线，不断扩大的生产规模分摊了开始的总成本，并使生产产品的平均成本不断下降，从而使企业获得递增的收益。在这种边际收益递增机制的作用下，各主导运营商占有了相当大的市场份额，若电信运营商增加其他业务，所投入的资金与其固定成本相比甚小，同时消费者越多，通话时间越长，对电信运营商来说，单位成本越低，因此电信运营商能够通过提高其电信服务水平留住现有客户群体，吸引潜在客户，同时积极开发新产品，增加消费者的消费量。另外，电信行业是以信息、知识为基础的新兴行业，收益递增的实现，也是高科技作用的结果，因此，各电信运营商要加大对科技的研究和开发投入，加强自主创新；各电信运营商也应以各自的优势联合起来，共担投入成本，分享市场营销网络，以及技术知识和标准，这将有利于我国电信行业的快速、健康、持续发展。

综上所述，虽然我国电信市场正面临着严峻的局面，但是我们有理由相信，在吸取国外电信业改革的经验和教训的基础上，通过政府有关部门和电信运营商的共同努力，我国电信市场能够逐步打破行政垄断，构建有效竞争的机制。在这个机制框架之内，电信运营商可以共同分享市场大蛋糕，消费者们也将随着行业发展享受到更好的电信产品，这种"多赢"的局面必然可以通过各方的共同努力来实现。

第三节　未来研究展望

由于我国行政垄断问题极其复杂，多种现象交织，使得本书的研究仍存在很多不足之处，有待于作进一步的深入研究。本书对我国电信行业行政垄断问题的研究可以从以下角度继续展开：

（1）本书对于电信行政垄断程度的测度时间范围较短，下一步在广泛搜集数据的前提下，争取将时间跨度加大，测量更长时间段内电信行业的行政垄断程度。

（2）电信行业是一个广泛的范围，由于个人的精力和能力，本书将电信行业界定在电信运营行业，但随着5G、互联网络广泛普及和人工智能等新技术的发展，电信行业包含的内容会更加丰富，今后会加强在这方面的研究。

参考文献

［英］保罗·迪·比哲、［英］马丁·佩泽：《电信市场的规制与进入》，吴洪译，北京邮电大学出版社2006年版。

陈代云：《电信网络的经济学分析与规制》，上海财经大学出版社2003年版。

陈富良：《放松规制与强化规制》，上海三联书店2001年版。

陈富良：《规制政策分析——规制均衡的视角》，中国社会科学出版社2008年版。

陈富良：《我国经济转轨时期的政府规制》，中国财政经济出版社2000年版。

程启智：《中国：市场失灵与政府规制研究》，中国财政经济出版社2002年版。

［美］丹尼尔·F.史普博：《管制与市场》，余晖等译，上海三联书店1999年版。

傅军、张颖：《反垄断与竞争政策——经济理论、国际经验及对中国的启示》，北京大学出版社2004年版。

［美］G.J.斯蒂格勒：《产业组织与政府管制》，潘振民译，上海三联书店1989年版。

龚维敬：《垄断经济学》，上海人民出版社2007年版。

龚维敬：《垄断理论的争议：经济学家精彩对话》，上海财经大学出版社2008年版。

郭宗杰：《行政性垄断之问题与规制》，法律出版社2007年版。

和军：《自然垄断产业规制改革理论研究——新制度经济学视角》，经济科学出版社 2008 年版。

胡汝银：《竞争与垄断：社会主义微观经济分析》，上海三联书店 1988 年版。

黄海波：《电信管制：从监督垄断到鼓励竞争》，经济科学出版社 2002 年版。

季晓南：《中国反垄断法研究》，人民法院出版社 2001 年版。

刘戒骄：《垄断产业改革——基于网络视角的分析》，经济管理出版社 2005 年版。

刘小兵：《政府管制的经济分析》，上海财经大学出版社 2004 年版。

刘颖悟：《三网融合与政府规制》，中国经济出版社 2005 年版。

吕志勇：《产业开放与规制变革——中国电信产业市场化进程研究》，上海人民出版社 2007 年版。

欧阳武：《美国电信管制及其发展》，中国友谊出版社 2000 年版。

戚聿东：《中国垄断经济学》，经济管理出版社 1999 年版。

戚聿东：《中国经济运行中的垄断与竞争》，人民出版社 2004 年版。

戚聿东：《中国现代垄断经济研究》，经济科学出版社 1999 年版。

[日] 青木昌彦：《政府在东亚经济发展中的作用》，张春霖等译，中国经济出版社 1998 年版。

[法] 让·雅克·拉丰、[法] 让·泰勒尔：《电信竞争》，胡汉辉等译，人民邮电出版社 2002 年版。

史际春：《关于中国反垄断法概念和对象的两个基本问题》，法律出版社 1998 年版。

石淑华：《行政垄断的经济学分析》，社会科学文献出版社 2006 年版。

[法] 泰勒尔：《产业组织理论》，张维迎总校译，中国人民大学出版社 1997 年版。

唐守谦：《电信管制》，北京邮电大学出版社 2000 年版。

汪贵浦：《改革提高了垄断行业的绩效吗？》，浙江大学出版社 2005 年版。

王红梅：《电信全球竞争》，人民邮电出版社 2002 年版。

王俊豪：《管制经济学原理》，高等教育出版社 2007 年版。
王俊豪等：《中国垄断性产业结构重组、分类管理与协调政策》，商务印书馆 2005 年版。
王俊豪：《中国政府管制体制改革研究》，经济科学出版社 1999 年版。
王俊豪：《政府管制经济学导论——基本理论及其在政府管制实践中的应用》，商务印书馆 2001 年版。
王晓晔：《反垄断法与市场经济》，法律出版社 1998 年版。
王晓晔：《竞争法研究》，中国法制出版社 1999 年版。
王小强：《产业重组时不我待》，中国人民大学出版社 2001 年版。
王艳林：《垄断：中国立法的确立及其方法》，载季晓南主编《中国反垄断法研究》，人民法院出版社 2001 年版。
魏明：《垄断产业放松规制与绩效研究——基于中国航空业、中国电信业的实证分析》，陕西科学技术出版社 2007 年版。
文海兴、王艳林：《市场秩序的守护神——公平竞争法研究》，贵州人民出版社 1995 年版。
吴宏伟：《竞争法有关问题研究》，中国人民大学出版社 2000 年版。
夏大慰：《政府规制：理论、经验与中国的改革》，经济科学出版社 2003 年版。
徐士英：《论行政垄断与反垄断法》，载季晓南主编《中国反垄断法研究》，人民法院出版社 2001 年版。
杨兰品：《中国行政垄断问题研究》，经济科学出版社 2006 年版。
余晖：《谁来管制管制者》，广东经济出版社 2004 年版。
于良春：《反行政性垄断与促进竞争政策前沿问题研究》，经济科学出版社 2008 年版。
于良春等：《自然垄断与政府规制——基本理论与政策分析》，经济科学出版社 2003 年版。
［美］约瑟夫·斯蒂格利茨：《政府为什么干预经济》，郑秉文译，中国物资出版社 1998 年版。
张赣湘：《中国反垄断问题研究》，中国财政经济出版社 2002 年版。

张军：《现代产权经济学》，上海三联书店 1991 年版。

张瑞萍：《关于行政垄断的若干思考》，载王晓晔主编《反垄断法与市场经济》，法律出版社 1998 年版。

张维迎：《信息、规制与中国电信业的改革，中国规制与竞争：理论和政策》，社会科学文献出版社 2000 年版。

张维迎：《产权、政府与信誉》，生活·读书·新知三联书店 2001 年版。

张五常：《经济解释》，商务印书馆 2001 年版。

张昕竹：《网络产业：规制与竞争理论》，社会科学文献出版社 2000 年版。

张昕竹：《中国规制与竞争：理论和政策》，社会科学文献出版社 2000 年版。

张昕竹：《中国基础设施产业的规制改革与发展》，国家行政学院出版社 2002 年版。

赵卓：《竞争、产权、规制与网络型基础产业绩效》，中山大学出版社 2009 年版。

曾剑秋：《电信产业改革发展概论》，北京邮电大学出版社 2001 年版。

郑鹏程：《行政垄断的法律控制研究》，北京大学出版社 2002 年版。

郑奇宝：《从垄断到竞争——电信行业规制理论与实证研究》，人民邮电出版社 2005 年版。

［日］植草益：《微观规制经济学》，朱绍文等译，中国发展出版社 1991 年版。

周光斌、蔡翔：《电信政策与管制》，北京邮电大学出版社 2001 年版。

陈代云：《产业组织与公共政策：规制抑或放松规制？》，《外国经济与管理》2000 年第 6 期。

陈富良：《政府的准入规则与垄断行业的市场结构》，《中国铁路》2002 年第 7 期。

陈宏平、陇小渝：《规制的困惑——规制政策的动态演变及其成本分析》,《西南师范大学学报》(社会科学版) 1999 年第 1 期。

陈家彦:《关于社会主义竞争和垄断的断想》,《经济问题》1987 年第 12 期。

陈林、刘小玄:《自然垄断的测度模型及其应用——以中国重化工业为例》,《中国工业经济》2014 年第 8 期。

初佳颖:《政府规制下电信产业的技术效率分析》,《经济纵横》2006 年第 4 期。

邓保同:《论行政性垄断》,《法学评论》1998 年第 4 期。

樊建强、李丽娟:《收费公路行业行政垄断及其社会成本测度》,《经济问题》2012 年第 2 期。

冯丽、李海舰:《从竞争范式到垄断范式》,《中国工业经济》2003 年第 9 期。

封丽萍:《行政垄断与我国反垄断立法》,《浙江大学学报》(人文社会科学版) 1999 年第 5 期。

顾成彦、胡汉辉:《基于 Mqlmquist 指数的我国电信业动态效率研究》,《软科学》2008 年第 4 期。

干春晖、李雪:《网络效应与自然垄断产业的分拆：以电信业为例》,《上海管理科学》2003 年第 6 期。

侯风云、伊淑彪:《行政垄断与行业收入差距的传导机制》,《贵州财经学院学报》2008 年第 1 期。

胡鞍钢:《反垄断：一场深刻的社会经济变革》,《中国改革》2001 年第 7 期。

胡鞍钢、过勇:《从垄断市场到竞争市场：深刻的社会变革》,《改革》2002 年第 1 期。

胡德宝:《我国垄断产业垄断势力的测度及比较——基于传统 SCP 范式的扩展研究》,《价格理论与实践》2010 年第 8 期。

胡德宝、陈甬军:《垄断势力及其福利损失测度：一个综述》,《山东大学学报》(哲学社会科学版) 2014 年第 1 期。

胡小红:《行政垄断的概念研究》,《江西农业大学学报》(社会科学版) 2002 年第 9 期。

金玉国：《行业所有制垄断与行业劳动力价格》，《山西财经大学学报》2001 年第 3 期。

李世英：《市场进入壁垒、进入管制与中国产业的行政垄断》，《财经科学》2005 年第 2 期。

李郁芳：《体制转轨期间政府规制失灵的理论分析》，《暨南学报》（哲学社会科学版）2002 年第 11 期。

李郁芳：《政府规制失灵的理论分析》，《经济学动态》2002 年第 6 期。

李治国、孙志远：《行政垄断下我国石油行业效率及福利损失测度研究》，《经济经纬》2016 年第 1 期。

林峰：《行政垄断行业对全国收入分配差距贡献度的直接测度》，《华东经济管理》2013 年第 1 期。

刘任重、胡白杨、刘冬冬：《我国电信行业市场势力与效率的测度及影响因素分析》，《北华大学学报》（社会科学版）2016 年第 4 期。

刘蔚：《我国网络型基础产业改革的绩效分析——以电信、电力产业为例》，《工业技术经济》2006 年第 8 期。

刘新梅、董康宁：《中国电信业市场结构与 X 效率的实证研究》，《预测》2005 年第 4 期。

刘艳华、卢鹏：《中国电信产业规制效果的实证研究》，《东北财经大学学报》2008 年第 1 期。

刘志彪、姜付秀：《我国产业行政垄断的制度成本分析》，《江海学刊》2003 年第 1 期。

陆德明：《改造产业组织建立垄断竞争市场》，《经济研究》1988 年第 10 期。

吕志勇、陈宏民、李瑞海：《中国电信产业市场化改革绩效的动态博弈分析》，《系统工程理论方法应用》2005 年第 1 期。

彭伟斌：《论电信产业的有效竞争》，《经济评论》2001 年第 4 期。

齐长健、吕廷杰：《基于 DEA 方法的我国电信产业经济运行效率研究》，《北京邮电大学学报》（社会科学版）2012 年第 4 期。

戚聿东：《关于垄断理论若干问题的再认识》，《经济科学》1994 年第

3 期。

戚聿东：《论中国反垄断的行为指向与结构规制》，《经济与管理研究》2001 年第 6 期。

戚聿东：《资源优化配置的垄断机制——兼论我国反垄断立法的指向》，《经济研究》1997 年第 2 期。

戚聿东：《中国产业集中度与经济绩效关系的实证分析》，《管理世界》1998 年第 4 期。

戚聿东：《中国自然垄断产业改革的现状分析与政策建议》，《经济学动态》2004 年第 6 期。

乔均、祁晓荔、储俊松：《基于平衡计分卡模型的电信企业绩效评价研究——以中国网络通信集团江苏省公司为例》，《中国工业经济》2007 年第 2 期。

芮明杰、余东华：《制度选择、规制改革与产业绩效——中印电信业的比较分析》，《重庆大学学报》（社会科学版）2006 年第 3 期。

史际春：《遵从竞争的客观规律——中国反垄断法概念和对象的两个基本问题》，《国际贸易》1998 年第 4 期。

涂正革、肖耿：《中国的工业生产力革命——用随机前沿生产模型对中国大中型工业企业全要素生产率增长的分解及分析》，《经济研究》2005 年第 3 期。

王保树：《论反垄断法对行政垄断的规制》，《中国社会科学院研究生院学报》1998 年第 5 期。

王军、赵英才：《电信网络运营经济效益的分析与评价思路》，《吉林大学学报》（信息科学版）2004 年第 1 期。

王俊豪：《论自然垄断产业有效竞争》，《经济研究》1998 年第 8 期。

王俊豪：《中国基础设施产业政府管制体制改革的若干思考》，《经济研究》1997 年第 10 期。

王俊豪、王建明：《中国垄断性产业的行政垄断及其管制政策》，《中国工业经济》2007 年第 12 期。

汪向东：《深化电信改革必须彻底破除"自然垄断教条"》，《数量经济技术经济研究》1999 年第 7 期。

王学庆：《电信业为什么要引入竞争机制》，《通信世界》1999 年第 3 期。

王学庆：《垄断性行业的政府管制问题研究》，《管理世界》2003 年第 8 期。

王学庆、银温泉：《我国电信业改革的目的、目标、对象及对策》，《改革》2002 年第 3 期。

王志刚、龚六堂、陈玉宇：《地区间生产效率与全要素生产率增长率分解（1978—2003）》，《中国社会科学》2006 年第 2 期。

魏祥建：《关于我国电信垄断的几点思考》，《重庆工业高等专科学院学报》2001 年第 10 期。

吴宏伟：《试论我国行政性垄断及其消除对策》，《法学家》2000 年第 6 期。

肖建华：《论社会主义经济中的垄断》，《中青年经济论坛》1987 年第 6 期。

肖兴志：《规制经济理论的产生与发展》，《经济评论》2002 年第 3 期。

肖兴志、王萍：《规制研究中的若干理论问题》，《上海行政学院学报》2001 年第 2 期。

徐世伟：《对电信垄断及其解决途径的理性思考》，《重庆商学院学报》1999 年第 3 期。

杨兰品：《行政垄断问题研究述评》，《经济评论》2005 年第 6 期。

杨兰品：《中国转型时期垄断问题研究》，《经济评论》1999 年第 4 期。

姚洋、章奇：《中国工业企业技术效率分析》，《经济研究》2001 年第 10 期。

于华阳、于良春：《行政垄断根源与运行机制的理论假说——基于制度需求供给视角》，《财经问题研究》2008 年第 1 期。

于立、肖兴志：《规制理论发展综述》，《财经问题研究》2001 年第 1 期。

于良春、胡雅梅：《管制、放松管制与中国电信业改革和发展》，《中国工业经济》1999年第4期。

于良春、丁启军：《自然垄断产业进入管制的成本收益分析——以中国电信业为例的实证研究》，《中国工业经济》2007年第1期。

于良春、杨骞：《行政垄断制度选择的一般分析框架——以我国电信业行政垄断制度的动态变迁为例》，《中国工业经济》2007年第12期。

于良春、余东华：《中国地区性行政垄断程度的测度研究》，《经济研究》2009年第2期。

于良春、于华阳：《自然垄断产业的"自然性"探析》，《中国工业经济》2004年第11期。

于左：《反垄断执法权力配置与行政垄断规制困境——泰国两则反垄断案例启示》，《财经问题研究》2006年第5期。

张克中：《政府失灵、规制与我国反垄断》，《上海经济研究》2002年第1期。

张松柏：《论社会主义商品经济的垄断模式》，《北方论丛》1987年第5期。

张淑芳：《行政垄断的成因分析及法律对策》，《法学研究》1999年第4期。

张维迎、盛洪：《从电信业看中国的反垄断问题》，《改革》1998年第2期。

张晓阳：《社会主义经济垄断初探》，《贵州财经学院学报》1987年第4期。

赵会娟：《我国电信管制绩效评价——评级指标体系及资费效应分析》，《当代财经》2007年第1期。

周末、王璐：《产品异质条件下市场势力估计与垄断损失测度——运用新实证产业组织方法对白酒制造业的研究》，《中国工业经济》2012年第6期。

周其仁：《论数网竞争与电信业定价策略》，《通信世界》2001年第3期。

常颖：《我国电信业垄断问题研究》，硕士学位论文，长春工业大学，

2006年。

王克勤:《北京市出租车业"黑幕"调查》,《中国经济时报》2002年12月6日,第3版。

吴应海:《"福利腐败"怎么打》,东方网,2006年3月5日。

朱金周等:《中国电信业2002年度国际竞争力发展报告》,《通信信息报》2002年11月12日,第4版。

A. Datta, Agarwal S., "Telecommunications and Economic Growth: a Panel Data Approach", *Applied Economics*, Vol. 36, No. 15, 2004.

Ai, C. and Sappington D., "The Impact of Incentive Regulation on the U. S. Telecommunication Industry", *Journal of Regulatory Economics*, Vol. 22, No. 2, 2002.

Allen, W. B., "Deregulation and Information Costs", *Transportation Journal*, Vol. 30, No. 2, 1990.

Anderson B., "The hunt for S-shaped growth paths in technological innovation: a patent study", *Journal of Evolutionary Economics*, No. 9, 1999.

Aranson, P. H., "Theories of Economic Regulation: From Clarity to Confusion", *Journal of Law and Politics*, Vol. 6, No. 2, 1990.

Armstrong, M. Cowan, S. and Vickers, J., *Regulatory Reform: Economics Analysis and British Experience*, London: MIT Press, 1994.

Armstrong, M. and Sappington, D., *Recent Developments in the Theory of Regulatio*, Forthcoming in the Handbook of Industrial Organization (Vol. Ⅲ), 2003.

Bauer, "Recent Developments In the Econometric Estimation of Frontiers", *Journal of Econometrics*, Vol. 46, No. 2, 1990.

Berg, S. V. and Tschirhart, J., *Natural Monopoly Regulation*. Cambridge University Press, 1988.

C. Chakraborty, Nandi B., "Privatization Telecommunications and Growth in Selected Asian Countries: an Econometric Analysis", *Communications and Strategies*, Vol. 52, No. 2, 2003.

Crandall, R. W. & Hazlett, W. T., *Telecommunications Policy Reform in* the United States and Canada, Working Paper, 2000, December.

Crew, M. A. and Kleindorfer P. R. , "Regulatory Economics: Twenty Years of Progress", *Journal of Regulatory Economics*, Vol. 21, No. 1, 2002.

Dennis Aigner, C. A. Knox Lovell, Peter Schmidt, "Formulation and estimation of stochastic frontier productionfunction models", *Journal of Econometrics*, Vol. 6, No. 1, 1977.

Fare, R. , Grosskopf, S. , Norris, M. & Zhang, Z. , "Productivity Growth, Technical Progress, and Efficiency Change in Industrialized Countries", *American Economic Review*, Vol. 84, No. 1, 1994.

Fink Carsten, Mattoo Aaditya, Rathindran Randeep, "An assessment of telecommunications reform in developing countries", *Information Economics and Policy*, Vol. 15, No. 4, 2003.

Fraquelli Giovanni, Vannoni Davide, "Multidimensional performance in telecommunications, regulation and competition: analysing the European major players", *Information Economics and Policy*, Vol. 12, 2000.

Harberger, A. C. , "Monopoly and Resource Allocation", *American Economic Review*, Vol. 44, No. 2, 1954.

Jerry A. Hausman, *Valuation and the Effect of Regulation on New Services in Telecommunications*, Brookings Papers on Economic Activity: Microeconomics, 1997.

Lerner, Abba P. , "The Concept of monopoly and the measurement of monopoly power", *Review of Economic Studies*, Vol. 1, No. 1, 1934.

Li Wei, "The Political Economy of Privatization and Competition: Cross-Country Evidence from the Telecommunications Sector", *Journal of Comparative Economics*, Vol. 30, 2002.

Lien Donald, Peng Yan, "Competition and production efficiency Telecommunications in OECD countries", *Information Economics and Policy*, Vol. 13, 2001.

Loo BPY, "Telecommunications reforms in China: Towards an analytical framework", *Telecommunications Policy*, Vol. 28, 2004.

M. Nishimizu and J. M. Page, "Total Factor Productivity Growth, Technical Progress and Technical Efficiency Change: Dimension of Productivity Change in Yugoslavia, 1965 – 1978", *The Economic Journal*, Vol. 92, 1982.

Majumdar Sumit K, "X-efficiency in emerging competitive markets: The case of US telecommunications", *Journal of Economic Behavior and Organization*, Vol. 26, 1995.

Paker, D., "A Decade of Privatization: The Effect of Ownership Change and Competition on British Telecommunication", *British Review of Economics*, Vol. 40, No. 16, 1994.

Peles, Stein, "The Effect of Rate of Return Requlation is highly sensitive to the Nature of Uncertainty", *American Economic Review*, Vol. 66, No. 3, 1976.

Peltzman S., "Toward a More General Theory of Regulation", *Journal of Law and Economics*, Vol. 19, No. 2, 1976.

Pentzaropoulos G. C, Giokas D. I., "Comparing the operational efficiency of the main European telecommunications organizations: A quantitative analysis", *Telecommunications Policy*, Vol. 26, No. 11, 2002.

R. S. Frantz, *X-Efficiency: Theory, Evidence and Applications*, Kluwer Academic Publishers, 1988.

Roller, L. H, Waverman, L., "Telecommunications infrastructure and economic development: A simultaneous approach", *American Economic Review*, Vol. 91, 2001.

Ros A J., "Does ownership or competition matter? The effects of telecommunications reform on network expansion and efficiency", *Journal of Regulatory Economics*, Vol. 15, 1999.

S. C. Kumbkakar, "Estimation and Decomposition of Productivity Chang when Production is not Efficient: Apanel Data Approach", *Econometric Review*, Vol. 19, 2000.

Sappington, D., *Richard Sclmalensee and Robert D. Willig*, Handbook of

Industrial Organization, Volume II, MIT Press, 1992.

Sappington, D. & Weisman, D., *Designing Incentive Regulation for the Telecommunications Industry*, Cambridge, MA: MIT Press, 1996.

Schwartzrnan, D., "The Burden of Monopoly", *Journal of Political Economy*, Vol. 68, No. 6, 1960.

Sharkey, W. W., *The Theory of Natural Monopoly*, Cambridge University Press, 1982.

Stiglitz, E., *Promoting Competition and Regulatory Policy: With Examples from Network Industries*, The World Bank, 1999.

Stigler, G. J., "Theory of Economic Regulation", *Bell Journal of Economics and Management Science*, Vol. 2, No. 1, 1971.

Uri Noel D., "Measuring the impact of incentive regulation on technical efficiency in telecommunications in the United States", *Applied Mathematical Modeling*, Vol. 28, 2004.

W. Meeusenm and J. Van Den Broeck, "Efficiency Estimation from Cobb-Douglas Production Functions with Composed Error", *International Economic Reviews*, Vol. 18, No. 2, 1977.

William S. Comanor and Robert H. Smiley, "Monopoly and Distribution of Wealth", *Quarterly Journal of Economics*, Vol. 5, 1975.

Yanrui Wu, "Is China's economic growth sustainable? A productivity analysis", *China Economic Review*, Vol. 11, 2000.